KB048533

머신러닝 for 키즈와 함께하는

AI 인공지능 실습

박영희 지음

(주)광문각출판미디어
www.kwangmoonkag.co.kr

머리말

본 교재는 인공지능 입문자들을 위해 제작되었습니다.

블록코딩(Block coding)은 컴퓨터 프로그래밍을 비주얼적인 블록 형태로 구성하여 쉽게 프로그래밍을 배울 수 있는 방법입니다.

마치 레고 게임하듯이 블록을 연결하여 일정한 동작을 수행하도록 합니다.

블록코딩은 일반적인 텍스트 기반의 프로그래밍보다 쉽고 직관적이서 초보자들이 컴퓨터 프로그래밍을 처음 배울 때 많이 사용됩니다.

비전공자나 개발의 경험이 없는 사람들도 쉽게 이해할 수 있어서, 교육 이외의 분야에서도 활용될 수 있습니다.

머신러닝 for 키즈(machine learning for Kids)는 머신러닝 교육용 플랫폼으로 머신러닝에 대한 기본 개념과 알고리즘을 쉽고 재미있게 학습할 수 있도록 합니다.

본 교재는 인공지능 분야의 다양한 주제를 다루고 있으며, 예제와 실습 문제를 통해 학습자들이 직접 코드를 작성하고 테스트해 볼 수 있도록 구성되었습니다.

이 교재를 통해, 학생들은 머신러닝 for 키즈를 이용하여 원하는 인공지능 모델을 학습시킨 후 블록코딩의 종류인 스크래치 프로그램으로 변환하여 다양한 주제를 학습할 수 있으며, 자신이 학습한 내용을 바탕으로 창의적인 아이디어를 발전시키는 기회를 얻게 될 것입니다.

본 교재의 구성은 PART I에서는 인공지능의 이해 부분으로 기본적인 정의와 머신러닝의 학습 방법을 다루었고, PART II에서는 스크래치 프로그래밍의 블록 사용법과 각 블록의 기능별로 따라 하기와 심화학습 실습으로 구성하였으며, PART III에서는 인공지능 실습 프로젝트로 머신러닝 for 키즈를 이용하여 프로젝트 단위로 이미지, 음성, 숫자 인식 방법으로 실습을 하였습니다.

ChatGPT가 세상을 놀라게 하고 있습니다. 왜 이렇게 핫이슈가 되고 있는지의 궁금증을 부록에 첨부하였습니다.

AI인공지능 비서를 블록코딩으로 실습해 보시고 이를 머신러닝 for 키즈에서도 원하는 모델을 학습시킨 후 활용해 보시길 바라며, 이 기술을 ChatGPT는 또 어떻게 정보를 제공하는지 실습해 보시기를 권유합니다. 마지막으로 집필을 완성할 수 있도록 도와주신 광문각 관계자 여러분, 그리고 항상 든든하게 응원을 보내 주시는 사랑하는 가족과 지인들에게 감사드립니다.

저자 박영희

목차

PART Ⅰ. 인공지능의 이해

PART II. 스크래치 프로그래밍

PART Ⅲ. 인공지능 실습 프로젝트

부록. 초거대 AI ChatGPT

PART I

인공지능의 이해

01. 인공지능의 개요

02. 머신러닝의 개요

CHAPTER 01 인공지능의 개요

인공지능(AI, Artificial Intelligence)은 컴퓨터가 만들어졌을 때부터 존재했다.

사람들은 어떻게 하면 컴퓨터를 인간처럼 생각하고 행동하게 만들 것인가를 연구해 왔다.

인공지능이 처음 구상될 때 컴퓨터를 좀 더 인간처럼 생각하게 하기 위한 방법을 생각하기 시작했고, 컴퓨터에 세상의 많은 규칙을 알려 주고 컴퓨터는 그러한 규칙을 따라 지능을 높일 수 있었다.

1. 인공지능의 정의

영국의 앨런 튜링(Alan Mathison Turing, 1912~1954, 수학자, 암호학자)이 1950년 〈계산 기계와 지능〉이라는 논문에서 '기계도 인간처럼 생각할 수 있을까?'라는 질문에 대해 "인간과 기계의 대화가 자연스럽게 이어진다면, 그 기계는 인간처럼 생각할 수 있다."라고 하며 튜링 테스트를 소개하였다.

[그림 1-1] 앨런 튜링

VOL. LIX. No. 236.] [October, 1950

MIND

A QUARTERLY REVIEW

OF

PSYCHOLOGY AND PHILOSOPHY

I.—COMPUTING MACHINERY AND INTELLIGENCE

BY A. M. TURING

1. *The Imitation Game.*

I PROPOSE to consider the question, 'Can machines think?' This should begin with definitions of the meaning of the terms 'machine' and 'think'. The definitions might be framed so as to reflect so far as possible the normal use of the words, but this attitude is dangerous. If the meaning of the words 'machine' and 'think' are to be found by examining how they are commonly

[그림 1-2]

앨런 튜링, 〈계산 기계와 지능〉, 1950

출처: 위키백과

튜링 테스트(Turing Test)는 지금까지 인공지능 분야의 기반이 되었으며, 인공지능을 판별하는 기준으로 활용되고 있다.

인공지능은 주요 연구기관 및 학계 등에 따라 다양하게 정의를 내리고 있다.

인공지능이란 용어는 공식적으로 1956년 다트머스대학의 교수였던 미국의 과학자 존 매카시(John McCarthy, 1927~2011) 박사가 다트머스 컨퍼런스 개최를 준비하면서 록펠러 재단의 후원금 요청서를 보내며 인공지능이라는 용어를 처음으로 사용하였다.

[그림 1-2] 존 매카시

출처: 영어 위키백과

AI Magazine Volume 27 Number 4 (2006) (© AAAI)

A Proposal for the Dartmouth Summer Research Project on Artificial Intelligence

August 31, 1955

John McCarthy, Marvin L. Minsky, Nathaniel Rochester, and Claude E. Shannon

The 1956 Dartmouth summer research project on artificial intelligence was initiated by this August 31, 1955 proposal, authored by John McCarthy, Marvin Minsky, Nathaniel Rochester, and Claude Shannon. The original typescript consisted of 17 pages plus a title page. Copies of the typescript are housed in the archives at Dartmouth College and Stanford University. The first 5 papers state the proposal, and the remaining pages give qualifications and interests of the four who proposed the study. In the interest of brevity, this article reproduces only the proposal itself, along with the short autobiographical statements of the proposers.

We propose that a 2 month, 10 man study of artificial intelligence be carried out during the summer of 1956 at Dartmouth College in Hanover, New Hampshire. The study is to proceed on the basis of the conjecture that every aspect of learning or any other feature of intelligence can in principle be so precisely described that a machine can be made to simulate it. An attempt will be made to find how to make machines use language, form abstractions and concepts, solve kinds of problems now reserved for humans, and improve themselves. We think that a significant advance can be made in one or more of these problems if a carefully selected group of scientists work on it together for a summer.

The following are some aspects of the artificial intelligence problem:

1. Automatic Computers

If a machine can do a job, then an automatic calculator can be programmed to simulate the machine. The speeds and memory capacities of present computers may be insufficient to simulate many of the higher functions of the human brain, but the major obstacle is not lack of machine capacity, but our inability to write programs taking full advantage of what we have.

2. How Can a Computer be Programmed to Use a Language

It may be speculated that a large part of human thought consists of manipulating words according to rules of reasoning and rules of conjecture. From this point of view, forming a generalization consists of admitting a new

[그림 1-4]

록펠러 재단에게 보낸 제안서 내용

출처: rockfound.rockarch.org

그는 "기계를 인간 행동의 지식에서와 같이 행동하게 만드는 것"이라고 정의했다.

조금씩 다른 정의도 있지만 위키피디아에서는 "인간의 학습 능력, 추론 능력, 지각 능력, 그 외에 인공적으로 구현한 컴퓨터 프로그램 또는 이를 포함한 컴퓨터 시스템"이라고 정의한다. 이들을 공통점을 정리해 보면 인공지능이란 "기계가 목적을 달성하도록 인간의 사고 능력(인지, 추론, 학습)을 모방한 기술"을 말한다.

2. 인공지능의 종류

개념적으로는 협의적 AI 또는 ANI(Artificial Narrow Intelligence)라고도 하는 약한 인공지능(Weak AI)과, 일반적 AI 또는 AGI(Artificial General Intelligence)로 구분되는 강한 인공지능(Strong AI)으로 구분된다.

약한 인공지능은 자의식이 없이 특정 분야의 문제를 해결하기 위해 개발된 인공지능을 말한다. 대표적으로 애플의 Siri, 아마존의 Alexa, DeepMind사의 알파고, IBM의 왓슨(Watson) 등이 대표적이다.

[그림 1-5] 애플의 Siri, 아마존의 Alexa, IBM의 왓슨

출처: 사진: ETRI

[그림 1-6] 아이언맨 자비스

출처: SK블로그

강한 인공지능은 사람처럼 자유로운 사고가 가능한 인공지능을 말하며 초지능이라고 하는 인간 두뇌의 지능과 능력을 능가한다. 현재 사용 중인 실제 사례가 없는 아직까지는 이론에 불과하다. 예를 들자면 공상과학 소설이나 영화에 등장하는 터미네이터의 스카이넷, 아이언맨의 자비스, HER의 사만다 등을 들 수 있다.

3. 인공지능의 범위

인공지능과 함께 언급되는 머신러닝과 딥러닝의 개념을 일반적으로 혼용해서 사용하고 있다. 인공지능의 범위와 그 관계에 대해 알아보면 다음 [그림 1-7]과 같이 나타낼 수 있다.

인공지능이라는 분야에 머신러닝이라는 기계학습이 개념이 있는 것이고 머신러닝에서 좀 더 고도화된 기술이 딥러닝이다.

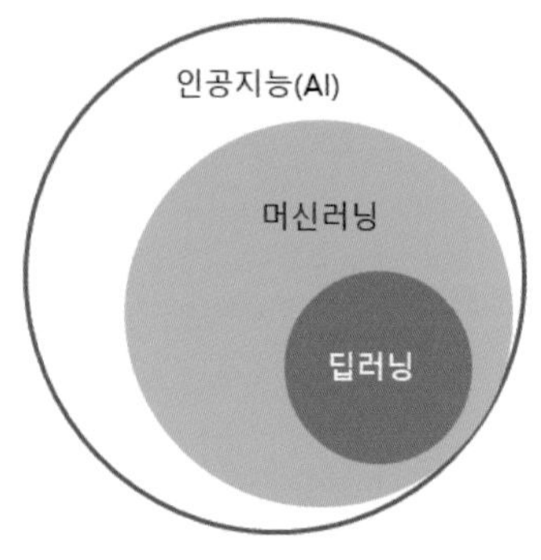

[그림 1-7] 인공지능의 범위

3.1 인공지능(Artificial Intelligence)

전통적인 의미의 인공지능은 규칙 기반 인공지능으로써, 많은 전문가는 프로그래머들이 명시적인 규칙을 충분하게 많이 만들어 지식을 다루면 인간 수준의 인공지능을 만들 수 있다고 믿었다. 기본적으로 기호(symbol)와 논리(logic)를 위주로 하는 이런 접근 방법을 심볼릭 AI(symbolic AI)라고 한다. 컴퓨터 프로그래밍과 유사하게 표현할 수 있다는 점에서 1950년부터 1980년대 초반까지 수학적 정리의 증명, 자연어 처리, 기계 추론, 게임, 의사 결정 시스템 등으로 좋은 성과를 나타내며 전문가 시스템(expert system)의 호황으로 그 인기가 절정에 다다랐다.

하지만 규칙 기반 인공지능은 문자 인식, 음성 인식, 언어 번역, 그리고 이미지를 인식할 수 있는 패턴 인식(pattern recognition) 같은 복잡한 문제를 구현하기는 어려웠다. 이를 해결하기 위한 방법이 학습 기반의 머신러닝이다.

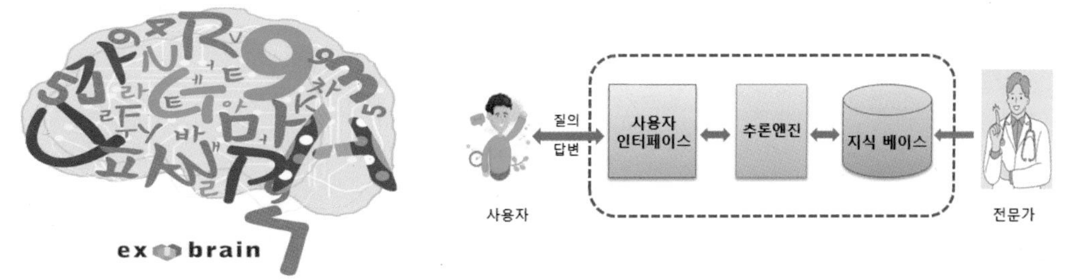

[그림 1-8] 국어 언어모델 코버트(KorBERT)

출처: 사진: ETRI

[그림 1-9] 전문가 시스템

출처: 구글이미지

3.2 머신러닝(Machine Learning, 기계학습)

학습 기반 방식은 프로그래머가 명시적으로 코딩하지 않고 어떤 다양한 규칙을 데이터를 기반으로 해서 분석 및 학습하고, 학습한 내용을 기반으로 어떠한 결정을 판단하거나 예측한다. 입력된 데이터를 이용해 컴퓨터가 스스로 학습을 통해서 얻은 결과로 향후 성능을 더 정확하게 수행한다.

규칙 기반 학습은 규칙과 데이터를 입력하면 해답이 출력된다면 머신러닝에서는 데이터와 이 데이터에서 예상되는 해답을 입력하면 규칙이 출력된다.

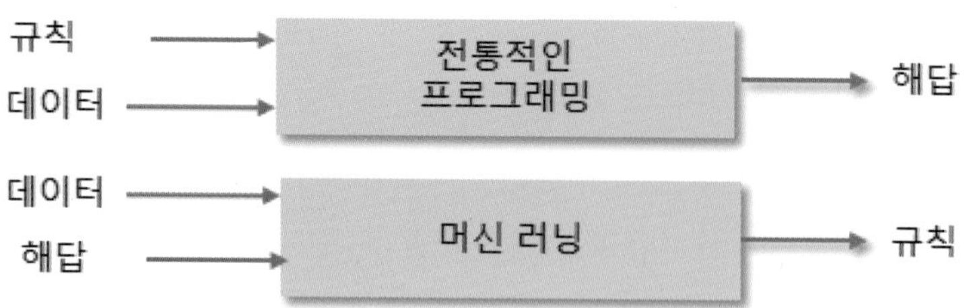

[그림 1-10] 규칙 기반 학습과 머신러닝의 비교

출처: Gilbut Inc.

머신러닝은 영상 인식, 얼굴 인식, 음성 인식, 자율주행 자동차 등 다양한 산업 분야에서 응용되고 있다.

[그림 1-11] 자율주행 자동차

출처: 게티이미지뱅크

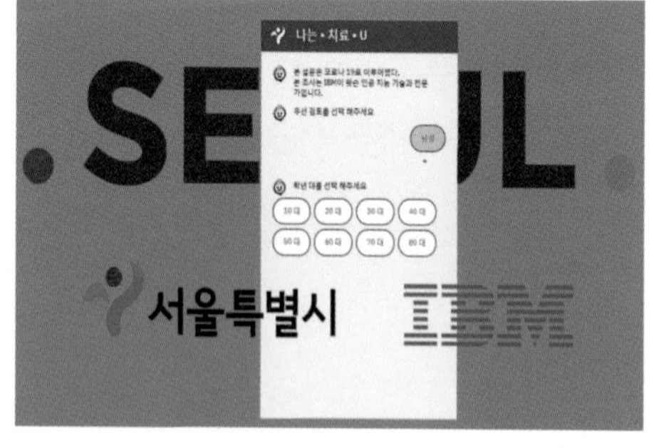

[그림 1-12] IBM 왓슨 어시스턴트(AI 챗봇)

출처: 인공지능신문

[그림 1-13] 음성 인식 기술

출처: 삼성 뉴스룸

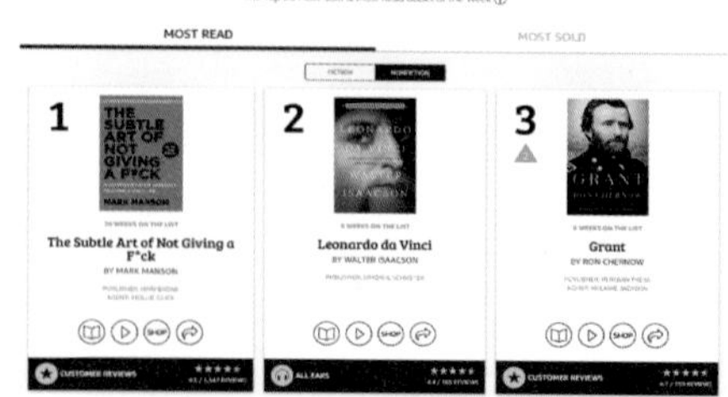

[그림 1-14] 추천 서비스의 시작 아마존 '북매치(Book Match)'(1996년)

출처: https://brunch.co.kr/@fit/6

3.3 딥러닝(Deep Learning)

딥러닝은 머신러닝의 한 분야로서 사람의 뇌에서 뉴런을 모방한 인공 신경망 알고리즘이다.

여러 개의 은닉층을 가진 심층 신경망(Deep Neural Network, DNN)을 기반으로 하는 학습 방법이다.

딥러닝은 사람의 개입 없이 스스로 학습할 수 있으며, 정형화되지 않은 빅데이터인 영상이나 음성 등 대량의 데이터로부터 특징을 추출하여 학습을 통해 음성 인식, 영상 인식, 패턴 인식 등의 분야에서 좋은 결과를 내고 있다.

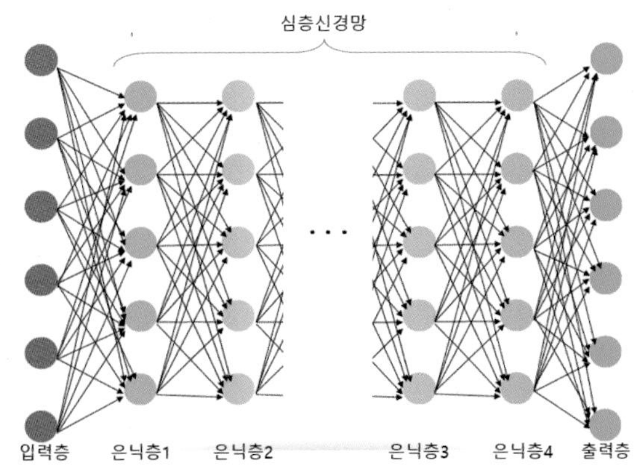

[그림 1-15] 딥 러닝의 구조

이러한 딥러닝 기술은 인터넷과 스마트폰의 보급으로 빅데이터를 수집할 수 있고 CPU와 GPU(Graphics Processing Unit)와 같은 하드웨어의 발전으로 딥러닝 학습이 가능해지게 되었다.

머신러닝은 입력으로 어떠한 값이 들어가면 특성이 추출되고 그것을 분류하여 결과를 출력해 낸다면 딥러닝은 값이 입력되면 특성 추출과 분류가 함께 이루어지면서 출력을 한다는 것이다.

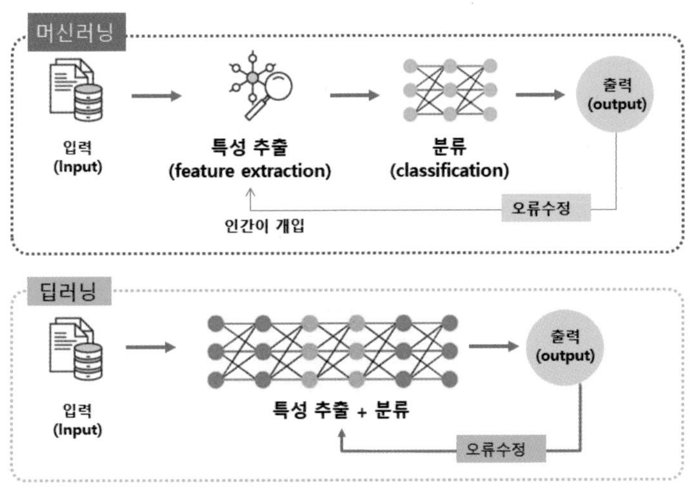

[그림 1-16] 딥러닝의 구조

이렇게 만들어진 딥러닝 방식의 인공지능 모델은 다양한 분야에서 활용되고 있다.

2020년 국가대표 양궁선수들에게 적용한 딥러닝 비전 AI 코치, GitHub의 Copilot(코딩), NVIDIA의 Alias-Free GAN(이미지) 기술 등이 있다.

[그림 1-17] 비전 AI 코치, 양궁 국가대표

출처: 한국경제TV(2021.07.27.)

[그림 1-18] AI 코딩, 코파일럿(copilot)

출처: The GitHub Blog

[그림 1-19] 영상 인식 기술(지능형 CCTV)

출처: 현대일보(2020.10.21.)

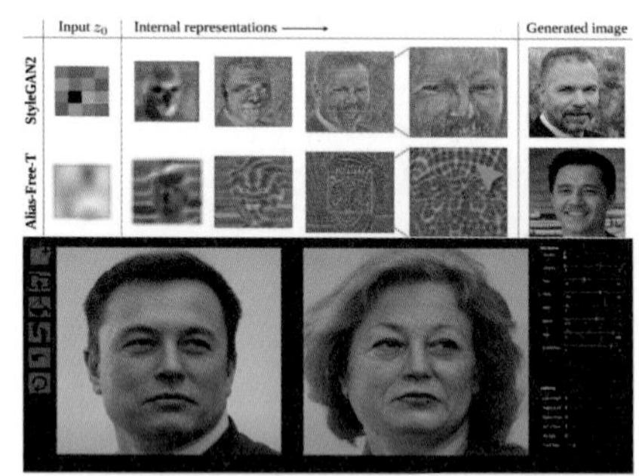

[그림 1-20] NVIDIA, Alias-Free GAN

출처: NVIDIA labs

3.4 ChatGPT(Generative Pre-trained Transformer)

전 세계적으로 이슈가 되고 있는 ChatGPT는 딥 러닝을 사용하여 만든 생성형 AI 챗봇의 일종으로 훈련된 자연 언어 처리(NLP: Natural Language Processing) 모델이다. 대규모 언어 모델(LLM: Large Language Model)에 기반한 대화형 인공지능 서비스로 텍스트를 통해 사람과 대화하고, 사용자의 요청에 따라 다양한 콘텐츠를 생성한다. 오픈AI에 의해 개발되었으며, 2022년 11월 30일에 처음 공개되었다.

[그림 1-21]

문서와 책, 기사, 웹 사이트와 같은 방대한 양의 텍스트 데이터에 대해 학습되었으며 강화학습의 변형 모델인 '인간 피드백형 강화학습(RLHF: Reinforcement Learning w/ Human Feedback)'을 통해 사용자의 지시를 따르고 인간의 반응을 이용해서 문제를 보정하는 방식으로 생성하는 능력을 지녔다.

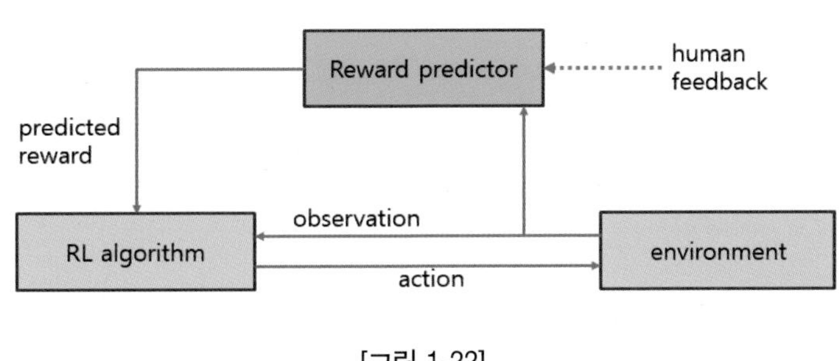

[그림 1-22]

참고: https://arxiv.org/pdf/1706.03741v4.pdf

GPT 모델은 GPT-1, GPT-2, GPT-3로 발전하였고 chatGPT는 GPT-3의 개선판인 GPT-3.5를 기반으로 만들어졌으며 다른 챗봇들과 달리 주고받은 대화와 대화의 문맥을 기억할 수 있으며, 모종의 보고서나 실제로 작동하는 파이썬 코드를 비롯한 인간과 같은 상세하고 논리적인 글을 만들어 낼 수 있다.[1)]

1) 위키피디아

[표 1-1]

단계	시기	매개변수	주요 기능
GPT-1	2018년	1억 1,700만 개	간단한 자연어, 분류
GPT-2	2019년	15억 개	번역, 작문, 대화
GPT-3	2020년	1,750억 개	간단한 코딩, 보다 자연스러운 대화, 요약, 생략된 텍스트 삽입
GPT-4	2023년	1조 개 이상(추정)	

모델의 규모가 커져감에 따라서 성능도 비약적으로 발전되고 있다.

하지만 아직까지는 결과를 텍스트 형식으로만 제공되기 때문에 그래픽이나 표, 그림 등의 기능 제공은 하지 않는다.

ChatGPT에게 '블록코딩이 뭔가요?'라고 한글로 질문해 보았다.

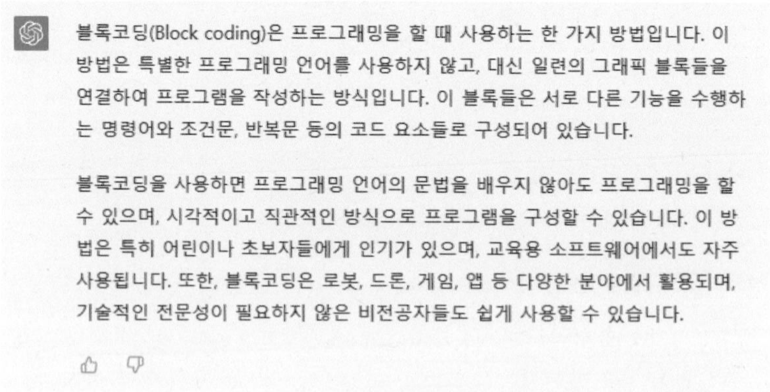

블록코딩(Block coding)은 프로그래밍을 할 때 사용하는 한 가지 방법입니다. 이 방법은 특별한 프로그래밍 언어를 사용하지 않고, 대신 일련의 그래픽 블록들을 연결하여 프로그램을 작성하는 방식입니다. 이 블록들은 서로 다른 기능을 수행하는 명령어와 조건문, 반복문 등의 코드 요소들로 구성되어 있습니다.

블록코딩을 사용하면 프로그래밍 언어의 문법을 배우지 않아도 프로그래밍을 할 수 있으며, 시각적이고 직관적인 방식으로 프로그램을 구성할 수 있습니다. 이 방법은 특히 어린이나 초보자들에게 인기가 있으며, 교육용 소프트웨어에서도 자주 사용됩니다. 또한, 블록코딩은 로봇, 드론, 게임, 앱 등 다양한 분야에서 활용되며, 기술적인 전문성이 필요하지 않은 비전공자들도 쉽게 사용할 수 있습니다.

[그림 1-23]

답변 결과는 질문의 내용이 무엇이냐에 따라 다르겠지만 블록코딩에 대한 정의는 제법 잘 내린 듯하다.

한글로도 질의가 가능하지만 영어로 질문 시 더 많은 정보를 제공하기 때문에 영어로 질문을 하기를 권하고 있다. 필요시에 번역기를 이용하면 어렵지 않게 원하는 정보를 찾을 수 있을 것이다.

하지만 ChatGPT는 장점뿐만 아니라 우려하는 단점도 있기 때문에 완전히 신뢰하지는 말고 다만, 참고로 이용하면 좋을 듯하다. 자세한 내용은 부록(대화형 인공지능 ChatGPT 개발을 위한 가이드북)을 참고하기 바란다.

CHAPTER 02 머신러닝의 개요

1. 머신러닝의 개요

머신러닝(Machine Learning, ML)은 '기계학습'이라는 뜻으로 컴퓨터를 인간처럼 학습하게 함으로써 인간의 도움 없이도 컴퓨터 스스로가 새로운 규칙을 발견할 수 있도록 하는 기술을 말한다.

앞 장에서 머신러닝은 인공지능에 속하는 부분 집합이라 볼 수 있으며, 인공지능은 머싱러닝을 포함하는 상위 개념이라고 하였다. 머신러닝은 기본적으로 알고리즘을 이용하여 데이터를 분석하고 분석을 통해 학습하며 학습한 내용을 기반으로 판단이나 예측을 한다.

학습에 사용할 수 있는 데이터가 많아지면 판단을 내리는 알고리즘 성능이 향상된다.

[그림 1-21]은 머신러닝이 의사 결정을 예측 수행하는 프로세스를 보여 주는 과정으로 빅데이터를 입력받아 데이터 분석 모델을 생성하고, 생성된 모델을 이용하여 의사 결정 및 예측 등을 수행하는 과정을 설명하였다. 이때 만족스러운 결과를 얻을 때까지 피드백하여 학습시킨다.

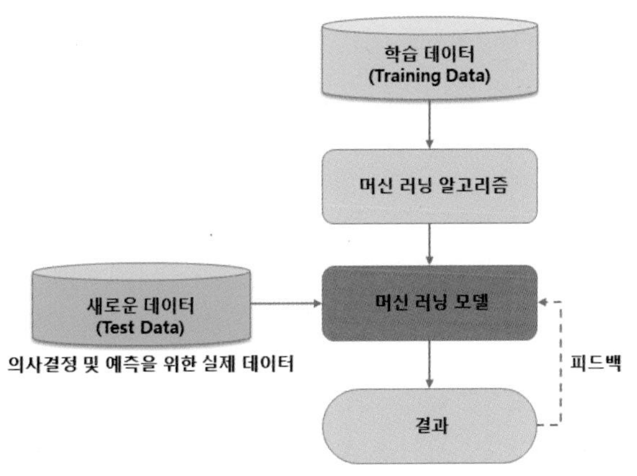

[그림 1-24] 머신러닝 프로세스

머신러닝은 얼굴 인식이나 음성 인식과 같이 규칙 기반 프로그램으로 처리할 수 없는 복잡한 상황이거나 거래 기록에서 규칙이 지속으로 바뀌는 상황, 주식 거래, 에너지 수요 예측, 쇼핑 추세 예측의 경우처럼 데이터 특징이 계속 바뀌는 상황 등에 사용하면 아주 유용하다. 또한, 스팸 메일 필터링, 네트워크 침입자 자동 검출, 광학문자 인식, 컴퓨터 비전, 자율주행 등의 분야에서 활발하게 사용되고 있다.

2. 머신러닝의 학습 방법

머신러닝의 학습의 형태에 따라 그림과 같이 지도학습, 비지도학습, 강화학습으로 나누어진다.

[그림 1-25] 머신러닝 학습의 종류

2.1 지도학습(Supervised Learning)

지도학습(Supervised Learning)은 정답이 있는 데이터를 활용하여 데이터를 학습시키는 방식이다. 입력값이 주어지면 입력 값에 대한 결괏값을 학습시킨다. 여기서 입력값에 대한 정답 또는 결괏값을 레이블(Label)이라고 한다. 머신러닝이나 딥러닝은 바로 이 레이블 값을 찾는 것이 목적이다. 즉 이미 고양이와 개로 구분되어 있는 이미지를 사용하여 고양이와 개를 분류하는 머신러닝 모델을 학습시키는 방식이다. 대표적인 모델로는 분류(classification)와 예측(prediction)이 있다.

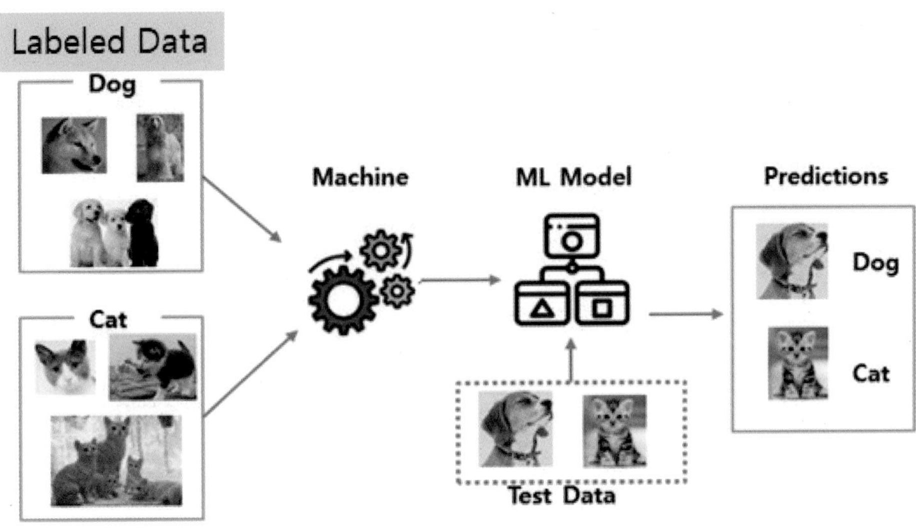

[그림 1-26] 지도학습을 이용한 동물 사진 분류

2.2 비지도학습(Unsupervised Learning)

비지도학습(Unsupervised Learning)은 지도학습과 다르게 조력자의 도움 없이 컴퓨터 스스로 학습하는 형태로 정답(또는 레이블)이 주어지지 않는 상태에서 컴퓨터가 훈련 데이터를 이용하여 데이터들의 규칙성을 찾아나가는 방식이다. 모델로는 군집화(Clustering)와 연관 규칙, 이상 감지 모델(Anomaly detection) 등이 있다.

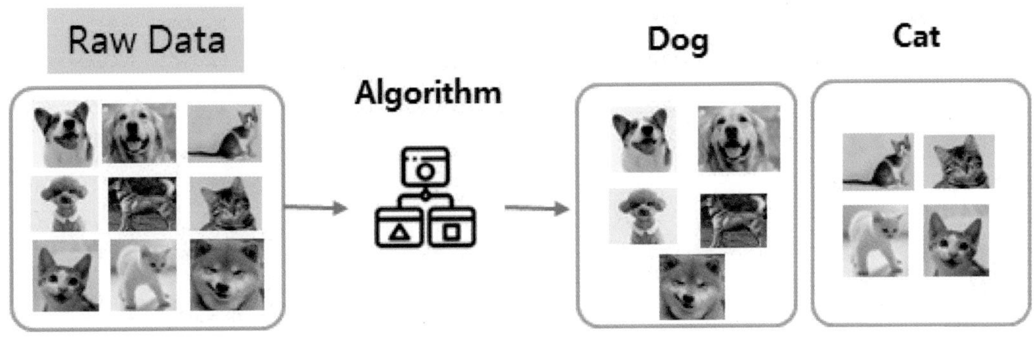

[그림 1-27] 비지도학습을 이용한 동물 사진 분류

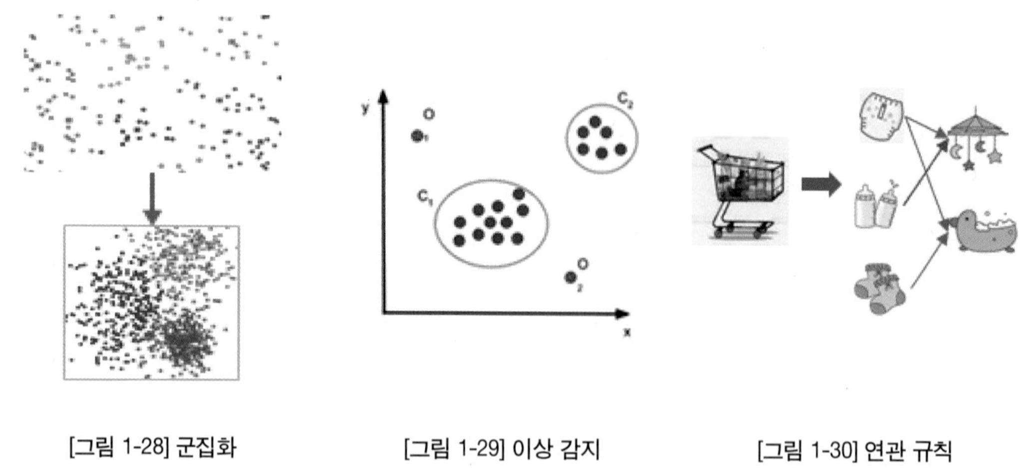

[그림 1-28] 군집화 [그림 1-29] 이상 감지 [그림 1-30] 연관 규칙

2.3 강화학습(Reinforcement Learning)

강화학습(Reinforcement Learning)은 목표 지향 학습 방식으로 어떤 목표가 주어지면 목표를 달성하기 위해 시행착오(Trial and Error)를 통해 학습하는 방식이다.

자신이 한 행동(Action)에 대해 보상(Reward)를 받으며 학습하는 것으로 상은 최대화하고 벌은 최소화하는 방향으로 행위를 강화시킨다.

[그림 1-31]은 강화학습의 구조로 에이전트(Agent)는 목표를 달성하기 위한 주체가 되고 환경(Environment)은 에이전트가 풀어야 할 직면한 문제를 말한다.

에이전트는 목표를 달성하기 위해 행동(Action)을 하고, 그 행동에 따라 환경이 변하게 되는데 그 변화를 관찰(Observation)을 통해서 에이전트에게 알려 준다. 이때 변화가 목표에 다가가게 된다면 에이전트는 보상을 받게 되고, 보상을 받은 에이전트는 점점 더 좋은 액션을 하게 된다. 강화학습은 정답이나 레이블을 제공하지 않고 보상을 제공하기 때문에 인과관계가 중요하며 스스로 쌓았던 경험 데이터를 기반으로 학습이 이루어진다.

응용 분야로는 로봇 제어, 체스, 바둑 게임, 스타크래프트 등에서 활용되고 있다. 강화학습의 모델로는 Model-Based Algorithm과 Model-Free Algorithm 등이 있다.

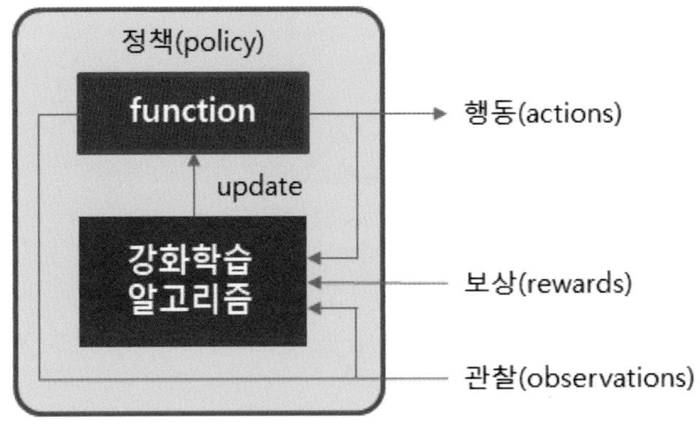

[그림 1-31] 자율주차의 강화학습

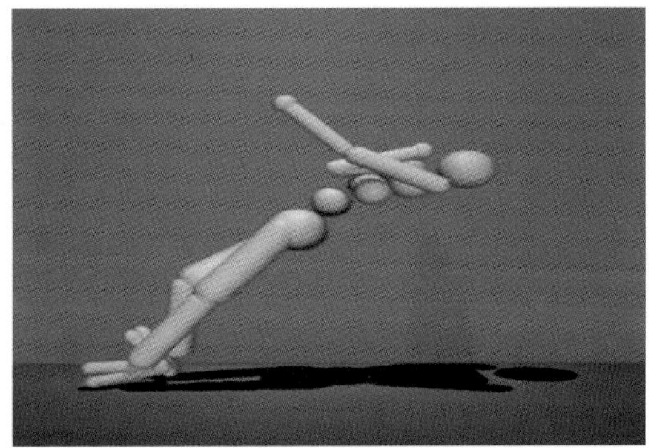

[그림 1-32] 강화학습 관련 동영상

출처: https://youtu.be/MSkXXWNvR1g

출처: https://youtu.be/itACOKJHYmw

PART

II

스크래치 프로그래밍

01. 스크래치 프로그래밍 준비

02. 스크래치 스크립트 블록 사용법

CHAPTER 01

스크래치 프로그래밍 준비

1. 스크래치 프로그래밍의 개요

1.1 스크래치란?

스크래치(Scratch)는 2005년 미국 'MIT 미디어랩' 연구소의 '라이프롱 킨더가르텐(Lifelong Kindergarten Group)'에서 개발한 교육용 프로그래밍 언어이다.

기존의 텍스트 형식의 프로그래밍 언어와 다르게 명령어 대신 블록을 사용하여 프로그램을 만들고 실행하는 구조여서 누구나 쉽게 설계하여 작성할 수 있다.

다양한 애니메이션, 예술, 게임, 음악, 스토리 등을 제작할 수 있다.

에니메이션

예술

게임

음악

스토리

[그림 2-1]

출처: https://scratch.mit.edu/explore/projects/stories/

1.2 스크래치 설치하기

1) 웹사이트에서 실행하기

웹사이트에 접속하여 사용하므로 따로 설치할 필요가 없으며 나만의 프로젝트를 만들 수 있고 다른 사람과 공유할 수도 있다. 인터넷 익스플로러(Internet Explorer)에서는 지원되지 않기 때문에 다른 종류의 웹브라우저에서 실행해야 한다.

❶ 네이버에서 '스크래치' 검색하거나 스크래치 웹사이트(http://scratch.mit.edu)에 접속한다.

❷ 스크래치 가입 or 가입하기를 클릭한다.

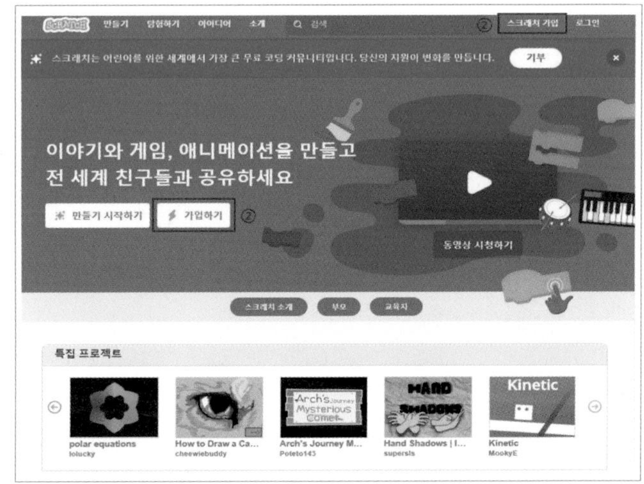

❸ 실제 이름을 사용하지 말고 평소 사용하는 ID를 영어로 입력, 사용자 이름은 최소 다섯 글자 이상 입력한다.

❹ 최소 여섯 글자 이상으로 비밀번호를 입력한다.

❺ 위 비밀번호를 재입력한다.

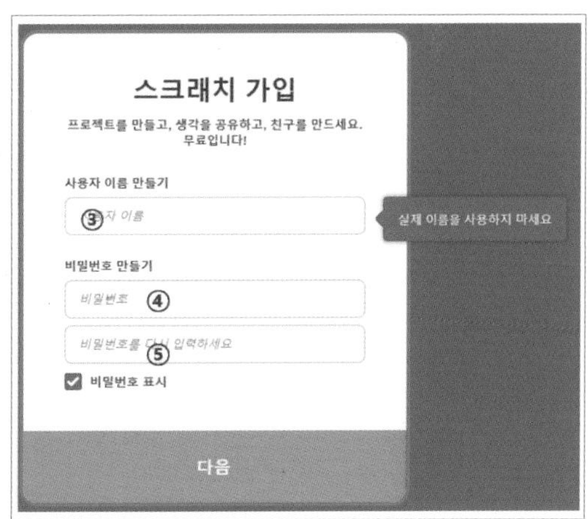

PART II 스크래치 프로그래밍

⑥ 국가를 선택한다.

⑦ 태어난 월/년 선택한다.

⑧ 자신의 성별을 선택한다

⑨ 이메일을 입력한다.

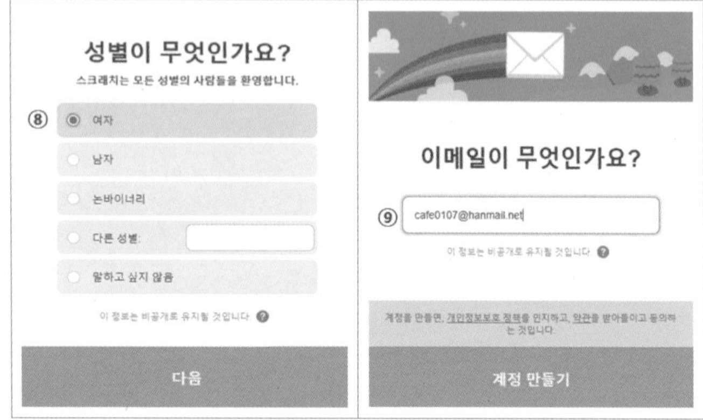

⑩ 캡차 테스트하기

⑪ 확인

⑫ 가입한 이메일 주소로 가입 확인 메일 클릭하여 가입 완료한다.

2) 스크래치 3.0 오프라인 에디터 설치하기

스크래치 오프라인 에디터를 컴퓨터에 설치하면 인터넷에 연결하지 않아도 스크래치를 실행할 수 있다.

❶ 스크래치 웹사이트에 접속한 후 스크롤을 아래로 내려 화면 아래쪽에 있는 [다운로드]를 클릭한다.

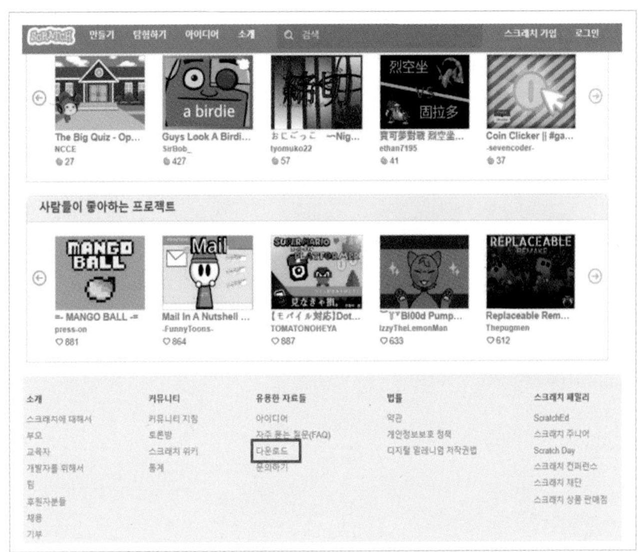

❷ 사용하고 있는 컴퓨터의 운영 체제를 선택한다.

❸ [바로 다운로드] 선택하여 다운로드한다.

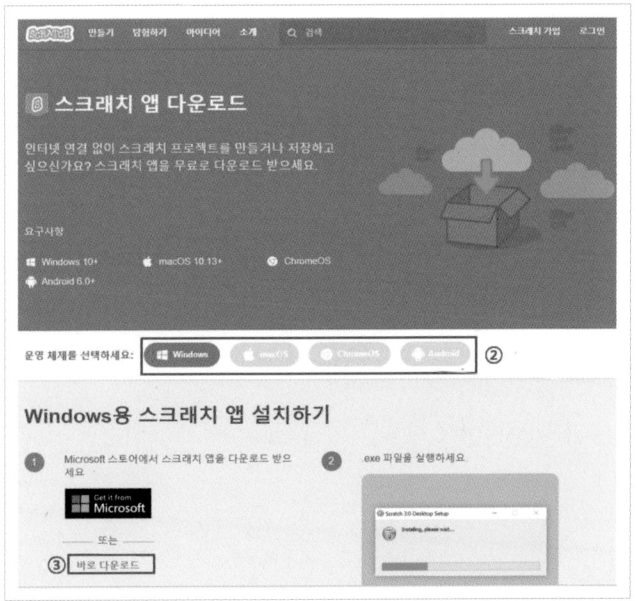

❹ 다운로드한 스크래치 파일은 기본적으로 다운로드 경로에 위치한다.

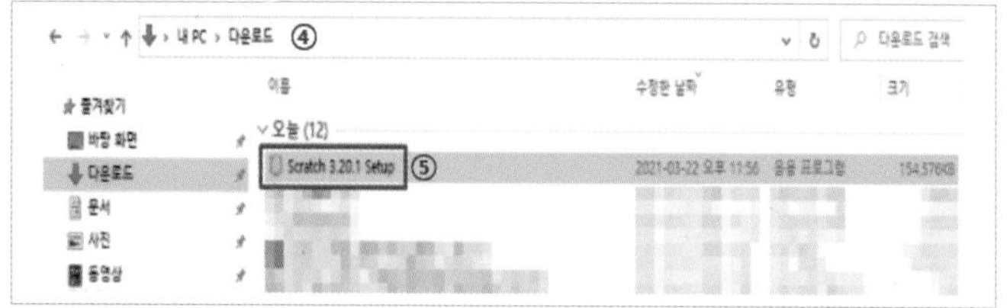

❺ 더블클릭한다.

❻ 다음과 같이 선택한 후 설치를 시작한다.

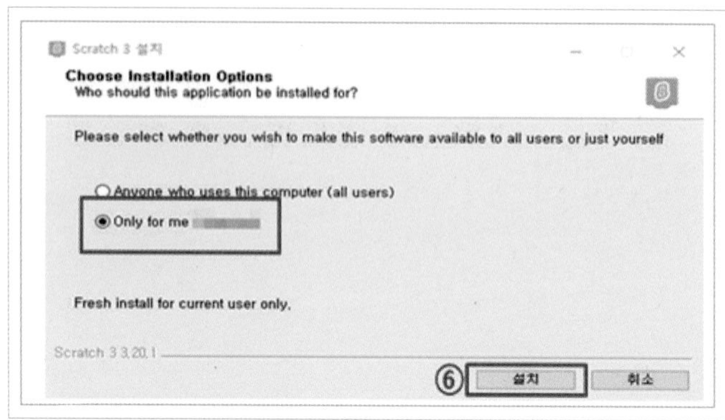

❼ 마침 버튼을 클릭하여 설치를 종료한다.

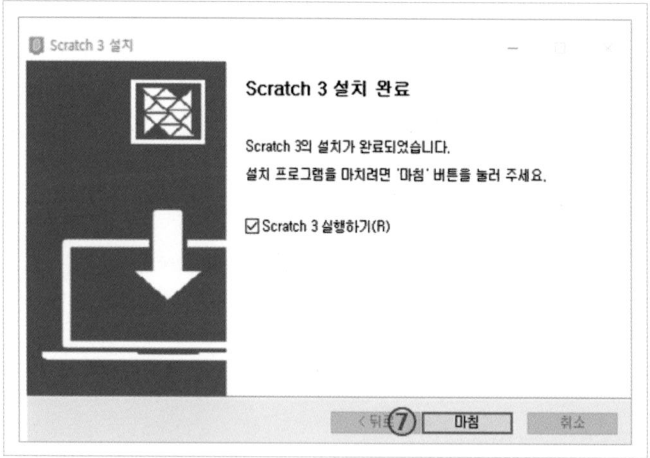

1.3 스크래치 인터페이스

1) 스크래치의 화면 구성

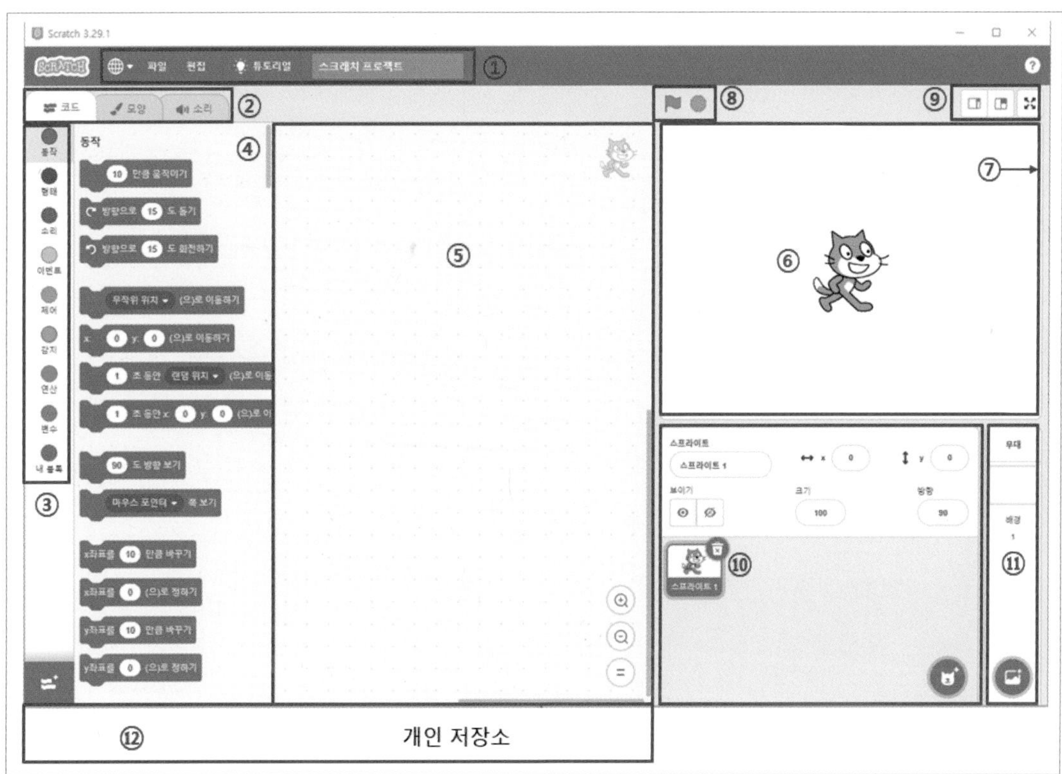

[그림 2-2] 스크래치 화면 구성

❶ 메인 메뉴바

프로그램을 실행하는 데 필요한 기능의 명령 그룹이다.

- 🌐▾ : 사용 언어 설정
- 파일: 새로 만들기/저장하기/불러오기
- 편집: 되돌리기, 터보 모드 켜기

❷ 기능 탭

- 코드: 원하는 블록을 코드 창에 추가해 명령 실행
- 모양: 선택한 스프라이트 또는 무대 배경의 모양을 추가, 수정, 삭제, 그리기
- 소리: 소리를 추가, 수정, 삭제

❸ 팔레트 목록

코드 탭을 클릭했을 때 수행할 스크래치의 명령 블록들의 종류

❹ 블록 리스트

프로그램 코딩에 사용하는 명령 블록의 목록

❺ 스크립트 작업창

블록을 활용하여 스크립트를 제작하는 영역

❻ 스프라이트

스크래치에서 코딩이 실행되는 단위로 기본적으로 고양이 캐릭터를 사용

❼ 프로그램 실행창

스프라이트와 무대의 행동, 구성을 작성한 스크립트들을 실행하여 보여 줌.

❽ 시작하기, 멈추기

프로젝트를 시작하거나 멈춤

❾ 화면 선택: 무대 화면의 크기를 세 가지로 조정

❿ 스프라이트 정보창

스프라이트 목록과 정보를 표시, 새로운 스프라이트 추가, 삭제, 스프라이트의 이름과 크기, 방향 변경

⓫ 무대 정보창

무대의 모양 목록과 함께 무대의 선택, 정보, 변경, 추가, 삭제 등

⓬ 개인 저장소

자주 사용될 가능성이 높은 스프라이트를 저장소에 담아두고 사용, 로그인 시 제공

※ 개인 저장소는 온라인에서 로그인해야 사용 가능하다.

2) 스프라이트 삭제, 변경, 추가, 이름 변경하기

[스프라이트 정보창]에서 스프라이트의 추가, 변경, 삭제 등이 가능하며 스프라이트의 이름도 변경할 수 있다.

▣ 스프라이트 삭제하기

기본 스프라이트인 고양이를 삭제하고 싶거나 필요 없는 스프라이트 삭제 시

❶ 삭제하고자 하는 스프라이트 선택 후 클릭

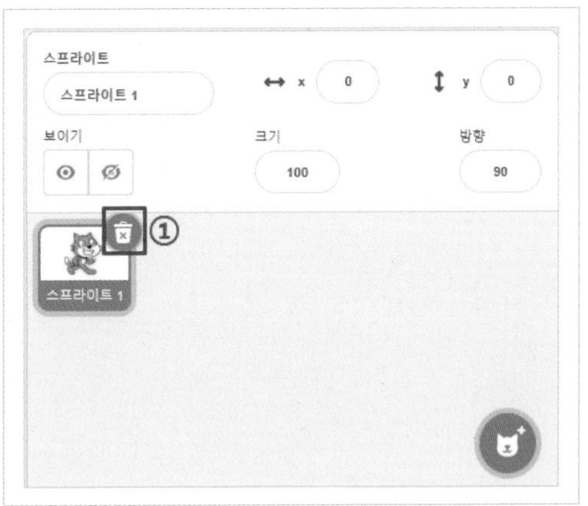

TIP

스프라이트(sprite)

스프라이트란 스크래치와 같은 시각적인 블록 프로그래밍에서 이미지, 소리, 연산 및 움직임 등의 동작을 수행하는 객체를 지칭하는 용어로 요정, 도깨비라는 뜻이다. 스크래치에서 기본 스프라이트 모양은 고양이이다.

캐릭터, 과일, 글자, 숫자 등등 다양한 종류를 가져와서 코딩한다.

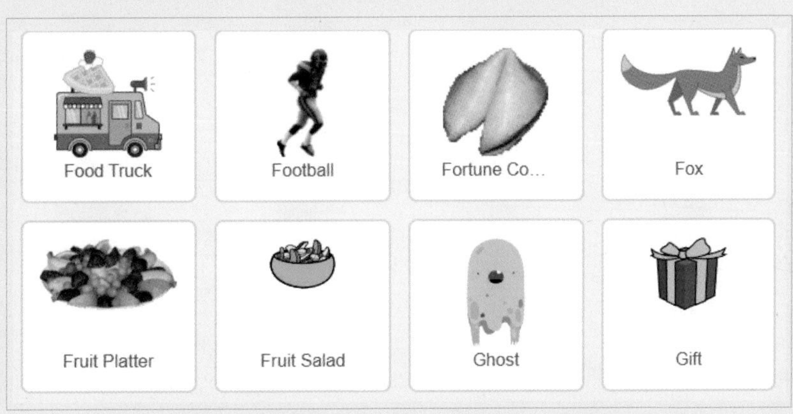

[그림 2-3] 스크래치에서 제공하는 기본 스프라이트

▣ 스프라이트 변경하기

❶ 스프라이트 정보창에서 [스프라이트 고르기] 클릭

❷ 변경하고자 하는 스프라이트 선택

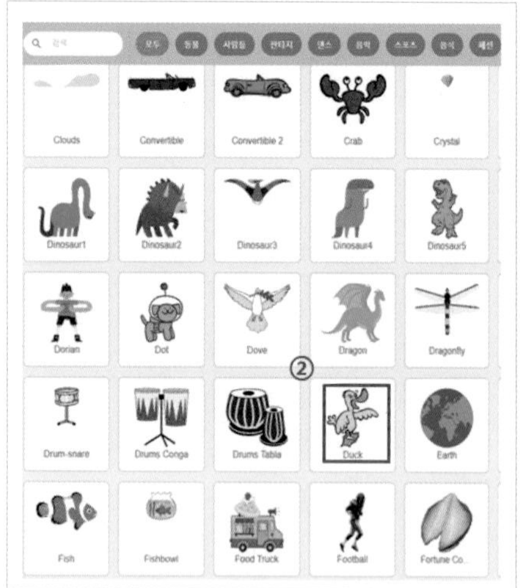

❸ 선택한 스프라이트로 변경

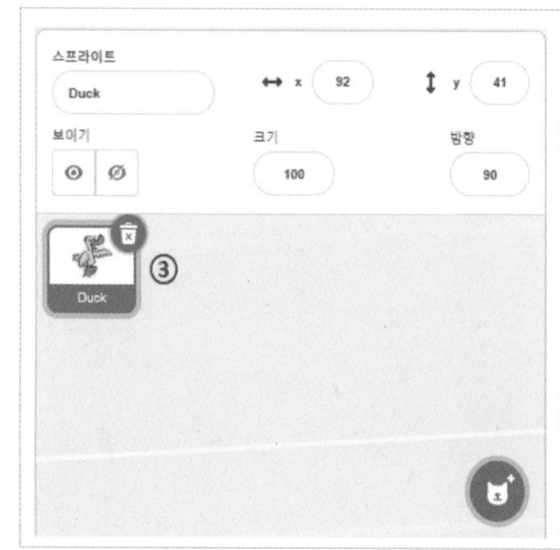

▣ 스프라이트 추가하기

기본적으로 제공하는 스프라이트 외에 사용자가 원하는 스프라이트를 사용하고자 할 때

① 업로드하기

❶ 내 PC에 업로드할 파일을 준비해 둔다. [스프라이트 업로드]하기 클릭

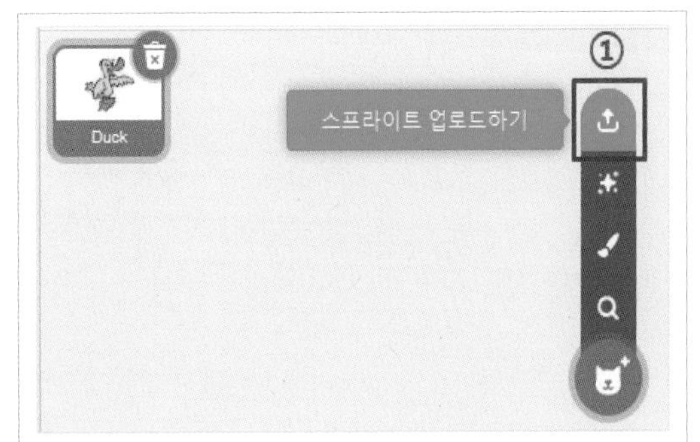

❷ 추가할 스프라이트 파일 선택 후 열기

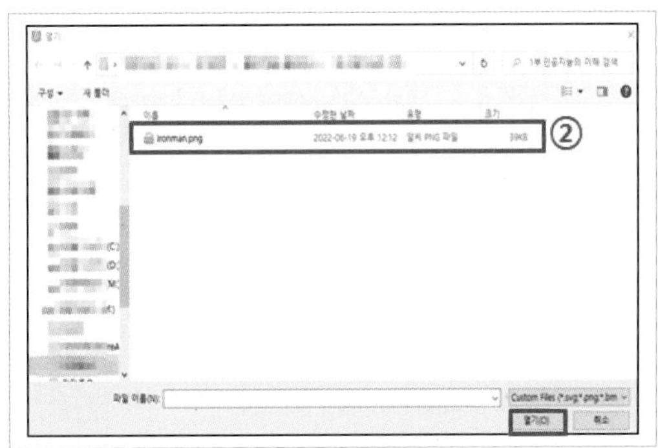

❸ 새로운 스프라이트 추가

▣ 스프라이트 추가하기

직접 그리기

② 그리기

❶ 스프라이트는 직접 그리기 선택

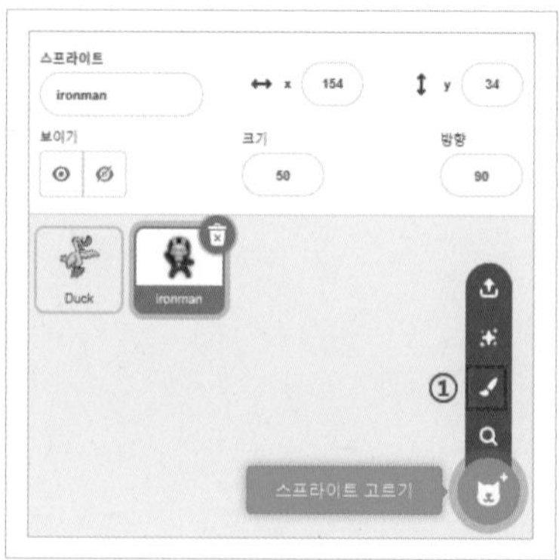

❷ 빈 스프라이트가 생성되고 [모양] 탭이 활성화된다.

❸ 붓 모양을 선택

❹ 적절한 색상을 선택

❺ 원하는 모양을 그린다

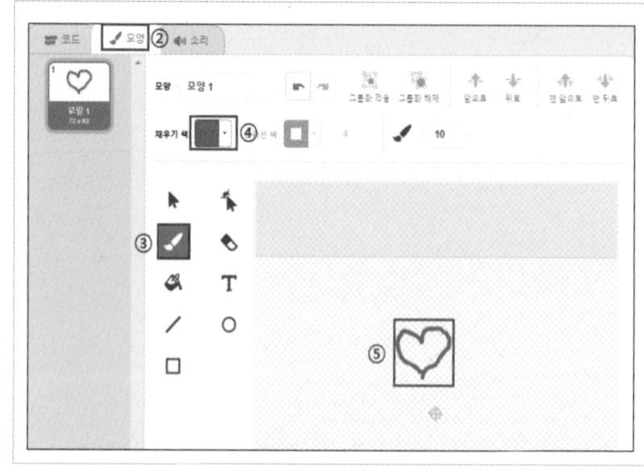

❻ 결과창에서 적당한 위치로 끌어다 놓는다.

❼ 새로운 스프라이트가 추가되었다.

▣ 스프라이트 추가하기

서프라이트 랜덤으로 선택하기

③ 서프라이즈

❶ 서프라이즈 선택

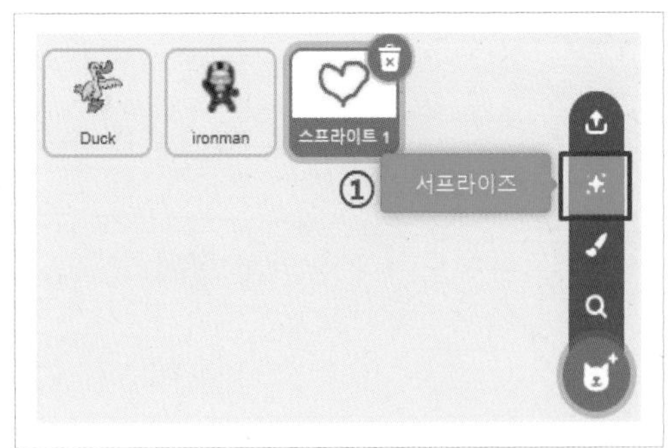

❷ 스크래치에서 제공하는 스프라이트 중에서 랜덤하게 생성, 여기서는 snowman이 생성되었다.

❸ 스크래치 정보창에도 추가되었다.

이름이 정해져 있지 않은 새로 작성된 스프라이트의 경우 스프라이트 1, 스프라이트 2, … 로 기본 설정이 된다. 스크립트를 작성할 때 스프라이트의 이름을 사용해야 하는 경우가 많으므로 쉬운 이름으로 변경해서 사용한다.

▣ 스프라이트 이름 변경하기

❶ 변경할 스프라이트 선택

❷ 변경할 스프라이트 이름을 입력

❸ 스프라이트의 이름이 변경되었다.

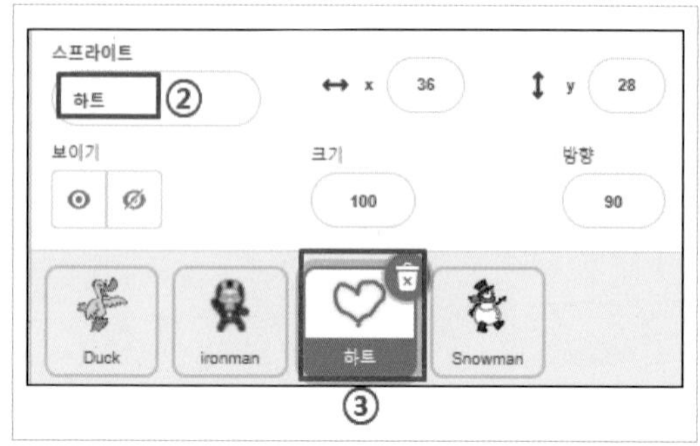

3) 배경 변경, 추가, 삭제하기

[무대 정보창]에서 무대 배경 고르기, 그리기, 서프라이즈, 직접 올리기 등을 할 수 있다.

▣ 배경 변경하기

배경 고르기

❶ 배경 고르기 클릭

❷ 원하는 배경을 선택한다.

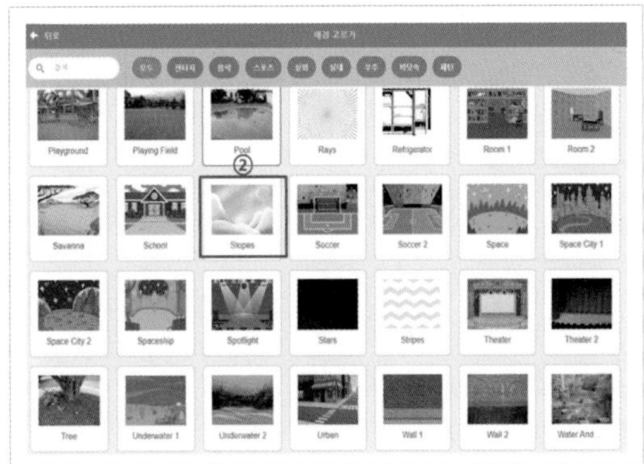

❸ 무대가 원하는 배경으로 변경되었다.

TIP

무대 배경 변경하기

[스프라이트 정보창]에서처럼 [무대 정보창]에서도 배경에서 직접 그리기, 서프라이즈, PC에서 직접 올리기 등의 방법이 동일하므로 [스프라이트 변경] 부분을 참고하기 바람.

4) 기능 탭 사용하기

[기능 탭]은 코드 탭, 모양 탭, 소리 탭으로 구성되어 있다.

▣ 코드 탭

❶ 코드 탭 선택

❷ 원하는 스프라이트를 선택한다.

❸ ❷에서 선택한 스프라이트 확인

❹ [블록 리스트]에서 왼쪽과 같이 원하는 블록을 찾아 [스크립트 작업창]으로 드래그해서 끌어다 놓는다.

❺ 글씨가 너무 작거나 클 때 돋보기로 원하는 만큼 조절

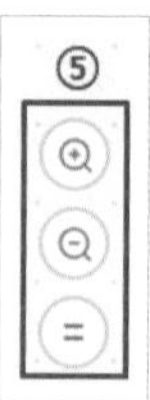

TIP

스크립트 작성 시 주의 사항

[스프라이트 목록]에서 2번째 스프라이트가 선택된다. 나머지 스프라이트를 클릭해 보면 코드 탭에 내용이 없는 것을 확인할 수 있다. 즉 어떤 스프라이트에 코드를 작성하고 있는지 확인하는 작업이 필요하다.

▣ 모양 탭

❶ 모양 탭 선택

❷ 원하는 스프라이트를 선택한다.

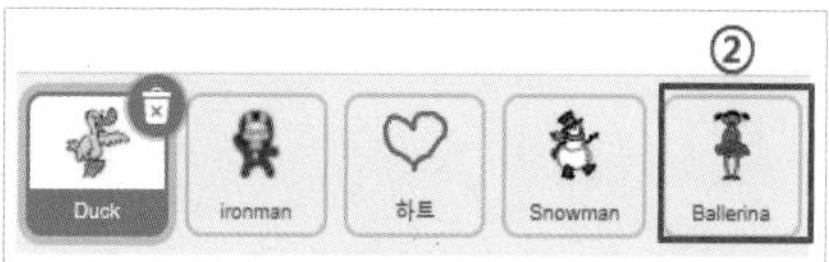

❸ 스프라이트가 기본적으로 가지고 있는 여러 가지 모양이 제공된다.

❹ 모양이 하나인 스프라이트도 있다.

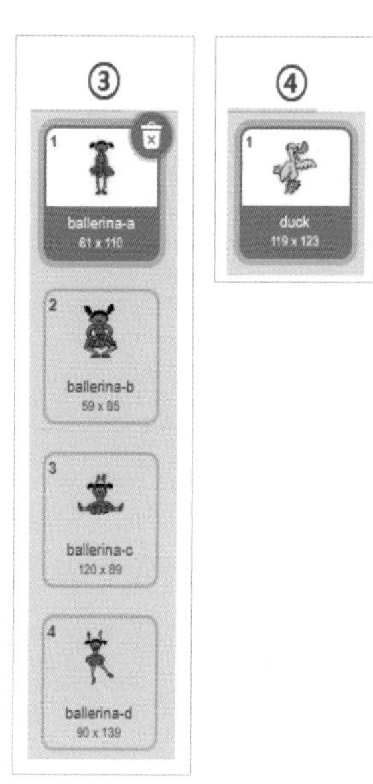

TIP

스프라이트의 다양한 모양 이용하기

'ballerina'를 선택하면 총 네 가지 모양이 제공된다. [제어] 팔레트의 [반복하기] 블록을 이용하면 여러 모양을 반복하게 하여 움직이는 것처럼 효과를 낼 수 있다.

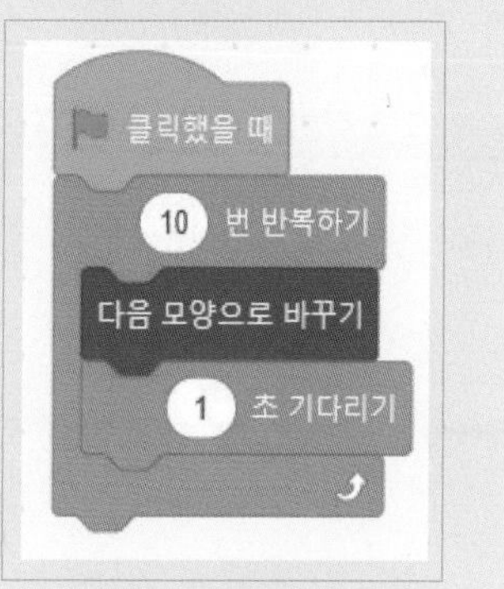

▣ 소리 탭

❶ 원하는 스프라이트를 선택한다.

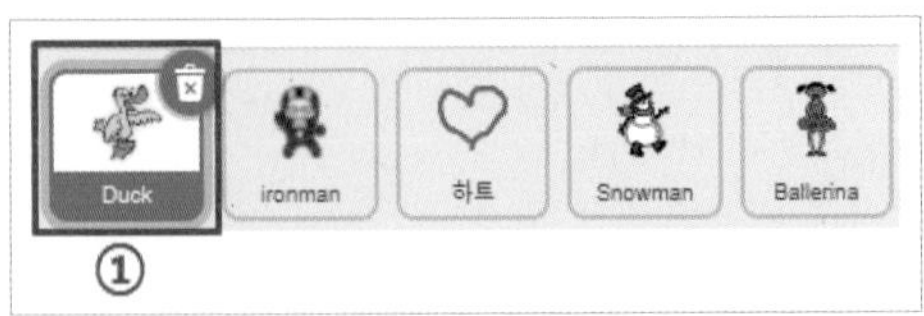

❷ 소리 탭 선택

❸ 선택한 스프라이트의 기본적인 소리를 제공한다.

❹ 재생 버튼을 눌러 소리 듣기

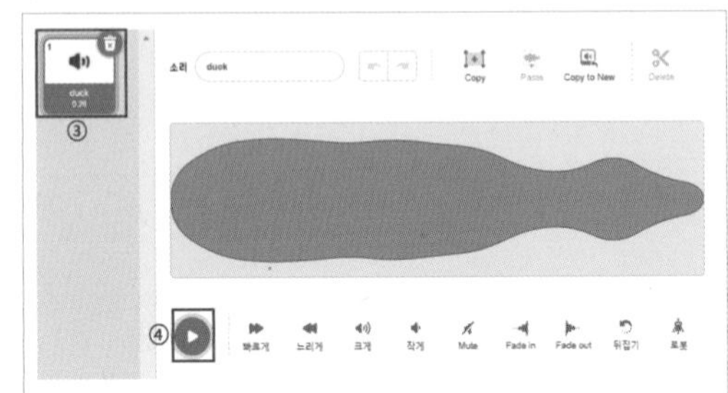

❺ [소리 고르기]를 클릭하여 소리를 추가할 수 있다.

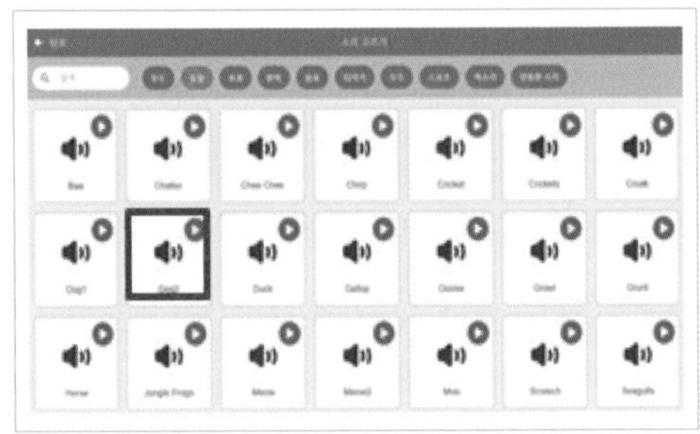

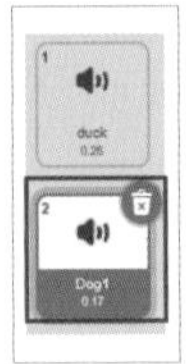

5) 스크래치 실행하기

▣ 스크래치 실행하기

❶ 원하는 스프라이트를 선택한다.

❷ 왼쪽과 같이 [블록 리스트]에서 원하는 블록을 [스크립트 작업창]으로 끌어다 놓는다.

❸ : 초록색 깃발을 클릭하여 실행한다.

❹ '안녕!'이라고 말하고 빨간색 멈추기 버튼을 클릭하여 중지한다.

❺ : 실행창 크기 변경

TIP

실행 방법은 스페이스 키를 눌렀을 때나 배경이 바뀌었을 때 등 설정해 줄 수 있는 방법은 다양하나 초록 깃발을 클릭했을 때를 가장 많이 사용한다.

6) 프로젝트 저장과 불러오기

작성한 프로그램은 프로젝트 결과를 저장하거나 불러오기 할 수 있다.

저장 파일 확장자명은 '*.sb3'이다. 웹에서(http://scratch.mit.edu) 저장하는 방법과 내 컴퓨터로 저장하는 방법에 대해 알아보자.

▣ 프로젝트 저장하기

① 웹에서 [내 작업실]에 저장

❶ 프로젝트 이름창에 저장할 파일명을 입력한다.

❷ [파일]-[저장하기]를 선택하면 스크래치 프로그램이 [내 작업실]에 저장

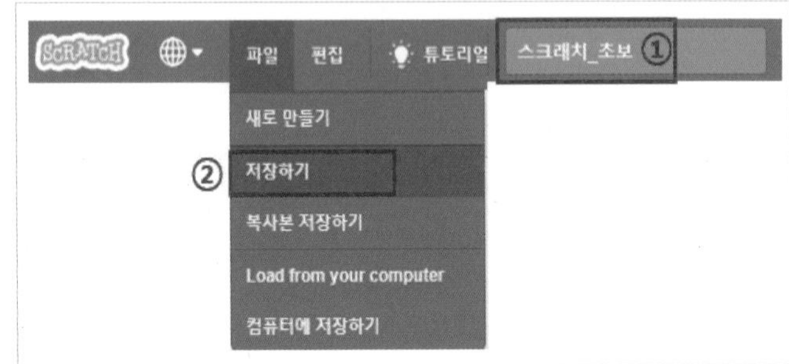

❸ [내 작업실] 선택

❹ [내 작업실] 확인

❺ [스크립트 보기] 클릭하면 [스크립트 작업창]의 프로그램을 보여 준다.

▣ 프로젝트 저장하기

① [내 컴퓨터]에 저장

❶ 프로젝트 이름창에 저장할 파일명을 입력한다.

❷ [파일]-[컴퓨터에 저장하기]를 선택

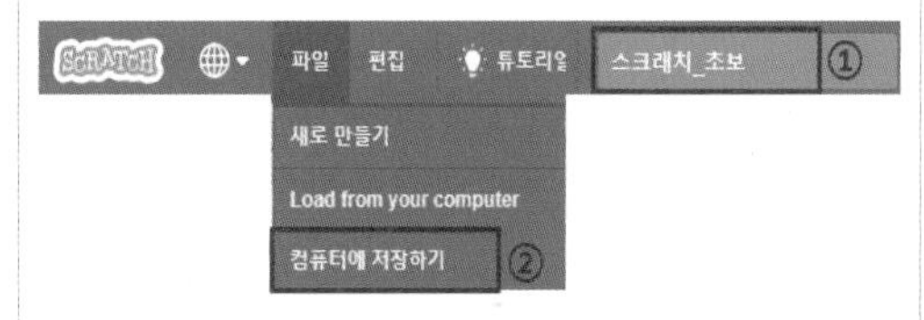

❸ 저장할 폴더 선택 - 파일명 확인

❹ [저장] 클릭

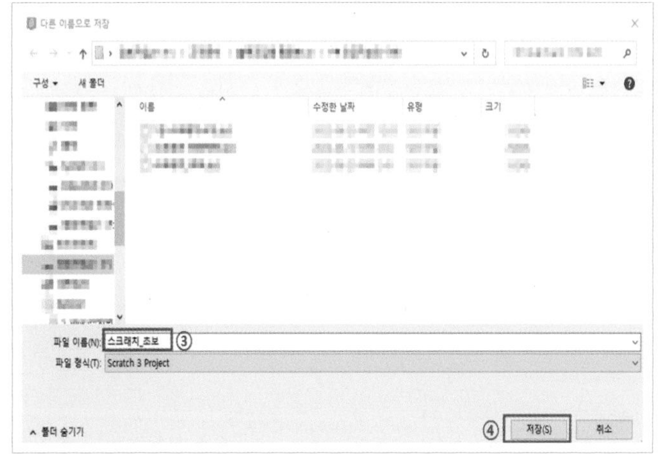

PART II 스크래치 프로그래밍

▣ 프로젝트 불러오기

저장되어 있는 프로그램을 불러오기 한다.

① 웹상의 [내 작업실]에서 불러오기

❶ [내 작업실] 클릭

❷ 원하는 프로젝트에서 [스크립트 보기] 클릭

② 내 컴퓨터에서 불러오기

❶ [파일]-[Load from your computer]선택

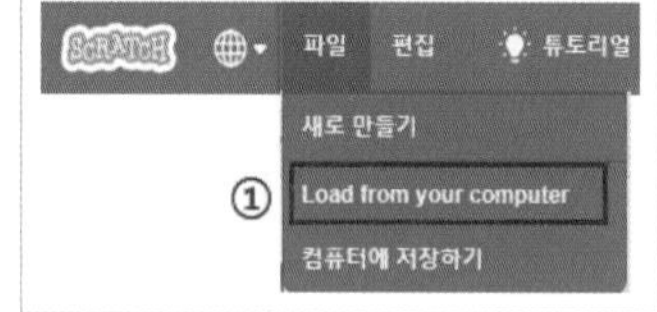

❷ 파일이 있는 폴더로 이동하여 불러올 파일 선택

❸ [열기] 선택

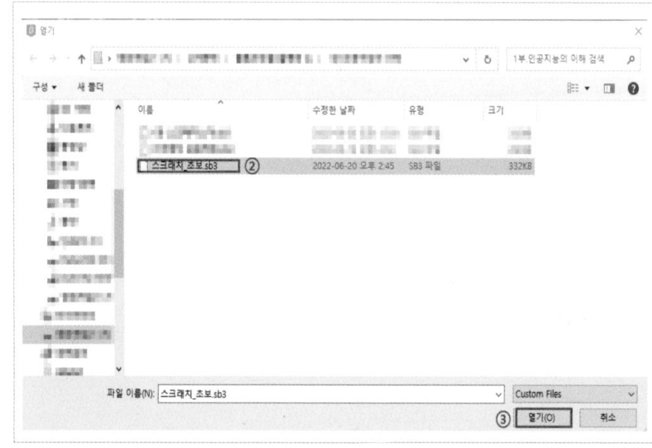

▣ 실습 문제

① 다음 숫자에 해당하는 용어 적기

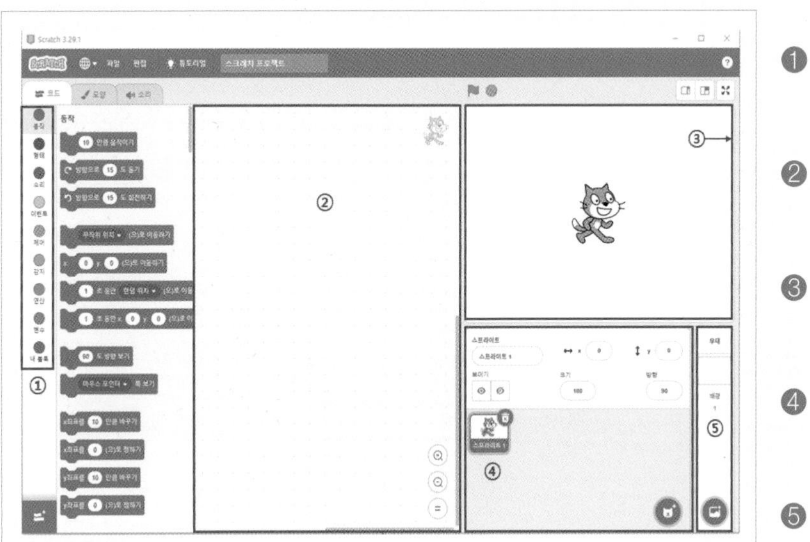

❶

❷

❸

❹

❺

② 스프라이트의 모양과 색깔, 배경 변경하기

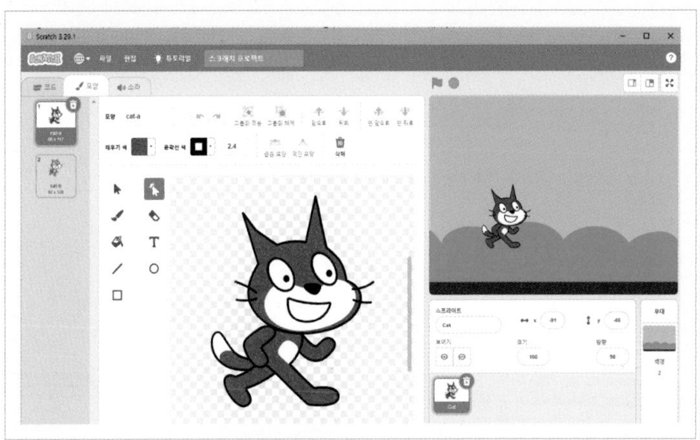

지시 사항

완성 파일: 스프라이트 변경하기_완성.sb3

- [모양] 탭의 [형태 고치기] 을 이용
- [채우기 색]을 이용
- [배경]을 'Blue sky'로 변경

CHAPTER 02

스크래치 스크립트 블록 사용법

1. 스크래치 스크립트 블록의 이해

1.1 스크래치 영역별 블록의 종류

일반적인 프로그래밍 언어와는 달리 스크래치는 영역별 블록들을 조립해서 프로그램을 한다. [코드 탭]의 [팔레트 목록]에는 총 9개의 블록 그룹으로 나누어져 있다. 기능에 따라 다양한 색상별로 나누어져 있어서 프로그래밍할 때 색상 기준으로 쉽게 찾을 수 있다.

[그림 2-4] 스크래치 블록의 종류

1.2 스크래치 블록의 공통 사용법

스크래치 스크립트를 활용하여 블록들을 사용하는 방법을 알아본다.

1) 블록 추가하기

[스크립트 작업창]에서 조립할 때, 원하는 블록을 선택한 후 드래그&드롭한다.

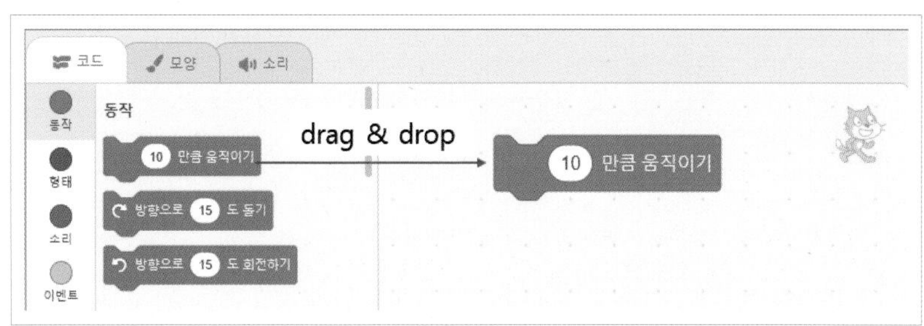

2) 블록 삭제하기

삭제하기는 두 가지의 방법이 있는데, 첫 번째는 필요 없는 블록을 선택하고 마우스 오른쪽 버튼을 클릭하여 [블록 삭제하기]를 선택한다. 두 번째는 삭제할 블록을 선택하여 [블록 리스트]로 드래그&드롭한다.

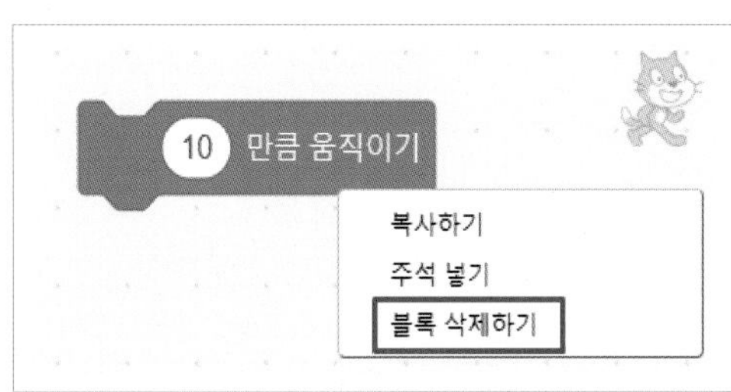

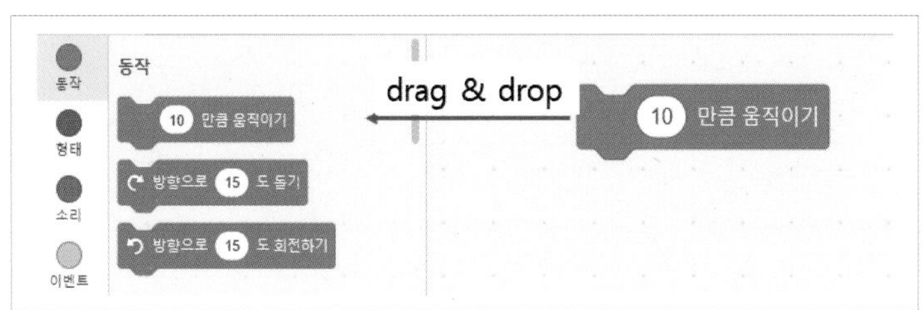

3) 블록 조립하기

스크래치에서 가장 많이 하는 작업으로 원하는 블록을 선택하여 순서대로 조립한다. 조립하려는 위치로 드래그하여 가까이 가면 조립 가능한 위치가 회색 블록 모양의 그림자가 생기며 이때 마우스 버튼을 떼면 자동으로 붙으면서 조립된다.

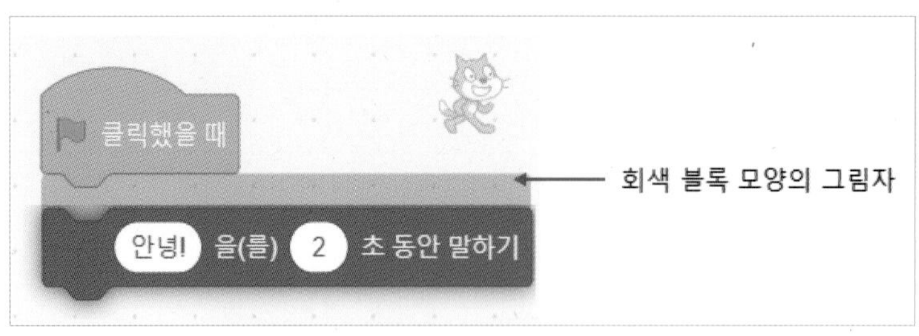

완성된 조립

4) 블록 분리하기

분리하려는 블록을 선택해서 아래로 드래그&드롭한다. 분리하려는 블록이 여러 블록의 사이에 있을 시는 분리하고자 하는 블록부터 아래로 드래그&드롭한다.

5) 블록 복사하기

한 개 또는 여러 개의 블록을 복사하여 프로그래밍의 제작 시간을 줄일 수 있다.

복사하고자 하는 블록의 시작 위치에서 마우스 오른쪽 버튼 클릭하여 [복사하기] 선택 후 드래그한다.

2.스크래치 영역별 블록의 사용법

스크래치는 스프라이트와 무대의 행동들을 영역별로 블록을 사용하여 프로그래밍한다.

2.1 동작 블록

동작 블록은 스프라이트의 위치를 지시하거나 보는 방향 변경, 동작 시에 벽에 닿으면 회전 방향 정하기 등을 한다.

▣ 동작 블록

① 스프라이트 위치 이동

❶ 10 만큼 움직이기 : 클릭할 때마다 10만큼 이동

❷ 방향으로 15 도 돌기 : 시계 방향으로 15도 돌기

❸ 방향으로 15 도 회전하기 : 반시계 방향으로 15도 회전

❹ 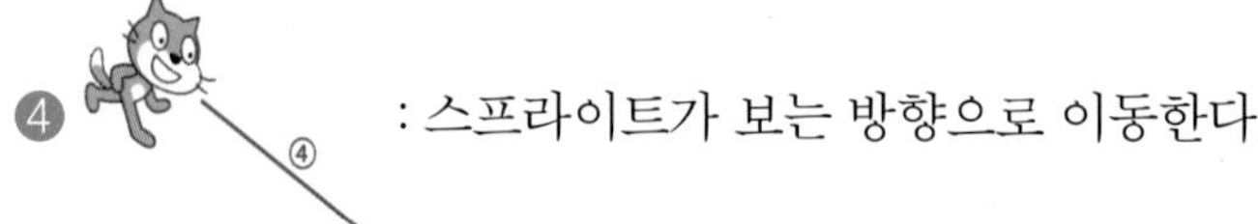

: 스프라이트가 보는 방향으로 이동한다.

② 마우스 포인터로 위치 이동

❶ 마우스 포인터로 이동하기 클릭

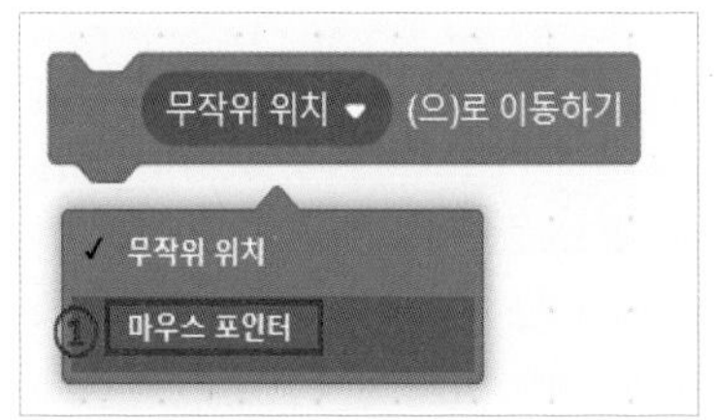

❷ 실습을 위하여 [이벤트]의 [스페이스 키를 눌렀을 때]를 조립한다.

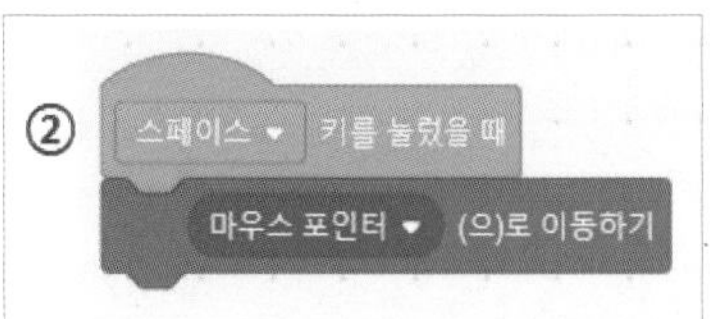

❸ [프로그램 실행창]에서 이동할 위치로 마우스 포인터를 위치시킨 후 '스페이스 키'를 누른다.

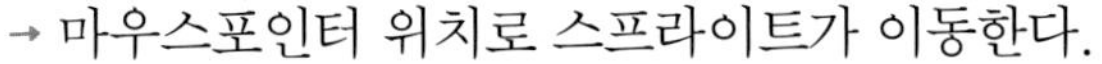
→ 마우스포인터 위치로 스프라이트가 이동한다.

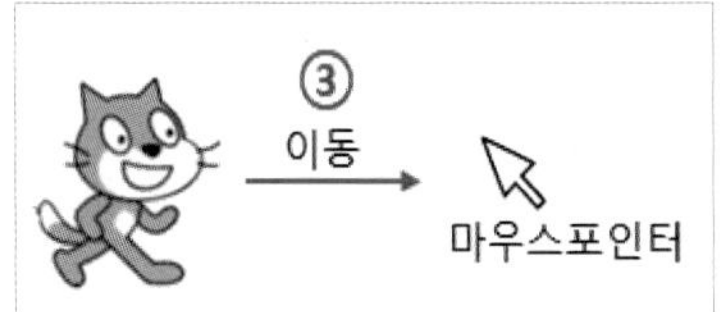

③ 스프라이트 모양의 중심 설정

스프라이트 모양의 중심은 스프라이트의 지정 위치, 방향 변경 등의 기준이 되는 지점을 의미한다. 스프라이트 모양의 중심과 위치 이동의 개념은 [그림 2-5]와 같다.

중심 좌표는 (0,0)의 위치이며 범위는 X좌표는 -240～240이며, Y좌표는 -180～180이다.

1. 이동하기

❶ x: 140 y: 120 (으)로 이동하기 : 가운데 (0,0)의 위치로부터 x: 140, y: 120의 위치로 이동

❷ 스프라이트가 (140,120)의 위치로 이동

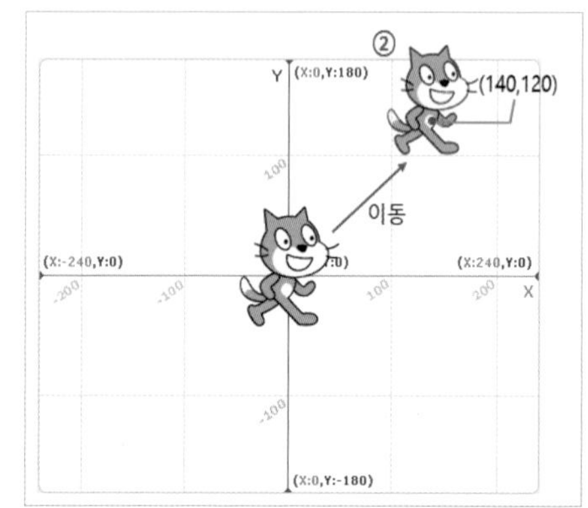

[그림 2-5] 스프라이트 모양의 중심과 위치 이동 개념

❶ 90도 방향 보기는 바라보는 방향 조정을 할 수 있다.

❷ -90 도 방향 보기 : -90도 방향 보기를 설정

❸ 스프라이트가 왼쪽 보기를 하고 있기는 하나 뒤집어져 있다.

❹ 뒤집어지지 않게 하려면 [스프라이트 정보창]에서 방향을 클릭하고 [회전하지 않기]를 선택한다.

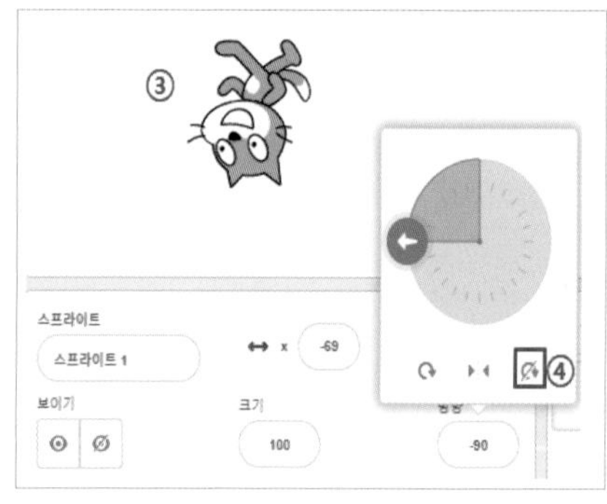

⑤ [왼쪽/오른쪽] 버튼을 클릭하고 화살표로 방향을 전환해 보면 위/아래일 때는 변함이 없다가 왼쪽/오른쪽일 때에는 방향을 바꾼다.

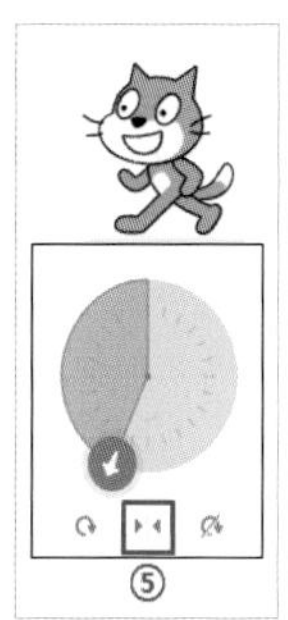

❶ x좌표를 (10) 만큼 바꾸기 : 현재 위치의 좌표에서 오른쪽으로 10만큼 이동하기

❷ x좌표를 (-34) (으)로 정하기 : x좌표의 위치를 -34로 고정하기

❸ y좌표를 (10) 만큼 바꾸기 : 현재 위치의 좌표에서 위쪽으로 10만큼 이동하기

❹ y좌표를 (-32) (으)로 정하기 : y좌표의 위치를 -32로 고정하기

TIP

스프라이트의 방향이 바뀐 것은 외향적으로 보는 방향이 바뀐 것일 뿐 설정되어 있는 내부의 방향값은 변하지 않는다.

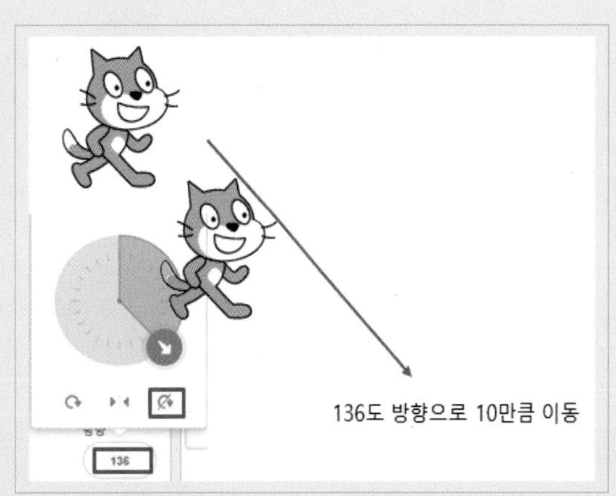

❶ (10) 만큼 움직이기 : 회전하기 않기 상태로 136도로 설정 후 10만큼 움직이기 블록을 여러 번 클릭해 보면 바라보는 것은 오른쪽을 보고 있으나 클릭할 때마다 설정한 136도 이동하는 것을 알 수 있다.

- [벽에 닿으면 튕기기]는 스프라이트가 벽에 닿으면 튕겨서 10만큼 이동한다.

- [회전 방식을 회전하지 않기로 정하기]는 [스프라이트 정보창]에서 [회전하지 않기]를 선택한 것과 같은 효과이다.

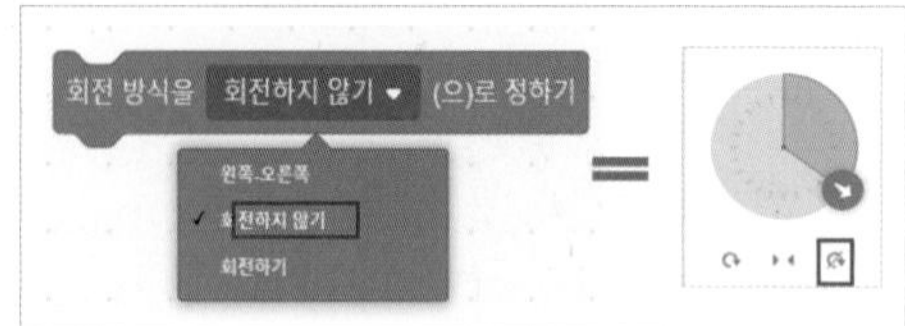

- 스프라이트가 가지고 있는 좌푯값을 표시

- 각 항목별로 선택하면 [프로그램 실행창]에 화면에서 가지고 있는 값을 표시한다.

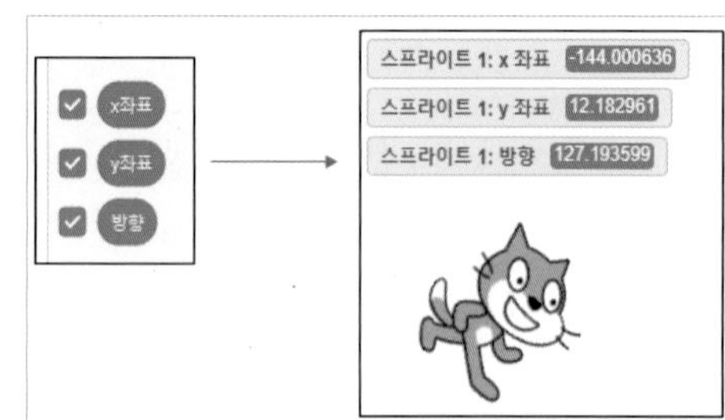

- y좌표 도 방향 보기 : 모서리가 둥근 원형은 다른 블록 안에 넣어서 사용한다.

▣ 실습하기 - 따라 하기(고양이 쥐를 향해 이동)

문제) 길을 가던 고양이가 쥐를 향해 움직이는 프로그램

■ 결과 미리보기 완성 파일: 1. 동작 블록_고양이 쥐를 향해 이동하기.sb3

- 초기 화면

- 결과 화면

■ 스프라이트와 배경

Cat

Mouse1

Hill

■ 조건

- 'Cat' 스프라이트가 길을 걸어간다. (90도 방향으로 설정)
- 'Mouse 1'을 발견하고 'Mouse1' 쪽을 바라본다.
- 'Mouse 1' 쪽으로 이동한다.

PART II 스크래치 프로그래밍

■ 고양이 스프라이트 설정

클릭했을 때

❶ 걸어가는 효과를 위해 [다음 모양으로 바꾸기] 선택

❷ 1초 기다리기

❸ [Mouse 1 쪽 보기] 선택. 이때 고양이가 반대편을 바라보게 하기 위해 [방향]에서 [왼쪽/오른쪽]을 선택해야 함

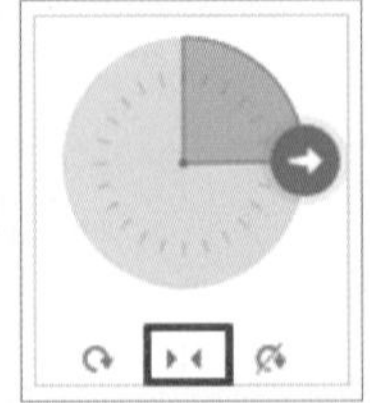

❹ 1초 기다리기

❺ 'Mouse 1'로 이동하기

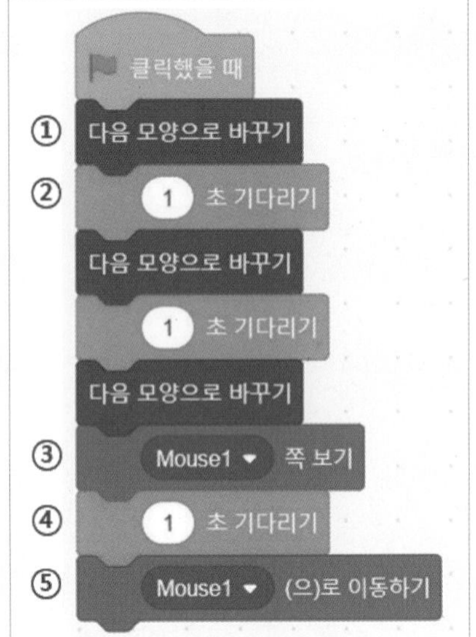

▣ 실습하기 - 심화학습(kiran 키보드로 이동)

문제) X, Y 좌푯값을 이용하여 'Kiran' 스프라이트를 이동하기

■ 결과 미리보기 완성 파일: 심화풀이1_kiran_키보드로 이동.sb3

- 초기 화면

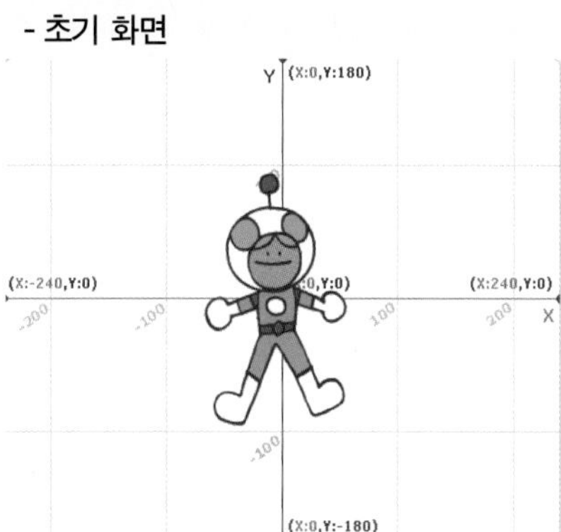

- 결과 화면

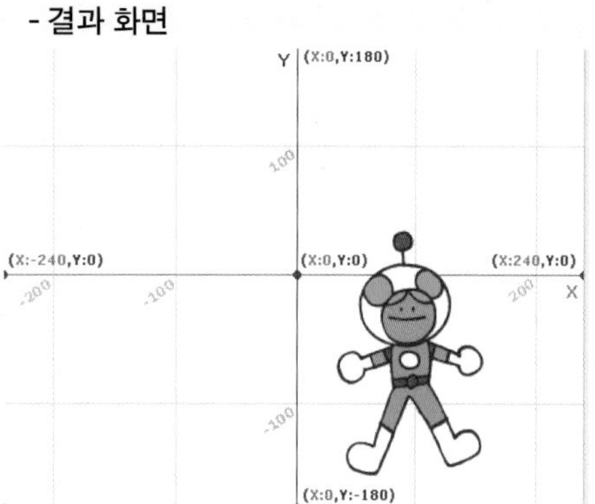

■ 스프라이트와 배경

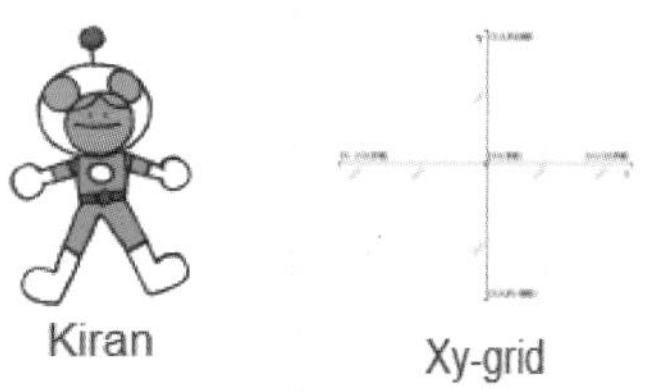

Kiran Xy-grid

■ 조건

- 클릭했을 때 스프라이트의 위치는 (0,0)에서 시작하기
- ←, →, ↑, ↓ 키를 눌렀을 때 해당 방향으로 10만큼 이동하기
- 스페이스 키를 눌렀을 때는 위로 50만큼 올라갔다가 제자리로 내려오도록 설정하기

2.2 형태 블록

형태 블록은 스프라이트의 모양, 크기, 색깔 등을 변경하고 실행 시 나타낼 텍스트를 출력한다

▣ 형태 블록

① 말하기/생각하기

- 안녕! 을(를) 2 초 동안 말하기 : "안녕!"을 2초 동안 말하고 말풍선이 사라진다.
- 안녕! 말하기 : "안녕!"을 말하고 말풍선이 계속 나타난다.

- 음... 을(를) 2 초 동안 생각하기 : "음..." 하고 2초 동안 생각하고 말풍선이 사라진다.
- 음... 생각하기 : "음..." 하고 생각하고 말풍선이 계속 나타난다.

② 모양 바꾸기

❶ 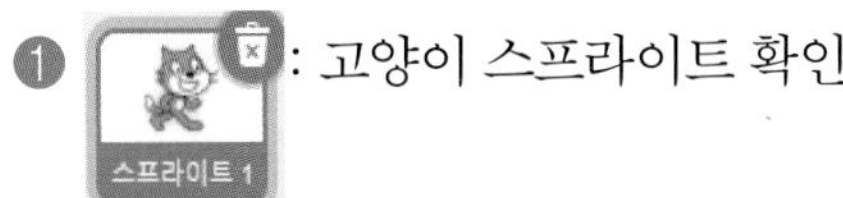

: 고양이 스프라이트 확인

❷ 

: [모양] 탭 클릭

❸ : 현재 스프라이트 모양은 [모양 1], [모양 2]로 2개의 모양이 있다.

❹ 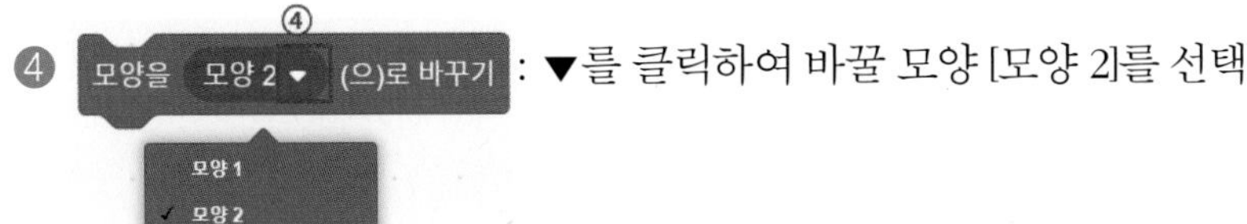

: ▼를 클릭하여 바꿀 모양 [모양 2]를 선택

❺ : 모양 2로 바뀌었다. 이렇게 모양 1에서 모양 2로 바꾸기를 하면 걸어가거나 뛰는 효과를 낼 수 있다.

❻ 다음 모양으로 바꾸기 : [다음 모양으로 바꾸기]는 여러 가지 모양 중 그다음 모양으로 바꾸는 것을 말하고 마지막 모양의 경우 처음 모양으로 바꾸기를 한다.

③ 배경 바꾸기

❶ : 실습을 위해 다음 배경을 추가한다. “Blue Sky”, “Concert”, “Underwater 1”

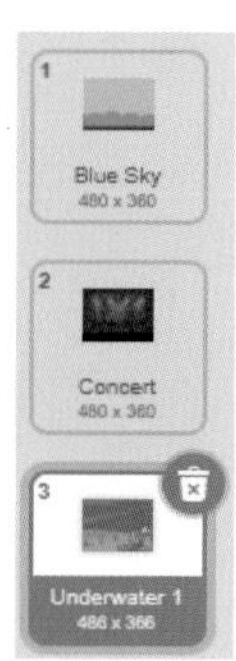

❷ 코드 ② 배경 소리 : [모양] 탭 클릭

❸ 배경을 Underwater 1 (으)로 바꾸기 : 현재 스프라이트 모양은 [모양 1], [모양 2]로 2개의 모양이 있다.

❹ : [랜덤 배경]은 선택된 배경 중에서 무작위로 바꾸기 한다.

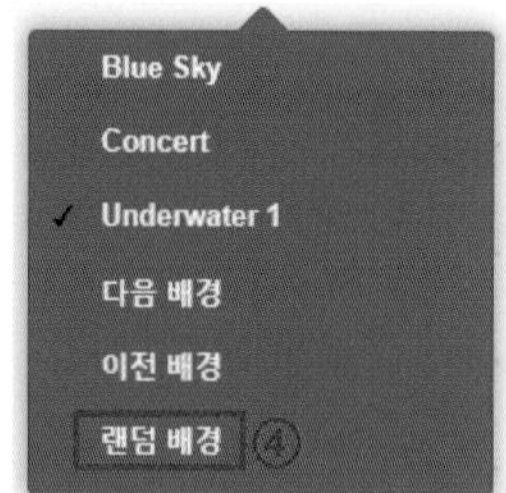

❺ 다음 배경으로 바꾸기 : [다음 배경으로 바꾸기]는 현재 ‘Underwater 1’배경에서 다음으로 ‘Blue Sky’로 바뀌는 것이다.

④ 크기를 바꾸기/ 정하기

❶ 크기를 10 만큼 바꾸기 : [크기를 10만큼 바꾸기]를 클릭하면 현재 크기에서 10만큼 크게 한다. 고정된 크기만큼 현재 크기에서 크게/작게 한다.

❷ 크기를 50 %로 정하기 : 스프라이트 [크기를 50%로 정하기]는 원본 크기는 100%이고, 100%보다 크면 비율만큼 확대되고, 작으면 축소된다.

❸ 크기100% ③ 축소 크기50% : 100%보다 작으므로 50%만큼 축소된다.

❹ 이때 [스프라이트 정보창]에서도 확인할 수 있으며, 직접 입력해서 수정할 수도 있다.

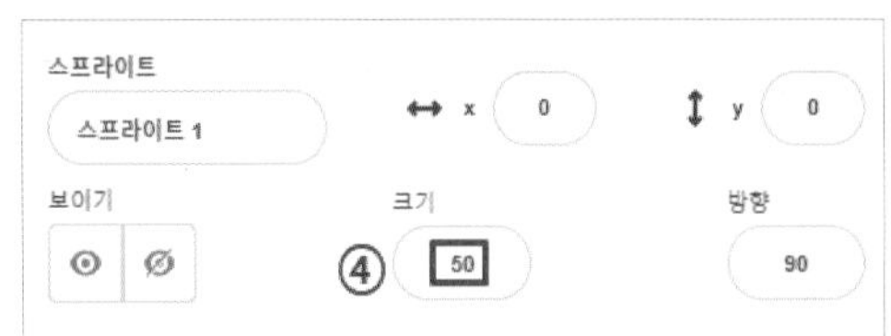

⑤ 효과를 바꾸기/ 정하기

❶ 색깔 ▾ 효과를 25 만큼 바꾸기 : [색깔 효과를 25만큼 바꾸기] 실행

❷ 원래색 ② 변경된 색 : 색깔 효과 25만큼 변경되었다. 현재 색깔에서 지정하는 숫자 값만큼 증감시켜 색을 바꾼다.

❸ 코드 ③ 모양 소리 : 색깔 효과 값을 알아보기 위해 [모양]탭을 클릭한다.

❹ ▼을 클릭하면 현재 색상의 색상, 채도, 명도 값을 확인할 수 있다.

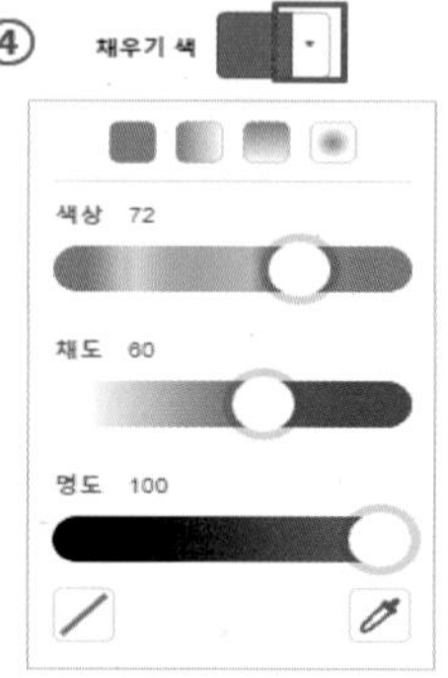

❺ 색깔 ▾ 효과를 100 (으)로 정하기 : [색깔 효과를 100으로 정하기] 클릭

❻ ⑥ : 같은 값이라도 스프라이트에 따라 시작값이 다르므로 색깔이 다르다. "Apple" 스프라이트 추가 후 실습

❼ 색깔 ▾ 효과를 0 (으)로 정하기 : [색깔 효과를 0으로 정하기]는 스프라이트의 원래 색으로 지정하기이다.

❽ ⑧ : 스프라이트의 원래 색으로 지정됨.

⑥ 기타 효과 바꾸기와 정하기

기타 효과에 대해 적용하기

❶ [어안 렌즈 효과를 100만큼 바꾸기] 실행 결과

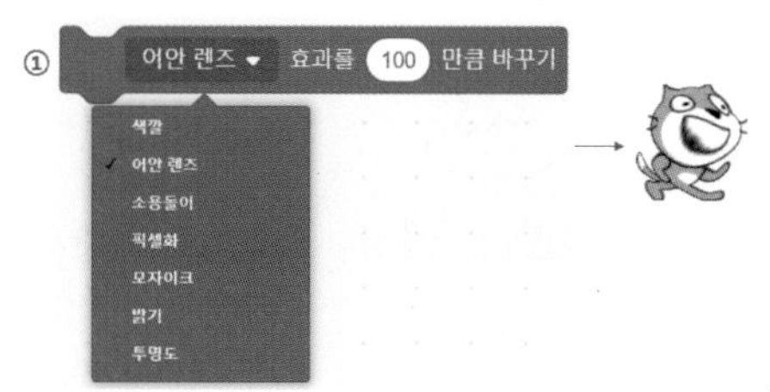

❷ [소용돌이 효과를 100만큼 바꾸기] 실행 결과

② 소용돌이 ▾ 효과를 100 만큼 바꾸기

❸ [픽셀화 효과를 25만큼 바꾸기] 실행 결과

③ 픽셀화 ▾ 효과를 25 만큼 바꾸기

❹ [모자이크 효과를 20만큼 바꾸기] 실행 결과

④ 모자이크 ▾ 효과를 20 만큼 바꾸기

❺ [밝기 효과를 20만큼 바꾸기] 실행 결과
밝기 효과를 양수로 주면 점점 밝아지다가 흰색이 된다.

❻ [밝기 효과를 -20만큼 바꾸기] 실행 결과
밝기 효과를 음수로 주면 점점 어두워지다가 검은색이 된다.

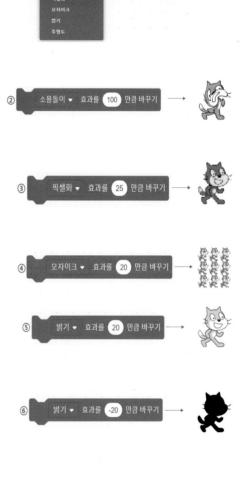

❼ [투명도 효과를 10만큼 바꾸기] 실행 결과
투명도는 겹쳤을 때 투명하게 보인다. 값이 클수록 투명도가 커진다. 겹칠 때 투명한 개체가 움직여야 한다.

❽ [그래픽 효과 지우기]는 모든 그래픽 효과 지우고 원래대로 한다.

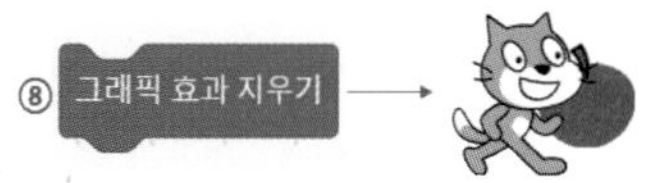

⑦ 보이기와 숨기기

■ 보이기 숨기기 : [보이기], [숨기기]는 스프라이트의 보이기와 숨기기를 설정한다.

⑧ 순서 바꾸기

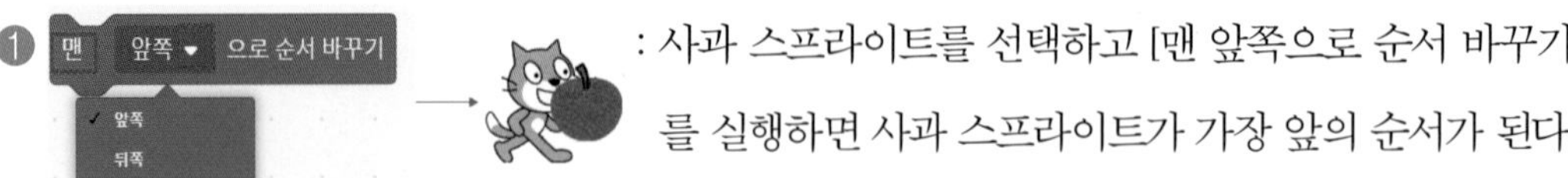

❶ : 사과 스프라이트를 선택하고 [맨 앞쪽으로 순서 바꾸기]를 실행하면 사과 스프라이트가 가장 앞의 순서가 된다.

※ 스프라이트가 겹쳐져 있는 상태에서 실습할 것

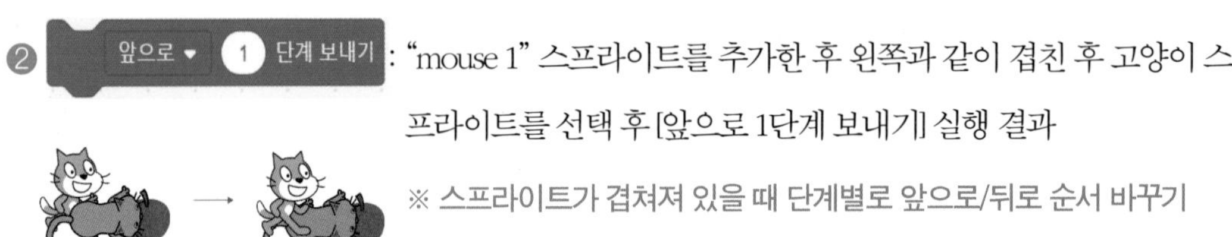

❷ : "mouse 1" 스프라이트를 추가한 후 왼쪽과 같이 겹친 후 고양이 스프라이트를 선택 후 [앞으로 1단계 보내기] 실행 결과

※ 스프라이트가 겹쳐져 있을 때 단계별로 앞으로/뒤로 순서 바꾸기

❸ [프로그램 실행 창]에 설정된 내용을 표시한다.

⑨ 모양 번호와 모양 이름으로 나타내기

■ 고양이 스프라이트를 선택하고 [모양] 탭 선택 - 모양 번호와 모양 이름을 확인한다.

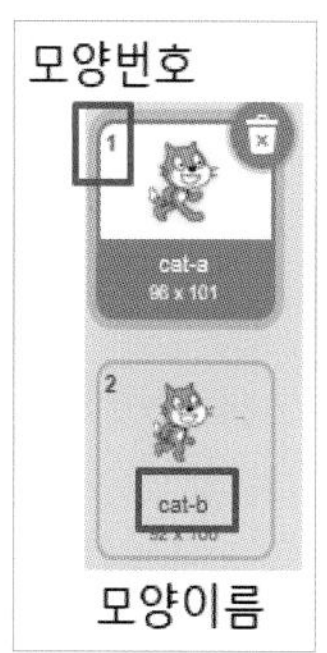

❶ 스프라이의 모양은 [모양 이름]을 선택하고 [배경 번호]를 선택, 크기를 50%로 정하기로 설정

❷ ❶에서 설정한 내용을 [프로그램 실행창]에 나타내고자 할 때 체크한다.

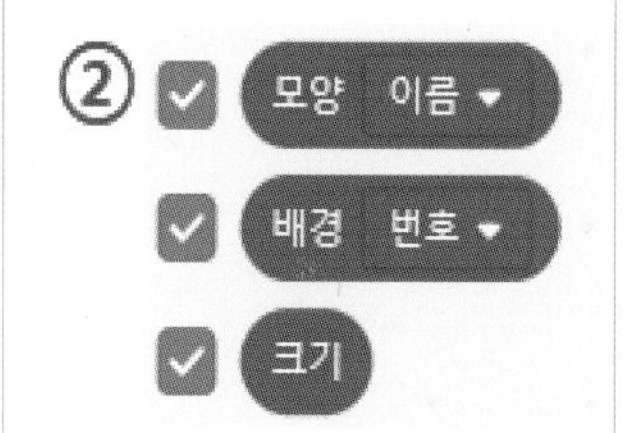

❸ : [프로그램 실행 창]에 설정된 내용을 표시한다.

PART II 스크래치 프로그래밍

▣ 실습하기 - 따라 하기(댄서 배틀)

문제) 댄스 파티의 시작을 알리며 댄서 배틀하는 프로그래밍

- 스프라이트의 모양과 색깔, 배경의 모양 바꾸기 실습

■ 결과 미리보기　　　　완성 파일: 2. 형태 블록_댄서 배틀.sb3

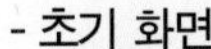

- 결과 화면

■ 스프라이트 설정

위와 같이 프로그램 따라하기

- 'Cassy Dance'와 'Calvertt' 스프라이트를 추가한다.

■ 배경 설정

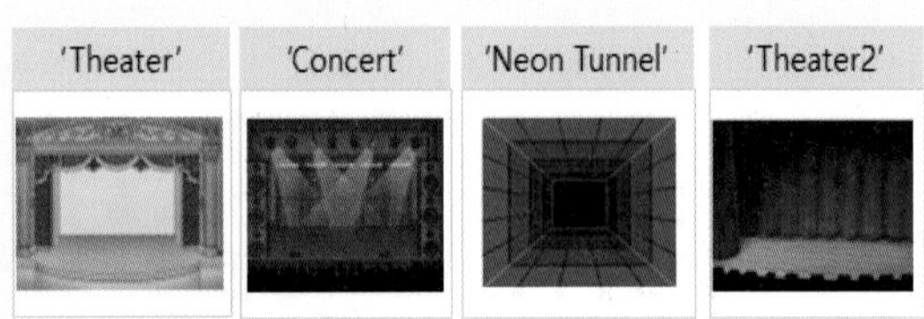

배경을 추가한다.

- 'Theater', 'Concert', 'Neon Tunne l', 'Theater 2'를 추가한다.

■ 'Cassy Dance'를 선택

오른쪽과 같이 프로그래밍하기

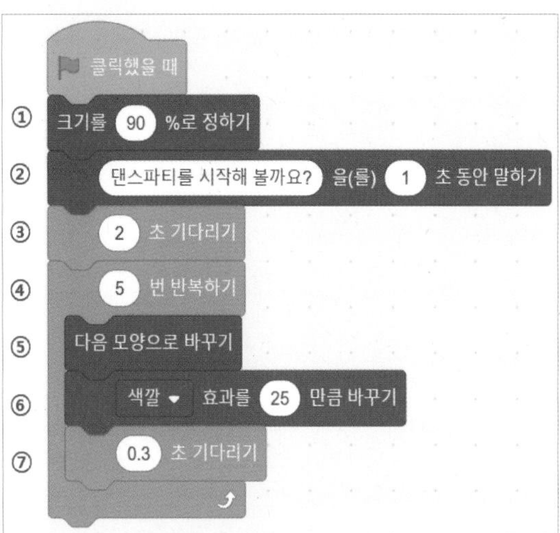

❶ [크기를 90%로 정하기] 하여 스프라이트의 크기를 축소한다.

❷ [~을 ~초 동안 말하기] 한다.

❸ [2초 기다리기]는 다른 스프라이트가 말하는 동안 기다리기 위하여 지정한다.

❹ 다음과 같이 ⑤~⑦을 [5번 반복하기]를 실행한다.

❺ [다음 모양으로 바꾸기]로 스프라이트의 모양을 바꾼다.

❻ [색깔 효과를 25만큼 바꾸기]로 스프라이트의 색깔을 25만큼 바꾸기 한다. 색깔은 스프라이트마다 시작 색깔이 다르다.

❼ [0.3초 기다리기]는 모양과 효과를 바꾸는 시간을 정한다.

■ 'Calvrett'를 선택

오른쪽과 같이 프로그래밍하기

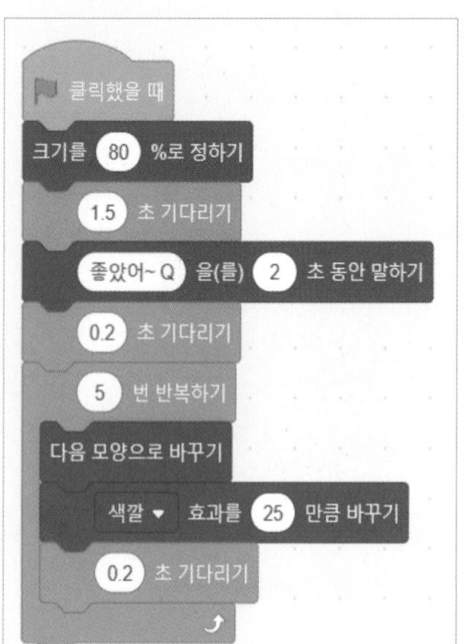

❶ [크기를 80%로 정하기] 하여 스프라이트의 크기를 축소한다.

❷ [1.5초 기다리기]로 다른 스프라이트가 말하는 동안 기다리는 시간 설정

❸ [~을 ~초 동안 말하기] 한다.

❹ [0.2초 기다리기] 한다.

❺ 다음과 같이 ⑥~⑧을 [5번 반복하기]를 실행한다.

❻ [다음 모양으로 바꾸기]로 스프라이트의 모양을 바꾼다.

❼ [색깔 효과를 25만큼 바꾸기]로 스프라이트의 색깔 25만큼 바꾸기 한다. 색깔은 스프라이트마다 시작 색깔이 다르다.

❽ [0.2초 기다리기]는 모양과 효과를 바꾸는 시간을 정한다.

■ 배경을 선택

오른쪽과 같이 프로그래밍하기

❶ [3초 기다리기] 한다

❷ 다음 ③~④를 4번 반복하기 한다.

❸ [다음 배경으로 바꾸기] 한다.

❹ [0.5초 기다리기]로 배경 전환 시간을 정한다.

■ 🏁를 클릭하여 전체를 실행한다.

각 스프라이트마다 동시에 실행해야 하므로 [시작하기]를 클릭한다.

▣ 실습하기 - 심화학습(댄서 파티)

문제) 댄서들의 화려한 댄서 파티를 즐겨보세요.

■ 결과 미리보기

완성 파일: 심화 풀이 2_댄서 파티.sb3

- 초기 화면

- 결과 화면

■ 스프라이트와 배경

Abby

Ballerina

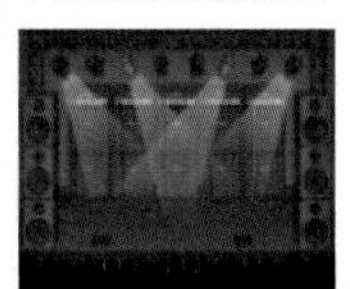
Concert

■ 조건

- 사회자 스프라이트의 크기를 '80%'로 설정한다.
- 댄서 스프라이트의 크기는 '110%'로 설정한다.
- 사회자 스프라이트의 이름을 '사회자'로 변경한다.
- 댄서 스프라이트의 이름을 '댄서'로 변경한다.
- 초록색 깃발을 클릭하면 사회자가 "지금부터 공연을 시작하겠습니다."라고 2초 동안 말한 후 사라진다.
- 2초 후에 사회자는 사라지고 댄서들이 나타나고, 이때부터 무대의 조명이 번쩍이며 댄서가 춤을 춘다.

※ 번쩍이는 효과는 배경에서 밝기 효과를 변화시키면 깜박이는 효과를 나타나게 한다.

2.3 소리 블록

소리 블록은 스프라이트가 표현 가능한 다양한 소리 설정과 악기 설정, 음높이, 음량 등을 설정한다.

▣ 소리 블록

① 끝까지 재생하기/재생하기

스프라이트는 기본적으로 소리를 가지고 있다. 소리 재생하는 법과 원하는 소리 추가하는 법에 대해 실습한다.

❶ [소리] 탭으로 이동한다.

[소리 고르기]로 새로운 소리를 추가

❷ "Classical Piano'를 선택한다.

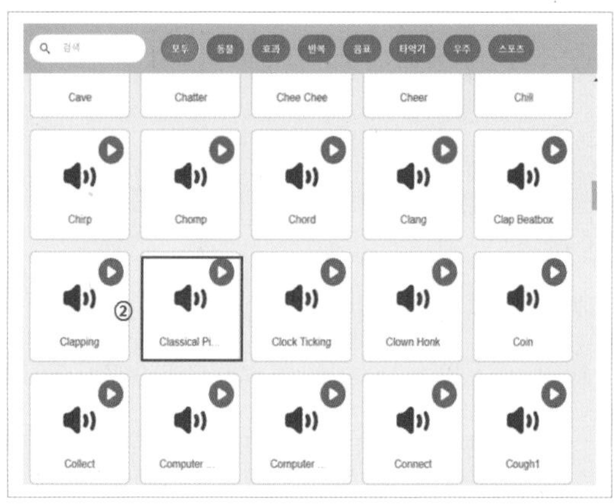

❸ [재생하기]를 선택하여 소리 듣기

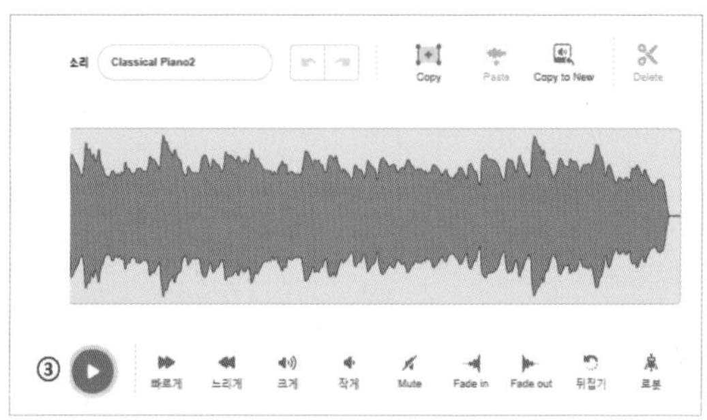

④ "Classical Piano 2" 끝까지 재생하기]와 ["Classical Piano 2" 재생하기]를 끌어다 놓고 재생하기

※ ④의 경우 둘의 차이점을 못 느낄 것이다.

⑤ ⑤와 같이 블록을 조립한 후 실행한다. [끝까지 재생하기]는 전곡 끝나고 나서 1초 쉬었다가 다시 전곡 재생하기를 10번 반복한다.

⑥ [재생하기]는 1초 동안 재생하는 것을 10번 반복한다.

⑦ 모든 소리 끄기 : [모든 소리 끄기]는 노래를 중단하는 것이다.

② 효과를 바꾸기/정하기

❶ Classical Piano ▾ 재생하기 : 재생하기로 듣고 음높이를 기억해 둔다.

❷ Classical Piano ▾ 재생하기 / 음 높이 ▾ 효과를 20 만큼 바꾸기 : [음 높이 효과를 20만큼 바꾸기]를 실행한다. 속도와 음높이가 빨라지고 높아졌다. 음높이를 높이면 속도와 높이가 동시에 증가한다.

❸ 음 높이 ▾ 효과를 0 만큼 바꾸기 : 원래 속도로 하고 싶으면 [음높이 효과를 0만큼 바꾸기]로 설정한다.

③ 음량을 바꾸기/정하기

❶ 소리 효과 지우기 / Classical Piano ▾ 재생하기 : [소리 효과 지우기]로 기존의 효과를 지운 후 재생하기로 들어보고 음량의 정도를 기억한다.

❷ 음량을 -10 만큼 바꾸기 / Classical Piano ▾ 재생하기 : [음량을 -10만큼 바꾸기]로 음량의 크기를 줄인다. 실행할 때마다 10씩 감소한다.

❸ ☑ 음량 ⟶ 스프라이트 1: 음량 60 : 음량에 체크 시 [프로그램 실행창]에 현재의 음량이 표시된다.

❹ 음량을 100 %로 정하기 : [음량을 %로 정하기]는 음량의 범위를 0~100 사이의 값으로 고정하는 것이다. 즉 %값이 작을수록 음량도 줄어들며, 원하는 값으로 고정한다.

▣ 실습하기 - 따라 하기(피아노 연주하기)

문제) 피아노 건반 만들고 연주하기

- 그리기를 이용하여 직접 피아노 건반을 그린다.
- 피아노 건반을 눌러 연주해 보자. 이때 눌러진 건반은 색깔로 표시한다.

■ 결과 미리보기

완성 파일: 3. 소리 블록_피아노 연주하기.sb3

- 초기 화면

- 결과 화면

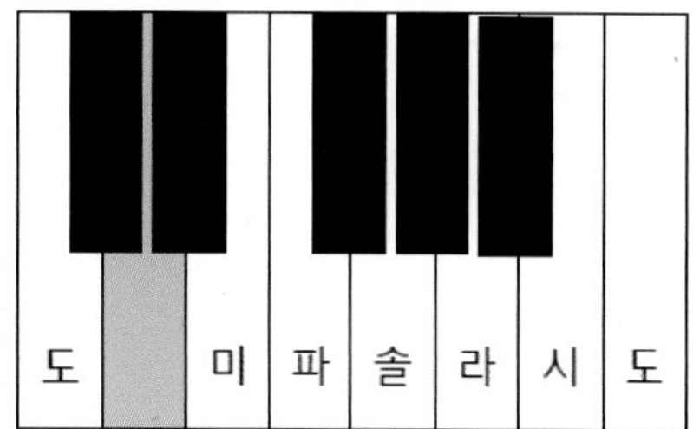

■ 흰색 건반 만들기

아래와 같이 프로그램 따라 하기 한다.

- 기존의 [스프라이트 1]은 삭제한다.

❶ [스프라이트 고르기]에서 그리기 선택 후 직사각형 선택한다.

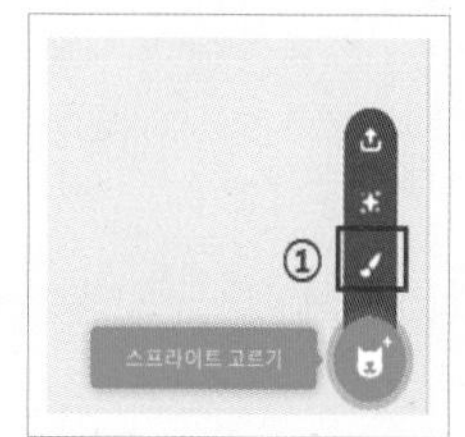

❷ 채우기 색: 흰색(색상: 0, 채도: 0, 명도: 100), 윤곽선 색: 검정, 두께: 2로 설정한 후 직사각형으로 드래그한다. 건반이 8개가 필요하므로 적당한 크기로 만들어 위치시킨다.

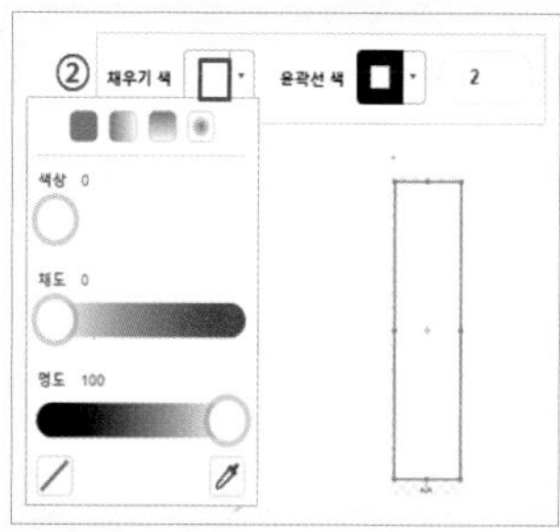

■ 건반을 눌렀을 때 색깔이 변할 건반 그리기

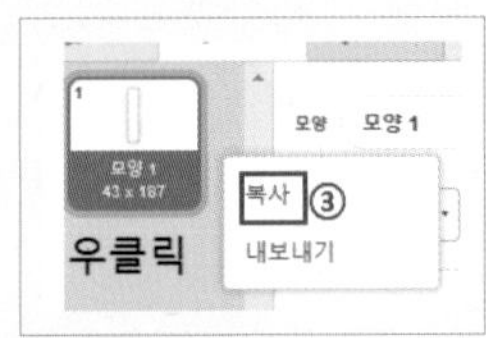

③ 우클릭하여 [복사]를 선택한다.

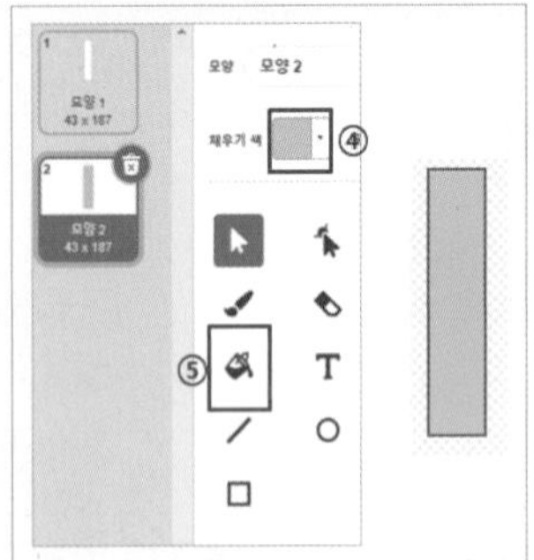

④ 원하는 채우기 색을 선택한다.

⑤ 선택한 색을 칠한다.

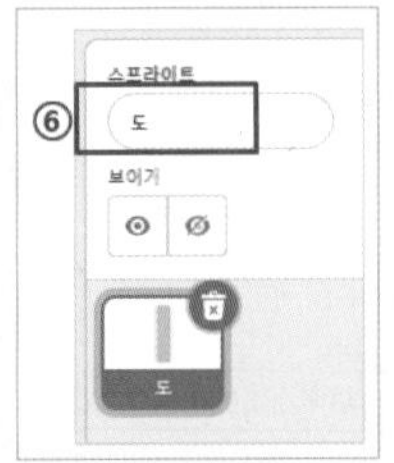

⑥ 스프라이트 이름을 '도'로 변경

■ 소리 나게 하기

[코드] 탭에서 [소리] 블록에는 피아노가 연주하기 없으므로 확장 기능 고르기를 선택한다.

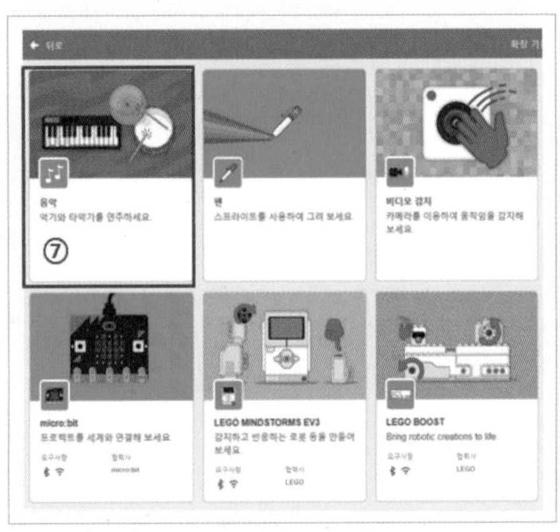

⑦ 확장 기능에서 [음악]을 선택한다.

❽ [음악] 블록이 생성되었다.

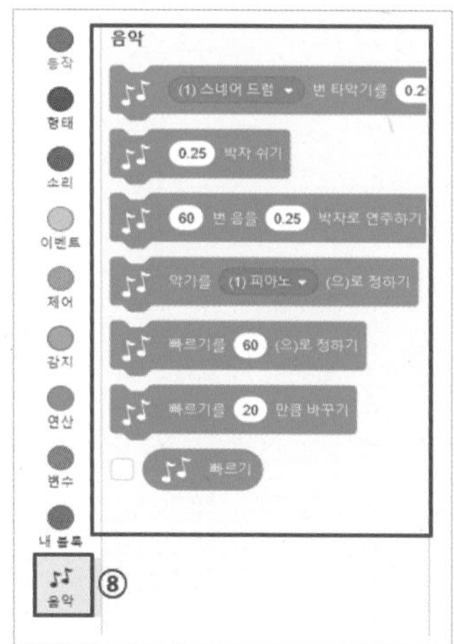

■ 피아노 연주하기

[모양] 탭에서 [모양 1]을 선택 후 [코드] 탭을 선택 후 왼쪽과 같이 코딩한다.

❾ 악기를 [피아노]로 선택

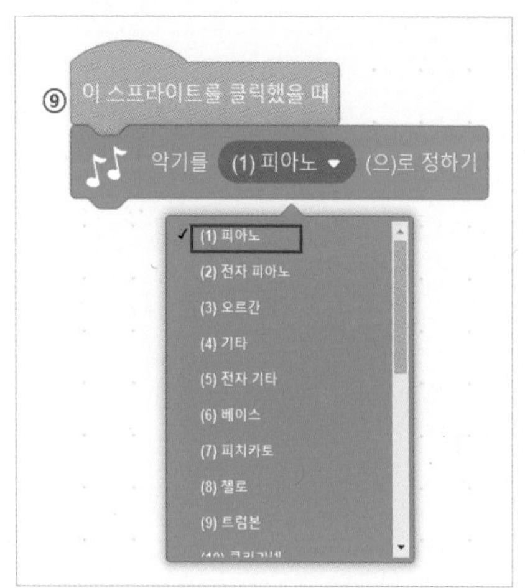

❿ '60'번 음을 0.25박자로 연주하기]로 '도' 계음을 지정한다.

■ 눌러진 건반 색깔 변하기

위 과정까지 실습 후 실행해 보면 소리는 나는데 눌러진 건반의 색깔이 변하지 않는다.

⑪ 그려 놓은 '모양 2'로 바꾸기를 한다.

⑫ 눌렀다가 뗐을 때 원래 흰색 건반으로 바꾸기 한다.

■ 건반에 계명 넣기

⑬ [모양] 탭에서 '모양 1'을 선택 후 텍스트 입력을 위해 'T'를 선택 후 '도'를 입력하고 적당한 위치에 배치한다.

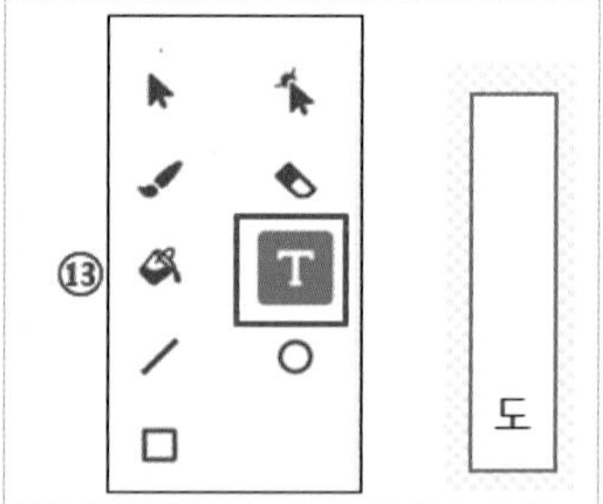

■ 나머지 건반 스프라이트 복사하기

⑭ '도' 스프라이트에서 우클릭 후 [복사]를 선택한다.

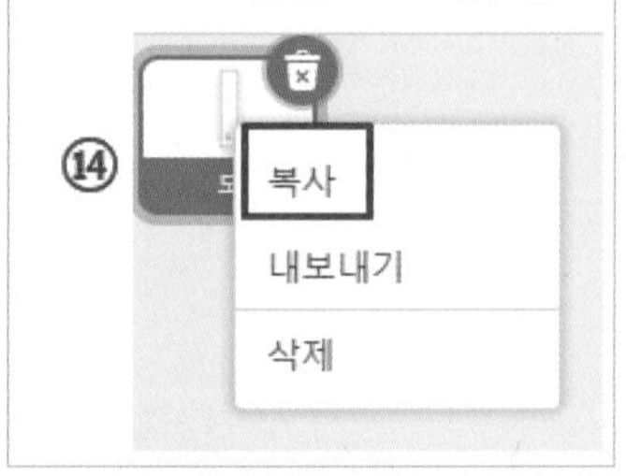

⑮ 스프라이트 이름을 '레'로 변경한 후 적당한 위치로 이동시킨다. 이후 6개의 건반을 복사한 후 스프라이트 이름을 변경한다.

■ 검은 건반 만들기

아래와 같이 그리고 코딩을 한다.

⑯ [스프라이트 고르기]에서 [그리기]를 선택 후 '사각형'을 선택한다. 채우기 색을 '검정'으로 하여 그린다.

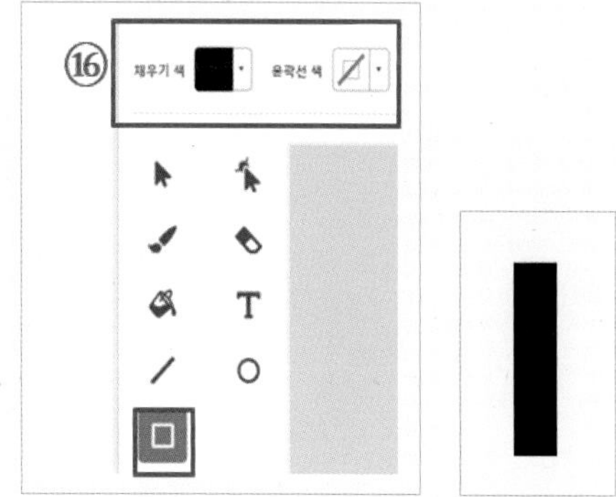

⑰ 적당한 위치로 이동한다.

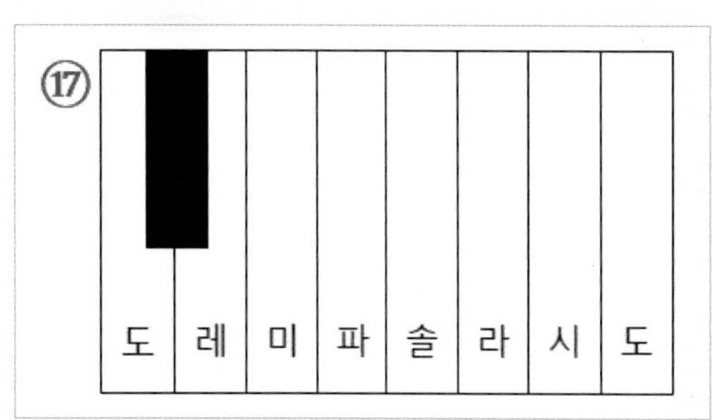

⑱ 블록 코딩을 한 후 해당되는 계음을 지정한다.

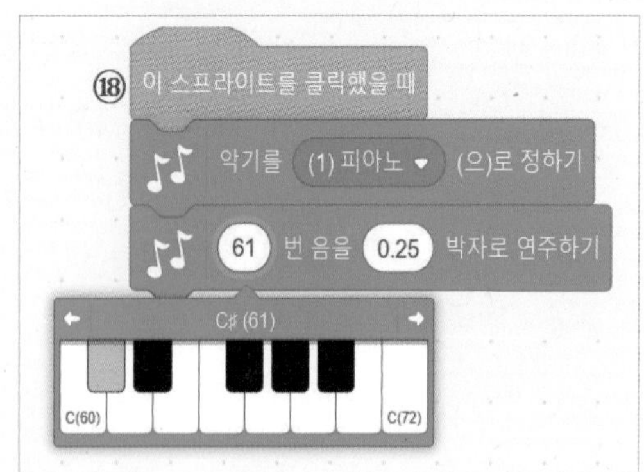

⑲ 스프라이트 이름을 '도#'로 변경한다. 검은 건반 스프라이트를 4개 복사한 후 반복 작업을 한다.

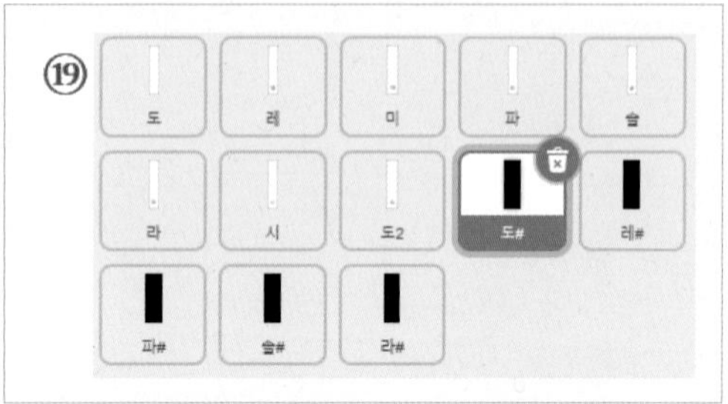

⑳ 완성 후 연주해 보기

▣ 실습하기 - 심화학습(합동 연주)

문제) 나만의 밴드 구성하기

■ 결과 미리보기

완성 파일: 심화 풀이 3_합동 연주.sb3

- 초기 화면

- 결과 화면

■ 스프라이트와 배경

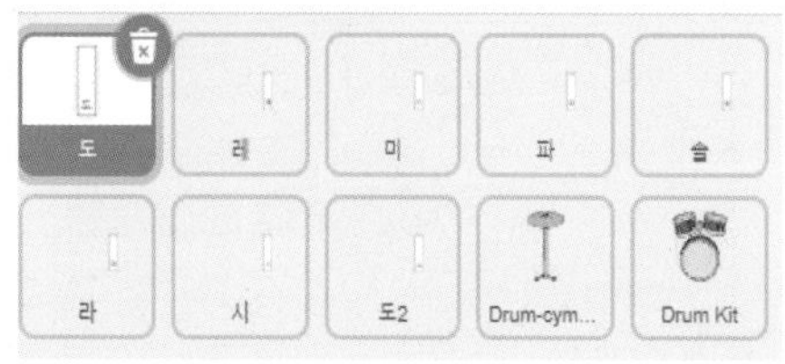

Party

■ 조건

- 따라 하기 실습 문제의 피아노 연주하기에서 배경을 'Party'로 변경
- 피아노 스프라이트를 클릭을 했을 때 또는 키보드 '1～8번'을 눌렀을 때 소리 나기
- 타악기인 'Drum-Cymbal'과 'Drum Kit'와 같이 연주하기
- 타악기인 'Drum-Cymbal'과 'Drum Kit'는 클릭을 했을 때 모양이 바뀌었다가 돌아와야 한다.

2.4 이벤트 블록

이벤트 블록은 클릭했을 때, 키를 눌렀을 때, 배경이 바뀌었을 때 등 어떠한 변화(event)가 발생했을 때 등을 설정한다.

▣ 이벤트 블록

① 이벤트 실행

이벤트(Event)란 어떤 동작을 실행시키는 사건을 의미

❶ [클릭했을 때]를 클릭하거나 [프로그램 실행창]의 초록 깃발을 클릭하면 "안녕!"을 2초 동안 말하고 말풍선이 사라진다.

❷ [스페이스 키]를 눌렀을 때 스프라이트의 [다음 모양으로 바꾸기]를 실행한다.

❸ ❸의 버튼을 클릭하면 이외에도 많은 키보드의 특정 키를 지정했을 때 동작을 설정할 수 있다.

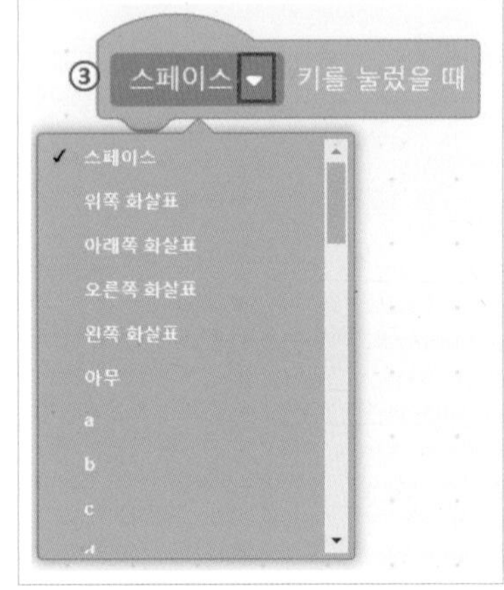

④ [이 스프라이트를 클릭했을 때]는 지정한 스프라이트만 클릭했을 때 [색깔 효과를 25만큼 바꾸기]로 실행한다.

TIP

이벤트 블록은 어떤 행동을 했을 때 시작을 알리는 블록으로 다른 블록과는 달리 윗부분이 둥근 모양으로 생겨서 다른 블록과 연결이 안 되고 시작 부분에서 사용하게 생겼다.

② 특정 키를 눌렀을 때

❶ 

: 실습을 위해 "Spotlight", "Blue Sky 2"의 배경을 추가한다.

② 위쪽 화살표 ▾ 키를 눌렀을 때 / 배경을 Blue Sky 2 ▾ (으)로 바꾸기 : [위쪽 화살표 키를 눌렀을 때] [배경을 Blue Sky 2로 바꾸기] 실행

③ 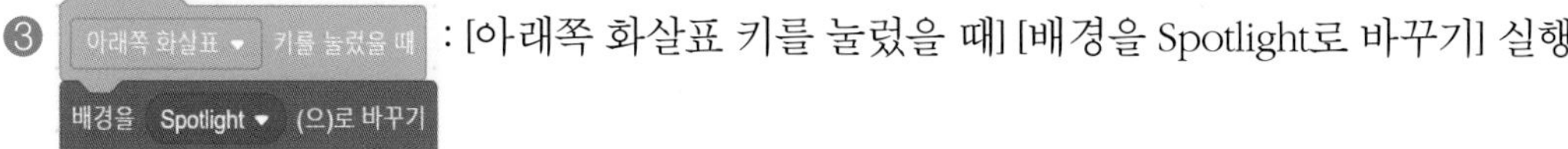

: [아래쪽 화살표 키를 눌렀을 때] [배경을 Spotlight로 바꾸기] 실행

④ 배경이 Blue Sky 2 ▾ (으)로 바뀌었을 때 / 크기를 200 %로 정하기 : [배경이 Blue Sky 2로 바뀌었을 때] [크기를 200%로 정하기]로 스프라이트를 두 배로 확대한다.

⑤ 배경이 Spotlight ▾ (으)로 바뀌었을 때 / 크기를 50 %로 정하기 : [배경이 Spolight로 바뀌었을 때] [크기를 50%로 정하기]로 스프라이트의 크기를 반으로 축소한다.

③ 음량/타이머 설정

음량과 타이머 설정 실습

❶ 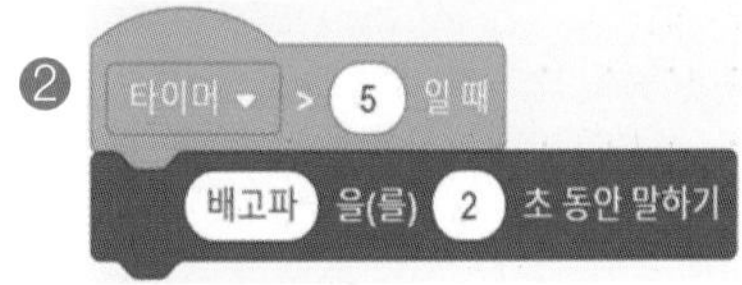

: [음량 〉 10일 때]는 앞에서 배운 [소리]의 음량에서 배운 내용이므로 우리는 타이머에 대해 실습한다.

❷ 타이머 > 5 일 때 / 배고파 을(를) 2 초 동안 말하기 : [타이머 〉 5 일 때] "배고파"를 2초 동안 말하기를 실행한다.

※ 일정 시간이 지난 후 동작을 설정한다.

❸ 타이머 : 감지 블록에서 [타이머]를 체크하면 [프로그램 실행창]에서 현재 값을 표시한다.

❹ 타이머 초기화 : 타이머의 재시작은 [타이머 초기화]를 실행하면 된다.

④ 메시지 보내기/받기

메시지 관련 블록은 스프라이트들 간의 통신을 할 때 사용

❶ 

: 고양이를 클릭했을 때 물고기가 색깔이 변하는 것을 실습하기 위해 "Fish" 스프라이트를 추가한다.

❷ 

: 고양이 스프라이트에서 신호를 보내면 "Fish" 스프라이트에서 색깔 바꾸기를 해야 하므로 우선 고양이 스프라이트 1을 선택한다.

③ 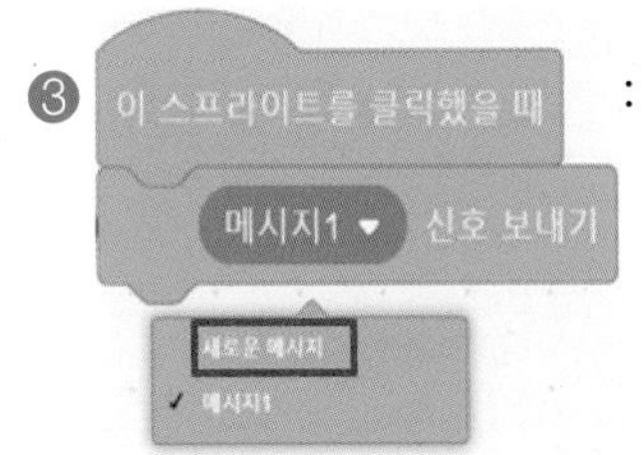

: [신호 보내기] 할 [새로운 메시지]를 선택한다.

④ 새로운 메시지
새로운 메시지 이름:
간식 ④
취소 확인

: 메시지 이름은 상황에 맞게끔 변경을 한다. 여기서는 "간식"이라는 메시지 이름으로 정하고 [신호 보내기] 한다.

⑤ 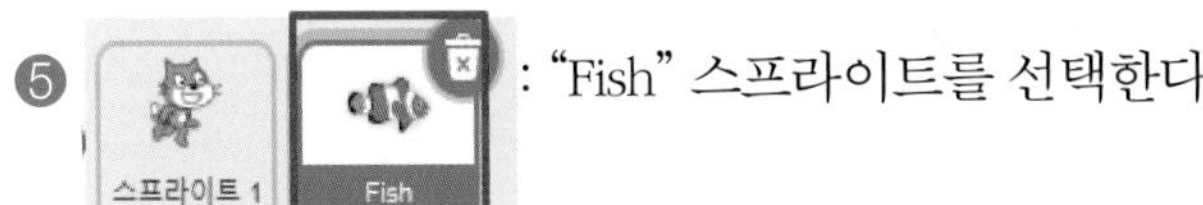

: "Fish" 스프라이트를 선택한다.

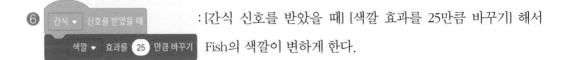

⑥ 간식 신호를 받았을 때
색깔 효과를 25 만큼 바꾸기

: [간식 신호를 받았을 때] [색깔 효과를 25만큼 바꾸기] 해서 Fish의 색깔이 변하게 한다.

⑦ 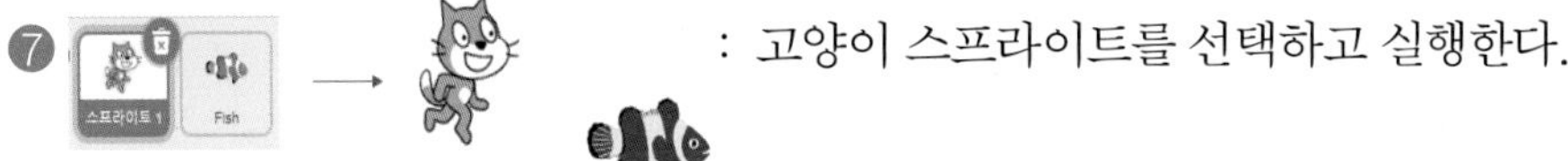

: 고양이 스프라이트를 선택하고 실행한다.

※ 스프라이트 코드는 공유할 수가 없는데 [신호 보내기]는 스프라이트들 간에 이어 주는 기능을 한다.

⑤ 신호 보내고 기다리기

❶ 

: "Fish" 스프라이트 선택

❷ 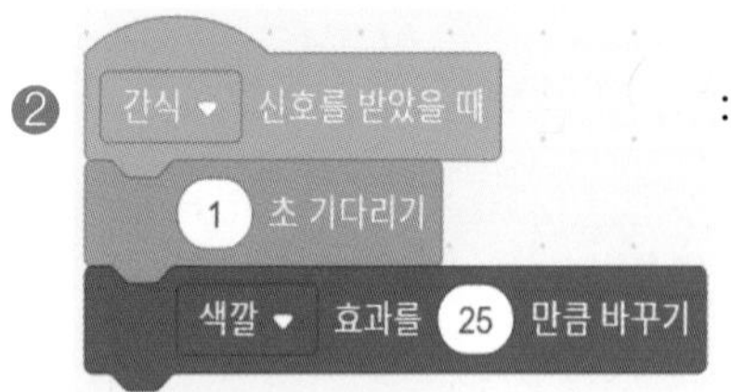

: [1초 기다리기] 블록을 추가 삽입한다.

❸ 

: "스프라이트 1"을 선택한다.

❹ 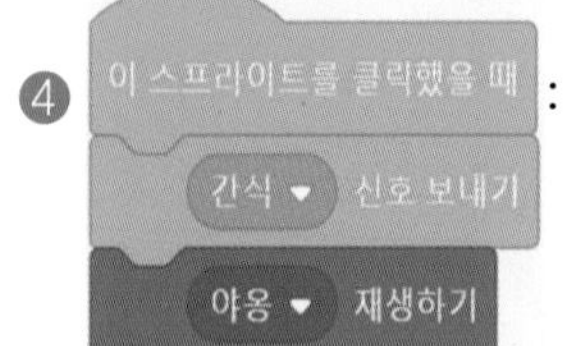

: [간식 신호 보내기]와 [야옹 재생하기]를 실습해 보면 클릭하자마자 신호를 보내고 야옹 소리가 재생되면서 1초 후 색이 변한다.

❺ 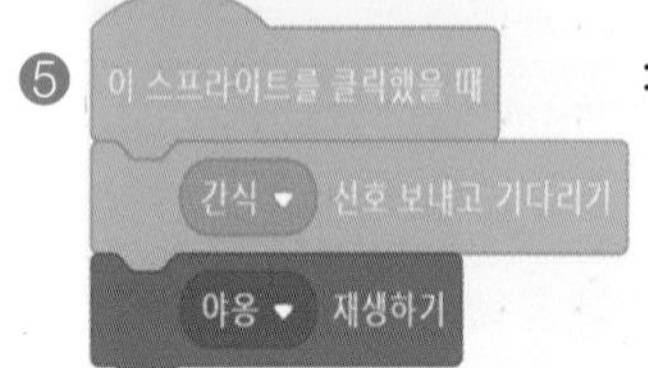

: [간식 보내고 기다리기]는 신호 보내고 나서 신호를 받는 쪽에서 모든 행동이 끝난 다음 행동을 진행하므로 색이 바뀌는 것도 야옹 소리도 1초 후 작동된다.

▣ 실습하기 - 따라 하기(고양이 크기 변화)

문제) 고양이 크기 키우기

고양의 크기를 10만큼 키우다가 크기가 200보다 크면 원래의 크기로 정하는 것을 무한 반복해 보자.

■ 결과 미리보기

완성 파일: 4.이벤트블록_고양이크기변화.sb3

- 초기 화면

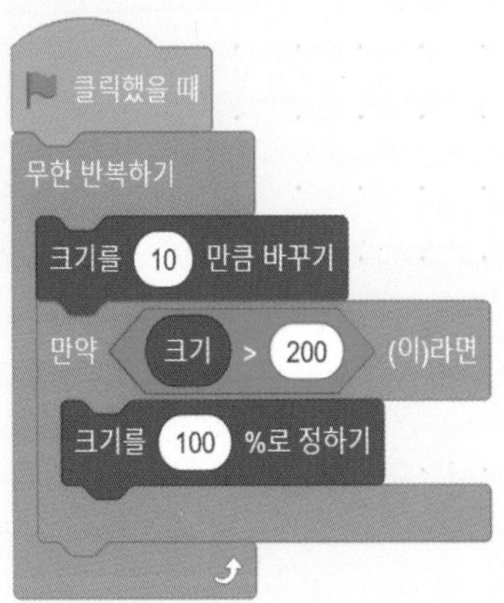

- 결과 화면

▣ 실습하기 - 심화학습(사자 피하기)

문제) 달려오는 사자 피하기

■ 결과 미리보기

완성파일: 심화풀이4_사자피하기.sb3

- 초기 화면

- 결과 화면

■ 스프라이트와 배경

Cat

Lion

Forest

■ 조건

- 'Cat' 스프라이트가 'Lion' 스프라이트를 점프해서 피하면 점수가 10점씩 올라간다.
- **'Cat' 스프라이트 설정**
  - · 초기 시작 위치 설정
  - · 스페이스 키를 눌렀을 때 점프한다. (단, [y 좌푯값을 ~만큼 바꾸기], [~번 반복하기] 사용)
- **'Lion' 스프라이트 설정**
  - · 초기 시작 위치와 달려가는 방향 설정하기
  - · 왼쪽 방향으로 이동한다.
  - · 'Cat' 스프라이트에 닿았을 때 모두 멈추기 하며 종료한다.

2.5 제어 블록

제어 블록은 선택적 문장 제어로 반복하기, 무한 반복하기, 만약 선택형, 만약~아니면 선택형 등을 설정한다.

▣ 제어 블록

① 반복하기

- [0.1 초 기다리기] : [0.1초 기다리기]는 지정한 숫자만큼 기다리기 실행 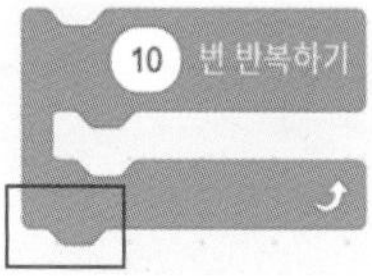
- [10 번 반복하기] : [10번 반복하기]는 지정한 횟수만큼 반복하기
- [무한 반복하기] 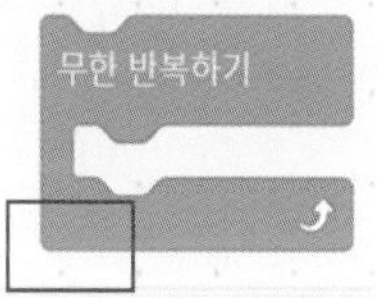 : [무한 반복하기]는 강제 종료시킬 때까지 반복하기로 아래쪽으로 연결하는 부분이 없다.

② 선택적 문장 제어 블록

❶ [만약 조건 (이)라면 / 참일 때 실행] : 만약 조건이 참이라면 내부에 조립된 문장들을 실행한다.

❷ [만약 조건 (이)라면 / 참일 때 실행 / 아니면 / 거짓일 때 실행] : 만약 조건이 참이라면 내부 위쪽에 문장들을 실행하고 아니면 내부 아래쪽 문장을 실행한다.

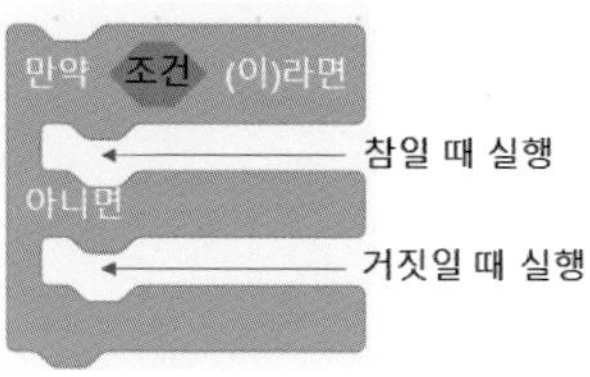

블록 모양의 의미

동그라미 블록( )은 글자, 숫자 등 다양하게 들어가지만 육각형 블록( )은 논리적인 답을 원하는 참, 거짓으로만 대답하는 블록이다.

■ 만약 ~이라면

마우스 포인터가 고양이 스프라이트에 닿았으면 "야옹" 소리 재생하기 실습

❶ ❶번만의 프로그래밍으로는 문법에는 오류가 없으나 마우스 포인터 속도를 감지하기 어려워 실행이 되지 않는다.

❷ [무한 반복하기]를 추가하여 감지를 계속하게 한 후 실행한다.

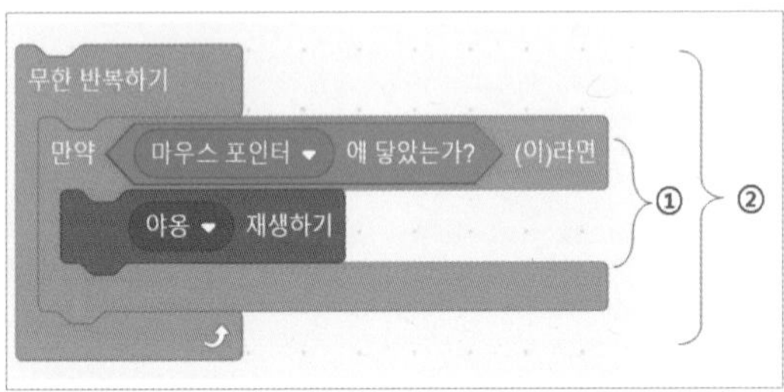

■ 만약 ~이라면 ~아니면

마우스 포인터가 고양이 스프라이트에 닿았으면 크기를 200%로 확대하고 닿지 않았으면 크기를 원래 크기 100%로 정하는 실습

❶ 만약 마우스 포인터가 고양이 스프라이트에 닿았으면

❷ 고양이 스프라이트의 크기를 두 배로 확대한다.

❸ 닿지 않았다면 크기를 원래 크기로 한다.

❹ 종료 시까지 [무한 반복하기]해서 감지를 실행한다.

무한 반복하기 ④
만약 마우스 포인터 에 닿았는가? (이)라면 ①
크기를 200 %로 정하기 ②
아니면
크기를 100 %로 정하기 ③

③ 1초 기다리기 / 까지 기다리기

■ 1 초 기다리기 : [1초 기다리기]는 무조건 지정한 초까지 기다린다.

■ 까지 기다리기 : [까지 기다리기]는 조건에 만족할 때까지 기다린다.

■ 클릭했을 때 [1초 기다리기] 후 [색깔 효과를 25만큼 바꾸기] 실습

❶ : 클릭했을 때 [1초 기다리기] 한 후 [스프라이트의 효과를 25만큼 바꾸기] 한다.

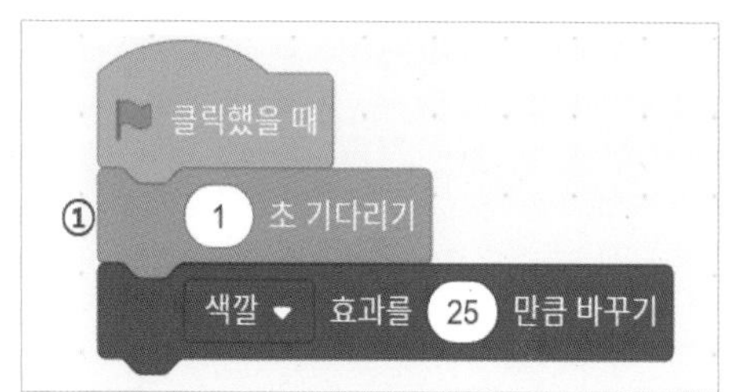

❷ : [마우스 포인터가 스프라이트에 닿을 때까지 기다리기] 하다가 닿으면 [색깔 효과를 25만큼 바꾸기]를 실행한다.

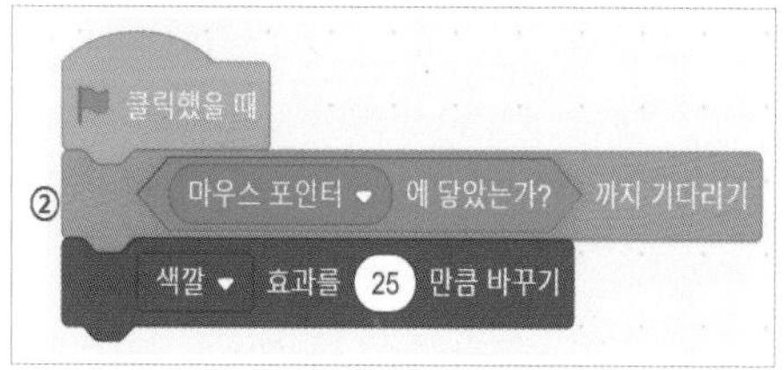

④ ~번 반복하기 / ~까지 반복하기

■ 10 번 반복하기 : 무조건 지정된 횟수만큼 내부의 명령을 실행한다.

■ 까지 반복하기 : 조건에 만족할 때까지 내부의 명령을 반복 실행한다.

❶ [1초 기다리기] 후 [색깔 효과를 25만큼 바꾸기]를 [10번 반복하기]한다.

❷ [1초 기다리기] 후 [색깔 효과를 25만큼 바꾸기]를 [마우스 포인터에 닿을 때까지] 반복 수행한다. 마우스 포인터에 닿아야만 정지한다.

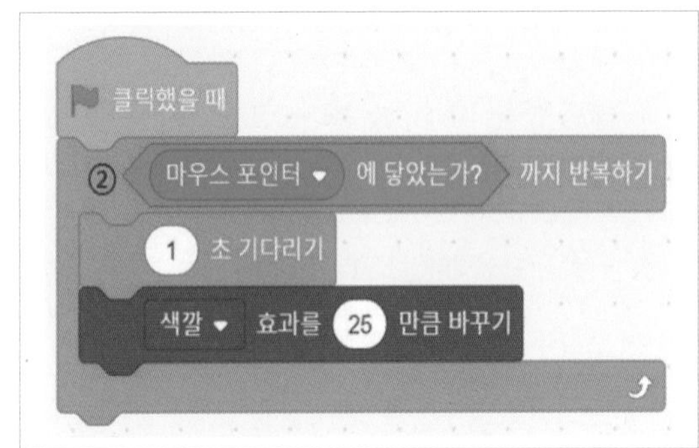

⑤ 멈추기

멈추기의 종류는 [모두], [이 스크립트], [이 스프라이트에 있는 다른 스크립트]가 있다.

❶ [멈추기 모두]를 선택한다.

❷ 고양이 스프라이트에 오른쪽과 같이 2개의 스크립트를 작성한 후 실행한다.

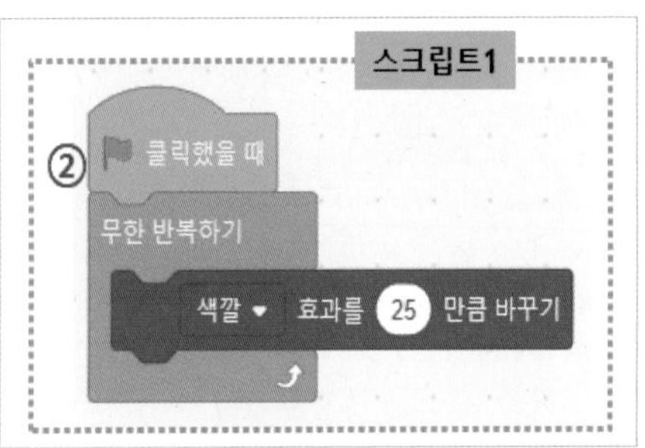

③ 스프라이트가 색깔을 바꾸며 (0,0)의 위치에서 1만큼씩 이동한다. 즉 2개의 스크립트가 동시에 실행한다.

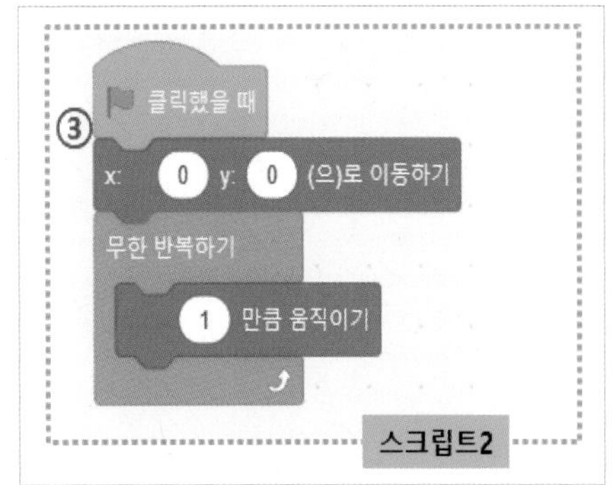

④ [멈추기 모두]를 클릭하거나 빨강 정지 버튼을 클릭하면 2개의 스크립트가 동시에 멈춘다.

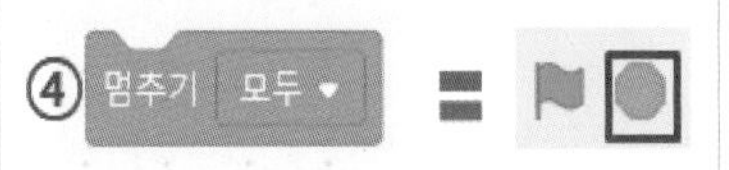

· **스프라이트 2개의 경우 실습**

⑤ [스프라이트 1]에서 우클릭 → 복사하여 [스프라이트 2]를 추가한다.

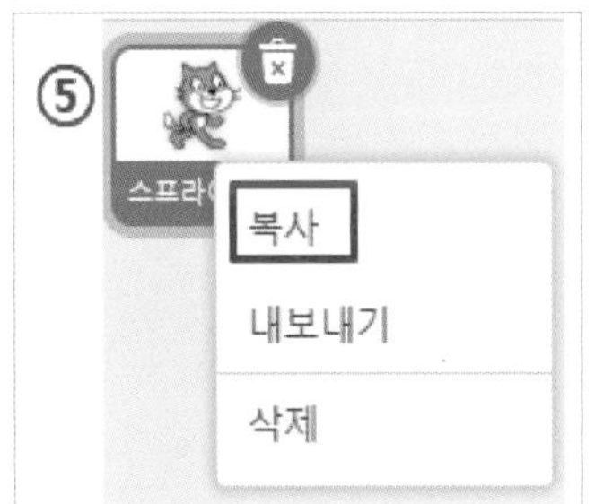

⑥ 복사된 [스프라이트 2] 선택

⑦ "스크립트 1"을 확인한다.

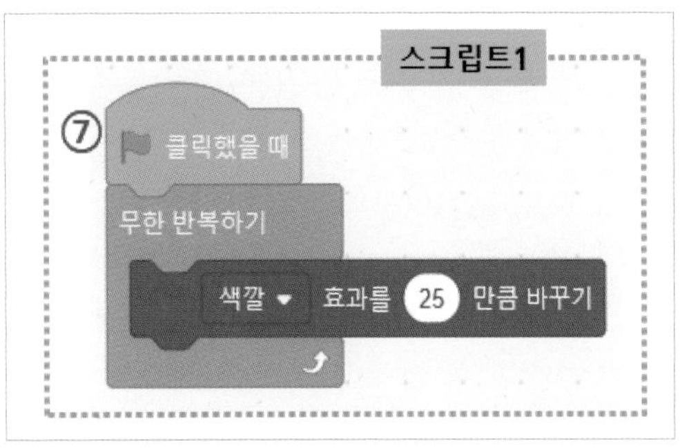

PART II 스크래치 프로그래밍

⑧ "스크립트 2" 부분에서 시작 위치를 수정한다. "스프라이트 1", "스프라이트 2"가 색깔을 바꾸며 각각 (0,0), (-50,0)의 위치에서 1만큼씩 이동한다. 스크립트 2개가 동시에 실행 중이다.

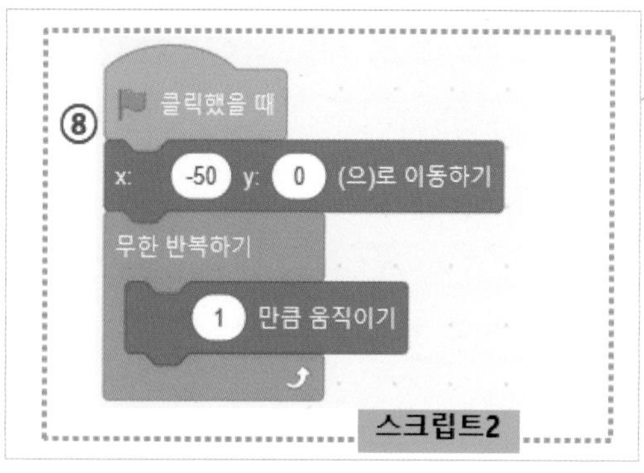

⑨ [멈추기 모두]를 클릭하거나 빨강 정지 버튼을 클릭하면 모든 스프라이트가 동시에 멈춘다.

■ [멈추기 이 스크립트]

· [멈추기 이 스크립트] 실습

❶ [멈추기 이 스크립트] 실습을 위해 복사된 "스프라이트 2"는 삭제한다.

① 멈추기 이 스크립트 ▾

❷ 오른쪽과 같이 코딩한다. 스크립트 1은 색깔 바꾸기를 무한 반복한다.

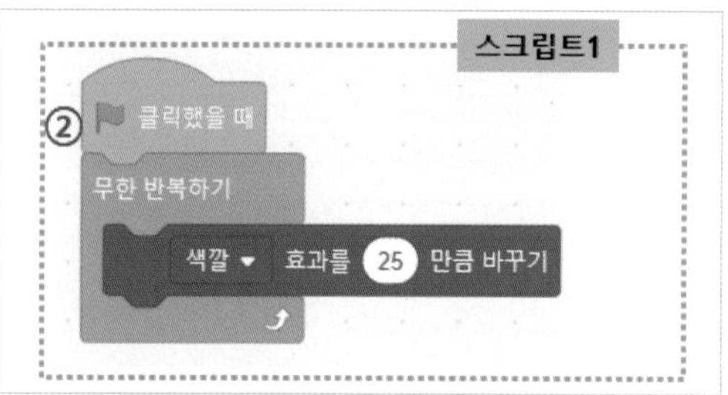

❸ 오른쪽과 같이 코딩한다. "스크립트 2"는 (0,0)에서 시작하여 1만큼 이동하기를 무한 반복하다가 스페이스 키를 누르면 이 스크립트는 멈추기 한다.

※ "스크립트 2"만 멈추기이므로 "스크립트 1"은 계속 색깔 바꾸기를 무한 반복한다.

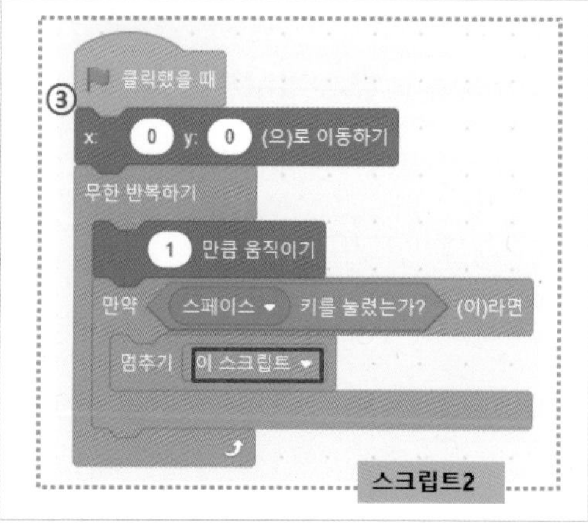

· [멈추기 이 스프라이트에 있는 다른 스크립트] 실습

❹ [멈추기 이 스프라이트에 있는 다른 스크립트]를 실습한다.

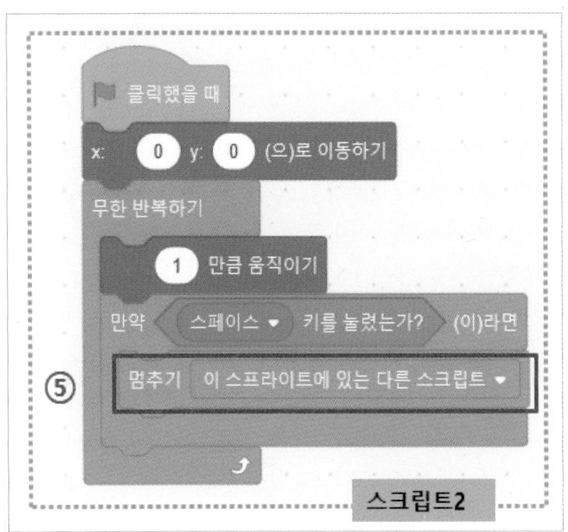

❺ 오른쪽과 같이 "스크립트 2"에서 멈추기 방법을 변경한 후 실행

※ [이 스프라이트에 있는 다른 스크립트 멈추기] 이므로 "스크립트 1"은 중지하고 "스크립트 2"만 실행된다.

즉 "스크립트 1"의 색깔 변경하기는 멈추고 "스크립트 2"는 스페이스 키를 누를 때까지 1만큼씩 이동하고 있다.

⑥ 복제되었을 때 / 나 자신 복제하기 / 이 복제본 삭제하기

· [나 자신 복제하기]와 [복제되었을 때] 실습

❶ 오른쪽과 같이 코딩한 후 실행한다. 100만큼 이동하고 다음 모양으로 바뀐 형태로 복제되었다.

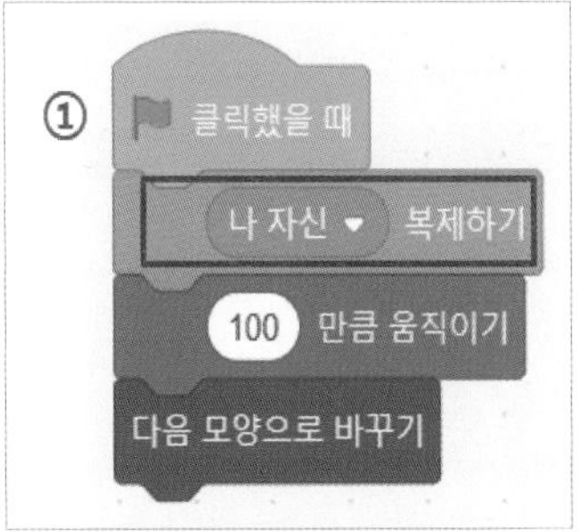

❷ [복제되었을 때]의 동작이다. 오른쪽과 같이 코딩한다.

※ [복제되었을 때] "안녕" 말하기 한다.

· [이 복제본 삭제하기] 실습

❸ ❷번을 오른쪽과 같이 수정하여 [이 복제본 삭제하기]를 실행한다.

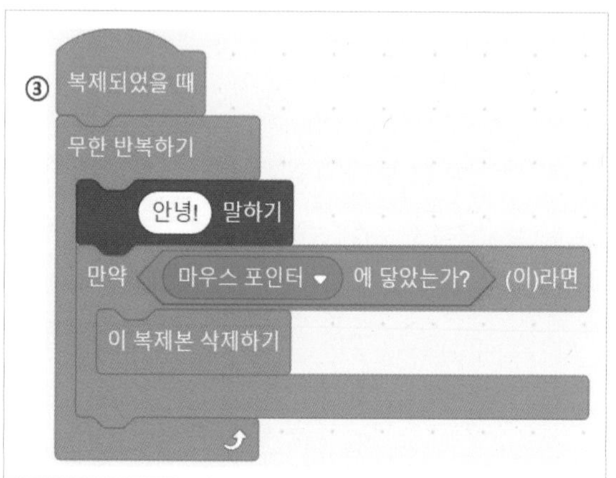

❹ 복제본에 [마우스 포인터가 닿았으면] [이 복제본 삭제하기] 실행

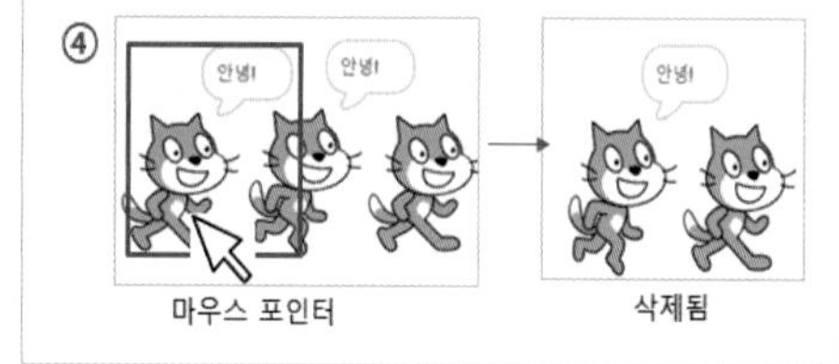

TIP

[제어 블록]은 다양하게 활용된다. 특히 게임 작성할 때 가장 많이 사용된다. 실습과 응용을 통해서 창의적인 작품을 만들고 Part 2에서 학습하게 될 머신러닝과 함께 응용하면 다양한 분야에 적용할 프로그램이 탄생할 것이다.

▣ 실습하기 - 따라 하기(야구공 날아가기1)

문제) 야구공이 날아가서 멈춰질 위치 정하기

타자가 야구공을 쳐서 왼쪽으로 -150의 지점에서 멈추기를 하는 두 가지 방법으로 실습하기

■ 결과 미리보기

완성 파일: 5-1.제어블록_야구공날아가기.sb3

- 초기 화면

- 결과 화면

① [무한 반복하기] 실습

❶ 스프라이트와 배경을 추가한다.

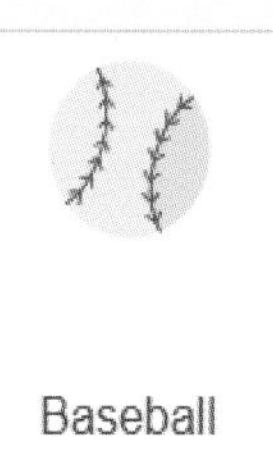

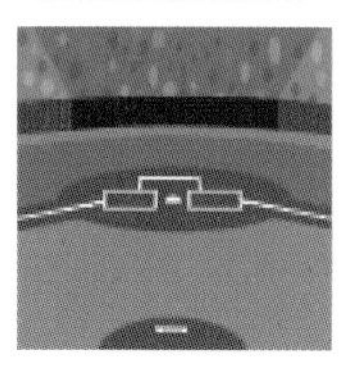

Baseball 1

❷ 'Batter' 스프라이트 선택

❸ 오른쪽과 같이 코딩한다. [다음 모양으로 바꾸기]를 0.1초 간격으로 4번 반복한다.

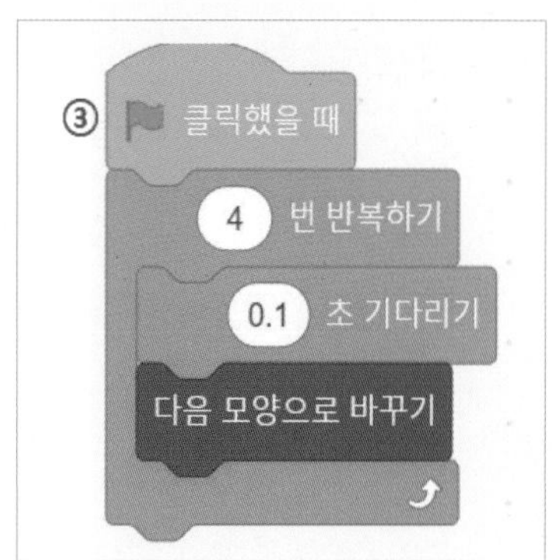

❹ 'Baseball' 스프라이트 선택

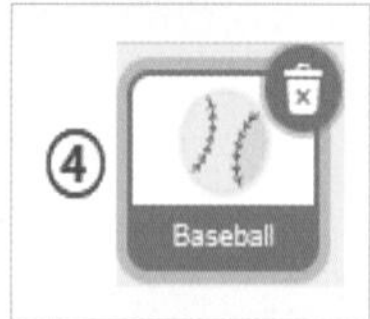

❺ 클릭했을 때 공의 위치를 [x: 150 y: 79]로 이동하기

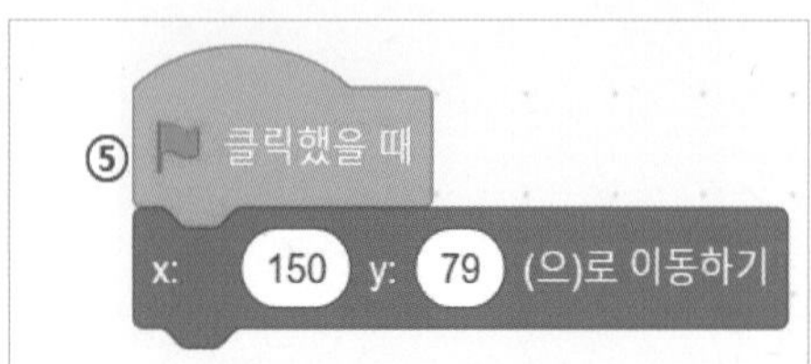

❻ 클릭했을 때 [x좌표를 -25만큼 바꾸기]는 공의 방향이 왼쪽으로 이동하기 때문에 x좌표로 음수 값을 지정한다.

❼ ❻에서 -25만큼 왼쪽으로 이동하다가 만약에 x좌표가 -150보다 작아지면 [이 스크립트를 멈추기]를 한다. 즉 야구공이 왼쪽으로 날아가다가 -150의 위치에서 멈춘다.

❽ 위의 내용을 [무한 반복하기] 한다.

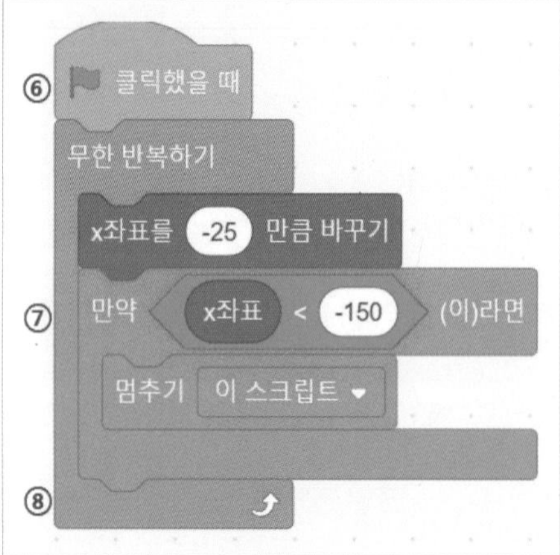

▣ 실습하기 - 따라 하기(야구공 날아가기2)

② [까지 반복하기] 실습

실습 따라 하기

❶ 'Baseball' 스프라이트 선택

※ 'Batter' 스프라이트는 위와 동일해서 생략함.

❷ 클릭했을 때 공의 위치를 [x: 150 y: 79]로 이동하기

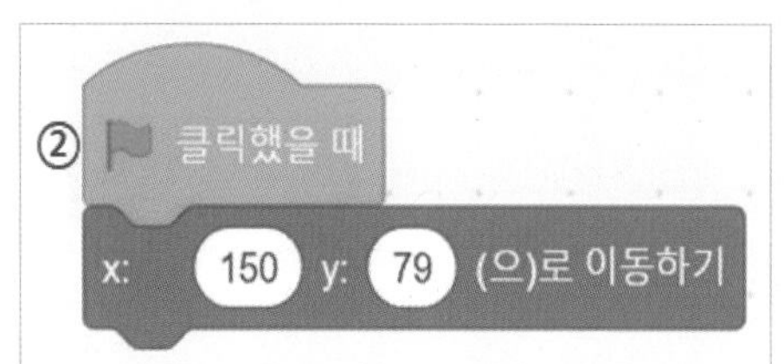

❸ [x좌표가 -150이 될 때까지 ❹를 반복] 한다.

❹ [x좌표를 -25만큼 바꾸기] 한다. 즉 왼쪽으로 이동한다.

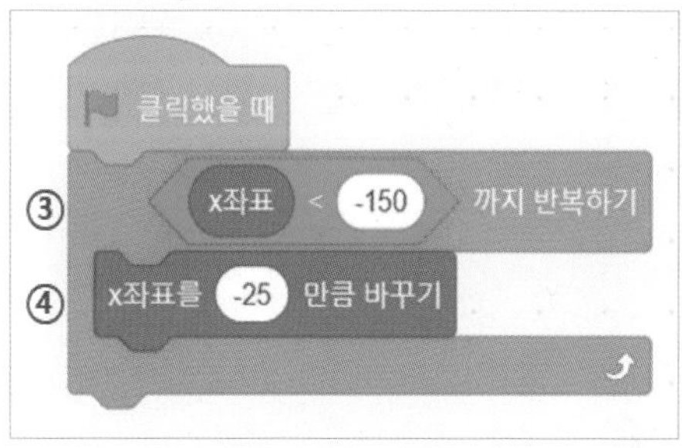

PART II 스크래치 프로그래밍

▣ 실습하기 - 심화학습(눈 내리는 날)

문제) 눈 내리는 날

■ 결과 미리보기

완성파일: 심화풀이5_눈내리는 날.sb3

- 초기 화면

- 결과 화면

■ 스프라이트와 배경

Snowflake

Snowman

Winter

■ 조건

- 눈사람(Snowman) 스프라이트의 위치는 (19,-1000), 90도 방향 보기에서 시작한다.
- 클릭했을 때 눈이 내리기 시작한다.
  [나 자신 복제하기] 기능을 이용하고, 눈의 크기는 랜덤 값으로 정한다.
- 눈은 바닥에 쌓이게 한다. 이때 x값은 난수로 설정하고 y값은 바닥에 쌓일 눈의 위치이다.
- 눈사람(Snowman)은 클릭했을 때 기뻐서 위로 껑충 뛰었다가 방향을 반대쪽으로 바꾸는 동작을 2번씩 무한 반복하기 한다.

2.6 감지 블록

감지 블록은 스프라이트의 다양한 현상과 자료의 값을 활용해 제어 블록과 조합하여 다양한 동작을 설정한다.

▣ 감지 블록

① 벽/색에 닿았는가?

· [벽에 닿았는가?] 실습

❶ [벽에 닿았는가?]를 선택한다.

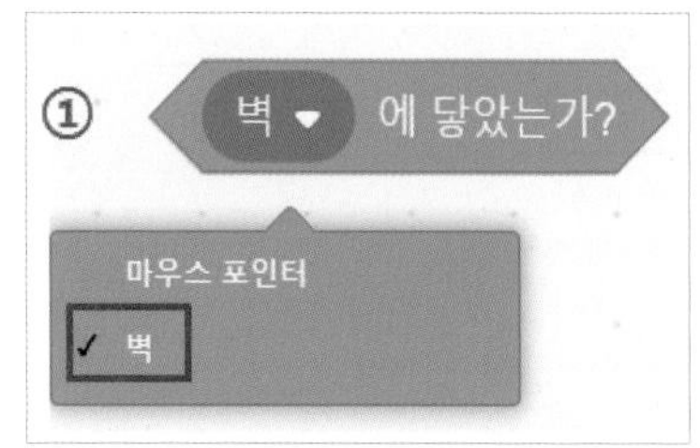

❷ 스프라이트를 오른쪽 벽에 붙여 놓고 클릭하여 'true'를 출력한다.

※ 육각형 블록은 결과를 "true", "false"로 답한다.

※ 스프라이트가 벽에 닿았으면 "true"를, 닿지 않았다면 "false"를 출력한다.

· [색에 닿았는가?] 실습

❶ 실습을 위해 "Mouse 1" 스프라이트 추가한다.

② [색에 닿았는가?]에 클릭한다.

③ 원하는 색을 정밀하게 찾기 위해 [스포이드] 모양을 선택한다.

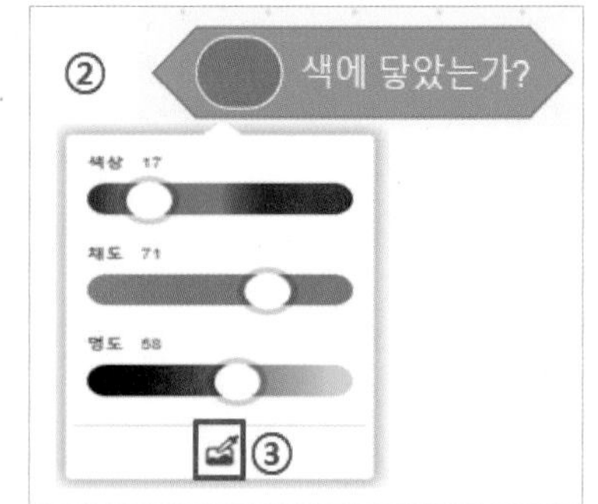

④ "Mouse 1"스프라이트에서 원하는 색의 부분에 두고 클릭한다.

⑤ "고양이" 스프라이트를 "Mouse 1"스프라이트에 닿게 하고 실행하여 "true"를 출력한다.

② 색이 색에 닿았는가?

[색이 색에 닿았는가?] 실습

"고양이" 스프라이트의 입 부분이 "Mouse 1"에 닿았는가? 의 실습

① [~색이] 부분을 클릭하여 고양이 입 부분의 흰색을 선택한다.

② [~ 색에 닿았는가?]에 클릭하여 "Mouse 1"에서 원하는 부분의 색깔을 선택한다.

❸ "고양이"스프라이트의 입 부분을 "Mouse 1"스프라이트에 붙여 두고 클릭하여 "True"를 출력한다.

❹ "고양이"스프라이트의 지정된 색이 아닌 부분을 "Mouse 1" 스프라이트에 두고 클릭하여 "false"를 출력한다.

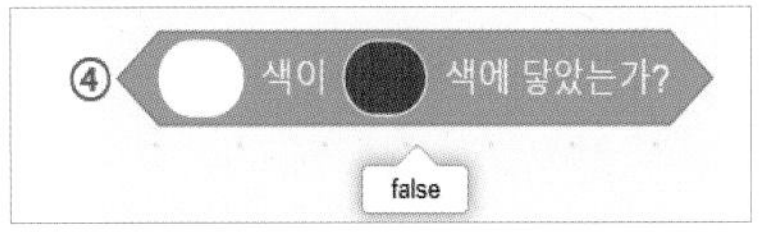

③ 마우스 포인터까지의 거리

[마우스 포인터까지의 거리] 실습

❶ [마우스 포인터까지의 거리]를 선택한다. 스프라이트와 마우스 포인터까지의 거리를 감지해 나타낸다. 스프라이트의 중앙에서부터 거리를 인식한다.

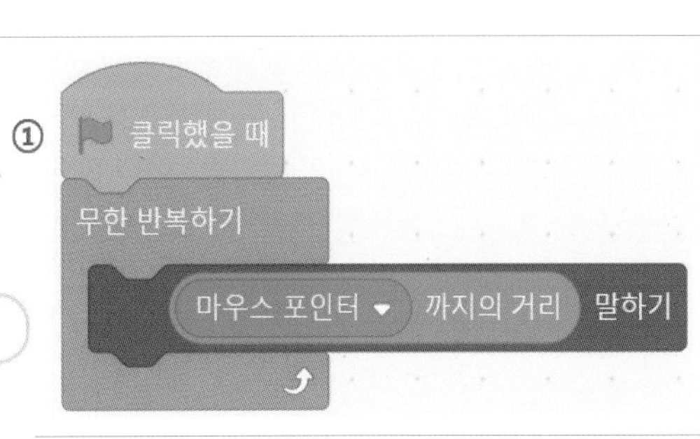

❷ "Bat" 스프라이트를 추가한다.

❸ "고양이" 스프라이트의 중심과 "Bat" 스프라이트 중심 간의 거리를 감지한다.

PART II 스크래치 프로그래밍

④ 묻고 기다리기 / 대답

[묻고 기다리기], [대답] 실습

❶ [~라고 묻고 기다리기]는 하고 싶은 말을 입력 실행하면 스프라이트가 묻고 답변을 기다린다.

❷ "입력창에 답변을 입력하고 체크 버튼을 선택한다. [대답] 블록에서 답변이 들어가 있다.

❸ [대답]을 체크하면 [프로그램 실행창]에서 답변을 출력한다.

⑤ 특정 키를 눌렀는가? / 마우스를 클릭했는가?

[스페이스 키를 눌렀는가?], [마우스를 클릭했는가?], [마우스의 x ,y좌표] 실습

❶ [스페이스 키를 눌렀는가?]를 선택한다. [스페이스 키를 눌렀는가?]를 감지한다. 스페이스 키를 누르고 클릭하여 "True"를 출력한다.

❷ [마우스를 클릭했는가?]를 감지한다. 마우스를 클릭한 상태는 "True"를 출력한다.

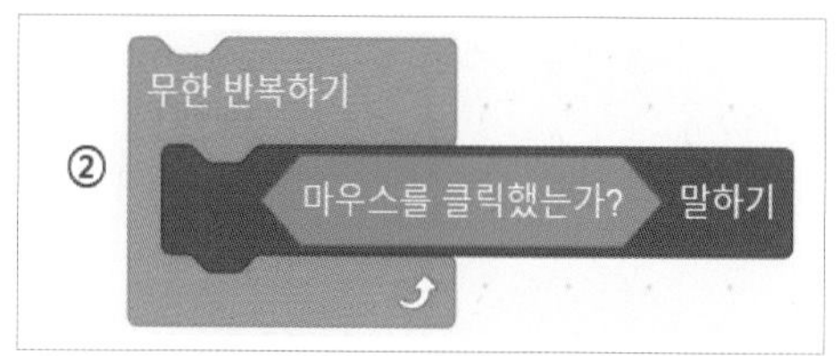

❸ [마우스의 x, y좌표] 위치를 감지한다. X좌표의 범위는 250~-250, Y좌표의 범위는 180~-180이다.

⑥ 기타 감지 기능들

기타 감지 기능 실습

❶ [드래그 모드를 드래그할 수 없는 상태로 정하기]를 선택한다.

※ [프로그램 실행창]에서 기본적으로는 스프라이트를 드래그해서 이동이 가능하다.

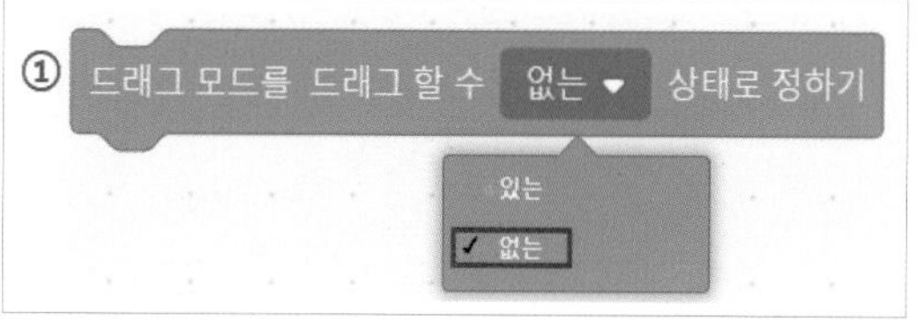

❷ : 전체 실행 화면으로 전환한다.

❸ 전체 실행 화면에서는 스프라이트의 위치를 이동할 수 없는 상태이다.

※ 전체 실행 화면에서 스프라이트의 위치를 이동할 수 있는 / 없는 상태로 정하는 것이다.

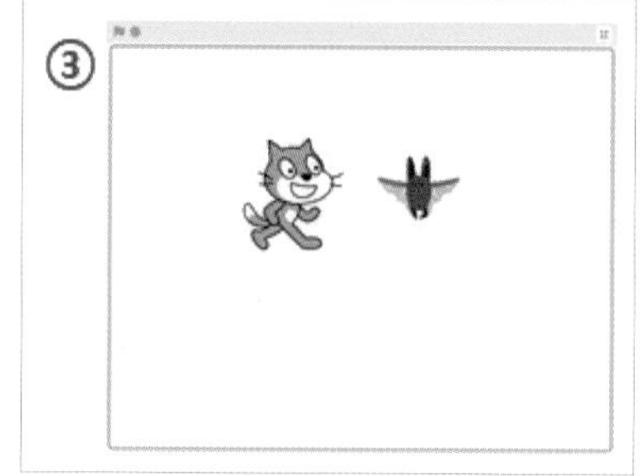

④ [무대의 배경 번호]는 현재 스프라이트가 있는 무대의 배경 번호를 가져온다.

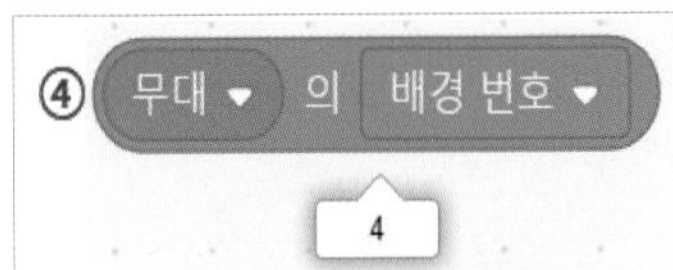

⑤ 현재 날짜와 시간을 감지한다.

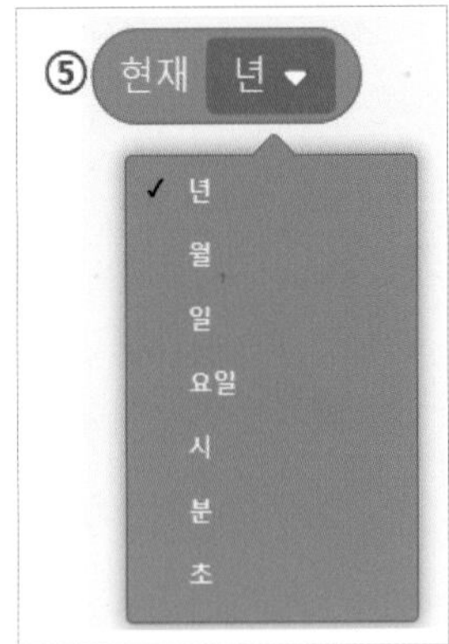

⑥ [2000년 이후 현재까지 날짜 수]는 2000년 1월 1일 이후 지금까지 지나온 날짜 수를 계산해 출력한다.

⑦ [사용자 이름]을 체크하면 온라인으로 접속했을 때의 ID를 가져온다. 오프라인일 때는 표시되지 않는다.

사용자 이름

TIP

[감지 블록]은 [제어 블록]과 함께 사용하면 다양하게 활용할 수 있다.

▣ 실습하기 - 따라 하기(박쥐 벽 닿으면 튕기기)

문제) 박쥐 벽에 닿으면 튕기기

■ 결과 미리보기

완성 파일: 6.감지 블록_박쥐 벽 닿으면 튕기기.sb3

- 초기 화면

- 결과 화면

■ 스프라이트와 배경

Bat

Woods

■ 조건

- 클릭했을 때 (0,0)의 위치로 이동한다.
- 크기를 80%로 축소한다.
- 아래/위로 이동하다가 벽에 닿으면 튕기기를 무한 반복한다.

■ 'Bat' 스프라이트 설정

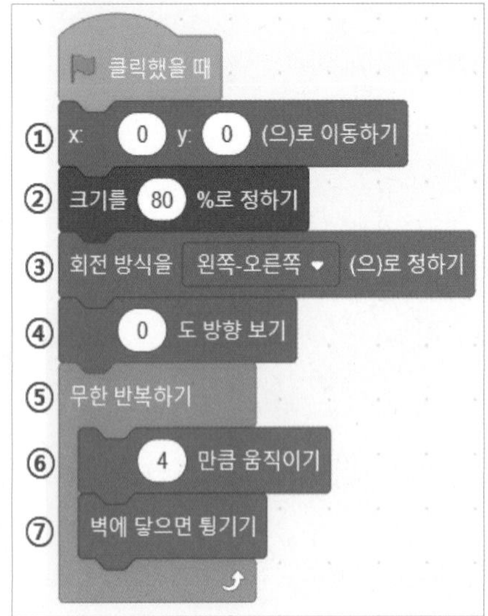

❶ 시작 위치를 [x:0, y:0으로 이동하기] 한다.

❷ 'Bat' 스프라이트의 크기를 80%로 축소한다.

❸ [회전 방식을 왼쪽-오른쪽으로 정하기]를 선택한다.

※ 벽에 닿으면 튕기기 했을 시 뒤집어지지 않고 위/아래로 이동하기 위함

❹ [0도 방향 보기]를 선택한다.

❺ ❻~❼을 [무한 반복하기] 한다.

❻ [4 만큼 움직이기]로 움직임 속도를 설정한다.

❼ 이동하다가 [벽에 닿으면 튕기기]를 한다.

▣ 실습하기 - 심화학습(딸기 접시에 담기)

문제) 딸기를 바구니에 담아 보세요.

■ 결과 미리보기

완성 파일: 심화 풀이 6_딸기 접시에 담기.sb3

- 초기 화면

- 결과 화면

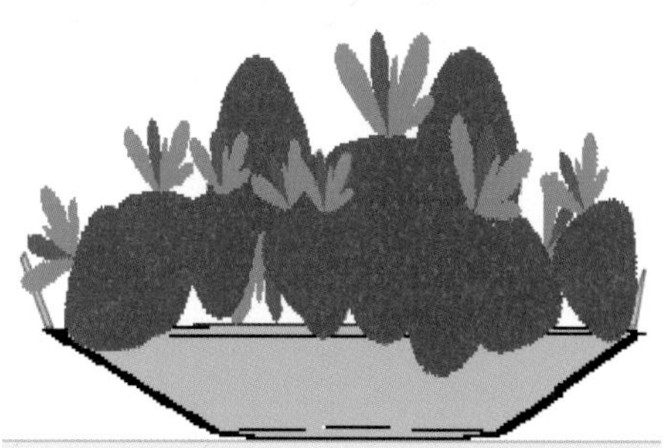

■ 스프라이트와 배경

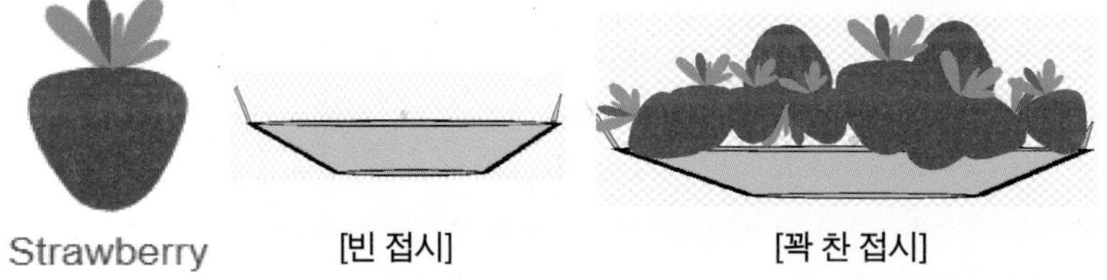

■ 조건

- 딸기를 접시로 드래그한다.
- 딸기를 접시에 담을 때마다 수량이 1씩 증가한다.
- 딸기 10개를 접시에 담으면 [꽉 찬 접시] 스프라이트 모양으로 바꾸고 프로그램이 멈춘다.
- 변수 생성: 딸기를 접시에 담은 수를 저장하는 변수
- 딸기를 접시에 담을 경우 딸기가 처음 위치에서 이동된 후 처음 위치에서 다시 보이게 한다.
- [빈 접시] 스프라이트와 [꽉 찬 접시] 스프라이트를 만든다.

2.7 연산 블록

연산 블록은 산술 연산, 비교 논리 연산, 난수 발생, 문자열 다루기, 각종 수학 함수 사용하기 등의 기능이 있다.

▣ 연산 블록

① 연산 블록

연산 블록 사용법: 연산 블록은 숫자나 계산에 관한 블록으로 구성되어 있다.

❶ 사칙연산을 수행한다. 기본적으로는 2항으로 되어 있으나 추가해서 사용 가능하다. 우선순위를 고려해야 한다.

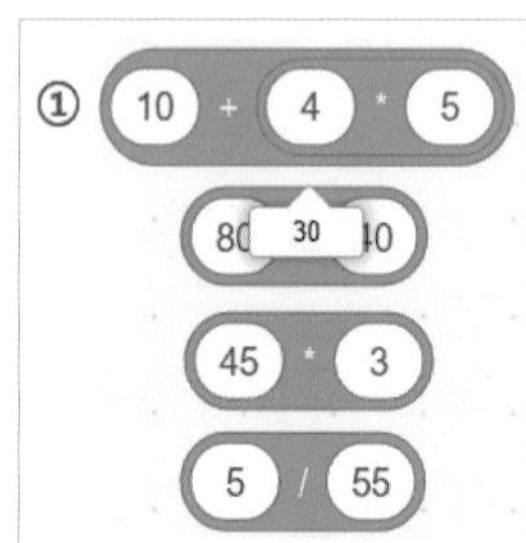

❷ [1부터 10 사이의 난수]는 1~10 사이의 랜덤한 숫자를 가져온다.

❸ 연산자 [크다, 작다, 같다] 블록이다. 이 블록은 육각형으로 되어 있기 때문에 비교 결과를 논릿값으로 출력한다.

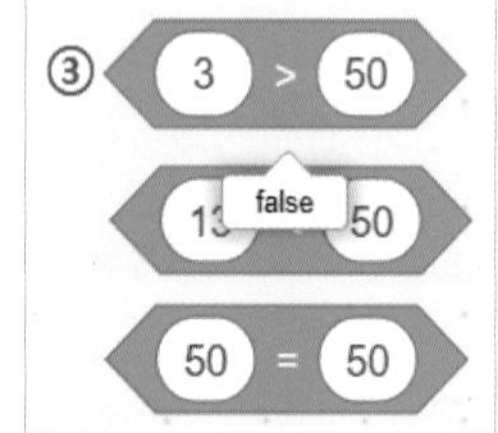

❹ [그리고] 블록은 양쪽의 결과가 모두 참일 때만 참이 되는 블록이고 [또는] 블록은 양쪽 중 어느 하나가 참이어도 참이 되는 블록이며 [~가 아니다] 블록은 결과의 반대 값을 출력한다. 앞의 결과가 참이면 거짓을, 거짓이면 참이 되는 블록이다.

② 문자 블록

문자 블록 사용법

❶ 인공 와(과) 지능 결합하기 : [첫 번째와 결합하기]는 두 글자를 연결해서 출력한다.

인공지능

❷ 무대 의 배경 이름 와(과) 배경입니다 결합하기 : 위에서 배운 배경 이름을 가져와서 결합하기 실습한다.

Baseball 2배경입니다

❸ 머신러닝 의 2 번째 글자 : [~의 ~번째 글자]는 문자열 중 몇 번째 글자인가를 찾아내는 것이다.

신

❹ 머신러닝 의 길이 : [~의 길이] 블록은 문자열의 총길이를 말한다. 이때 띄어쓰기나 ‘,’도 포함한다.

4

❺ 머신러닝 이(가) 딥 을(를) 포함하는가? : [~이 ~을 포함하는가?]는 문자열 중에서 어떤 글자가 있는지를 찾을 때 사용한다. 포함되어 있으면 “true”, 포함되지 않으면 “false”를 나타낸다. 두 글자 이상도 가능하다.

false

③ 기타 연산

기타 연산 블록 사용법

❶ (5) 나누기 (2) 의 나머지 → 1 : [~나누기 ~의 나머지]는 나누기의 결과 몫 말고 나머지만 구해준다.

❷ (5.6) 의 반올림 → 6 : [~의 반올림]은 0.5 이상이면 올림하고 미만이면 버림이 된다.

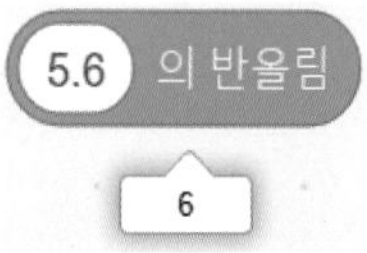

❸  절댓값 ▾ ((-2.8)) → 2.8 : [절댓값]은 부호가 없는 수를 구한다.

❹ 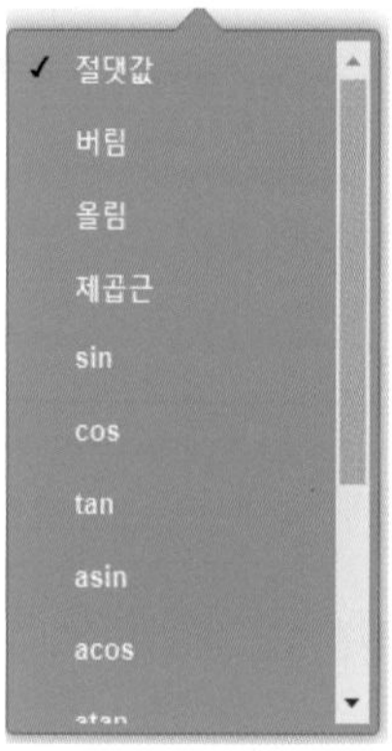 ✓ 절댓값 / 버림 / 올림 / 제곱근 / sin / cos / tan / asin / acos / atan : 기타 여러 가지 수학식들이 있으므로 하나씩 실습해 보길 바란다.

▣ 실습하기 - 따라 하기(팩토리얼 구하기)

문제) 팩토리얼 값 구하기

■ 결과 미리보기

완성 파일: 7. 연산 블록_팩토리얼 구하기.sb3

- 초기 화면

- 결과 화면

■ 스프라이트와 배경

Dot

Jurassic

■ 조건

- 원하는 팩토리얼(계승) 값을 입력받는다.
- 팩토리얼 값을 계산한다.

※ 참고: 10! = 10 * 9 * 8 * 7 * 6 * 5 * 4 * 3 * 2 * 1

- 계산값을 위와 같은 형식으로 출력한다.

■ 'Dot' 스프라이트 설정

클릭했을 때

❶ 원하는 팩토리얼(계승) 값을 입력한다.

❷ 입력받은 '대답'을 팩토리얼에 곱할 값을 저장할 '곱' 변수로 정한다.

❸ 팩토리얼 값을 저장하는 'N' 변수에 곱-1로 초깃값을 정한다.

❹ 'N'이 0이 될 때까지 ❺~❻을 반복한다.

❺ 곱 = 곱 * N을 한다.

❻ ['N'을 N-1 로 정하기]해서 N값을 1씩 감소시킨다.

❼ 계산한 팩토리얼 값을 [~ 와 ~ 결합하기] 연산을 이용하여 출력한다.

▣ 실습하기 - 심화학습(두 개의 난수 곱셈 구하기)

문제) 두 수의 곱셈 맞히기

■ 결과 미리보기

완성파일: 심화풀이7_두개의난수_곱셈.sb3

- 초기 화면

- 결과 화면

■ 스프라이트와 배경

■ 조건

- 1~10 사이의 난수를 2개 발생한다.
- 발생한 난수 두 값의 곱을 구한다.
- 발생한 난수 두 값을 'Cat' 스프라이트가 질문을 하고 사용자가 답변을 한다
  - ▸ 만약 정답과 답변한 값이 같다면 "정답"이라 말하고 아니면 "땡!!"이라고 말한다.

2.8 변수 블록

변수 블록에는 기본적인 변수에 관련된 블록들과 리스트 관련 블록들로 구성되어 있다.

■ 변수 블록

① 변수 만들기

스크래치에서는 기본으로 [나의 변수]가 만들어져 있다.

❶ 변수 만들기 : 새로운 변수를 만들 때에는 [변수 만들기]를 클릭한다.

❷ 새로운 변수 이름을 입력하여 생성한다. “A”, “B” 이름의 변수를 생성한다.

※ 변수란 어떤 값을 저장하는 방이라고 생각하고 값을 저장해 두었다가 필요할 때 가져와서 사용한다.

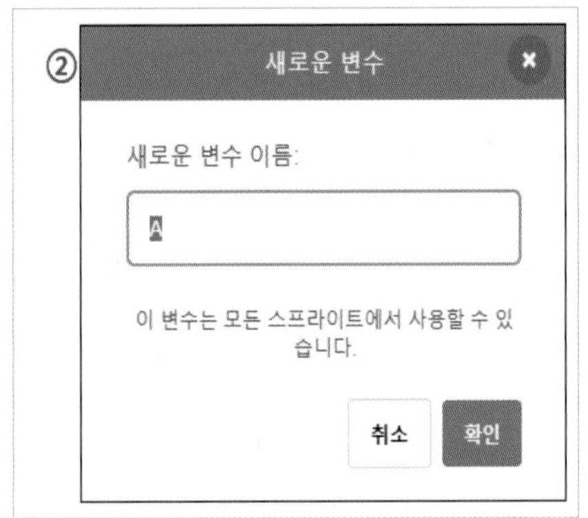

❸ 우 클릭하여 [변수 이름 바꾸기]와 [삭제하기]를 할 수 있다.

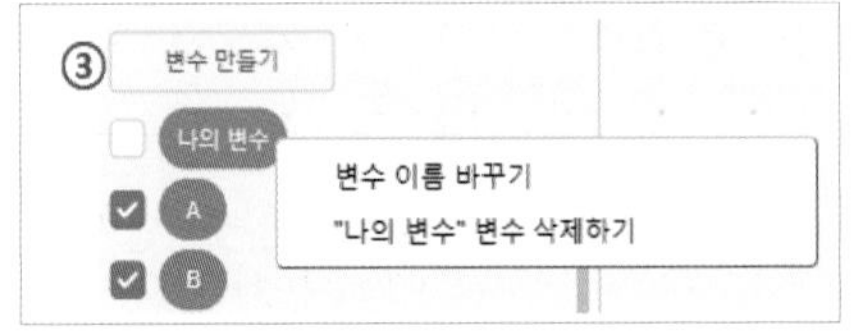

❹ 해당 변수명을 체크하면 [프로그램 실행창]에 값을 출력한다.

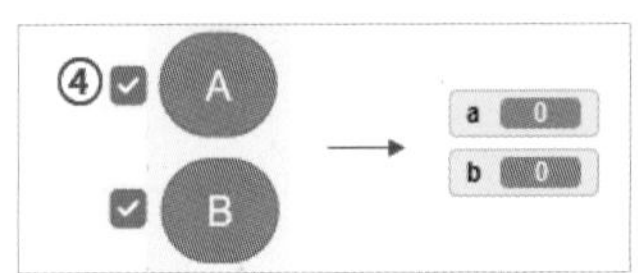

❺ [A를 20으로 정하기]와 [B를 10만큼 바꾸기]를 설정한다. 각 변수 A, B를 네 번씩 클릭을 하면 [프로그램 실행창]에 A=20, B=40이라고 나타난다.

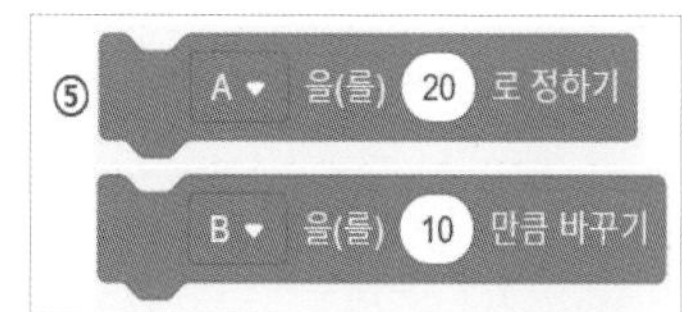

※ 정하기는 값이 변하지 않았고 [~만큼 바꾸기]는 클릭할 때마다 10만큼 증가시켰다. 즉 정하기는 초깃값 설정처럼 고정값을 말하고, ~만큼 바꾸기는 값을 변화시키는 것이다.

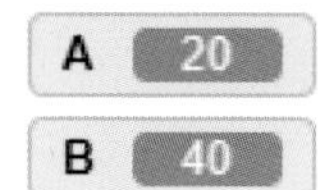

❻ [변수 보이기], [변수 숨기기]는 [프로그램 실행창]에 보일지 숨길지를 체크하는 것이다.

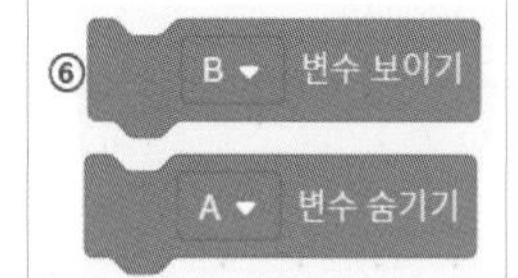

B 40

① 리스트 만들기

리스트 만들기 사용법

❶ "메뉴"라는 이름의 [새로운 리스트 만들기]를 한다.

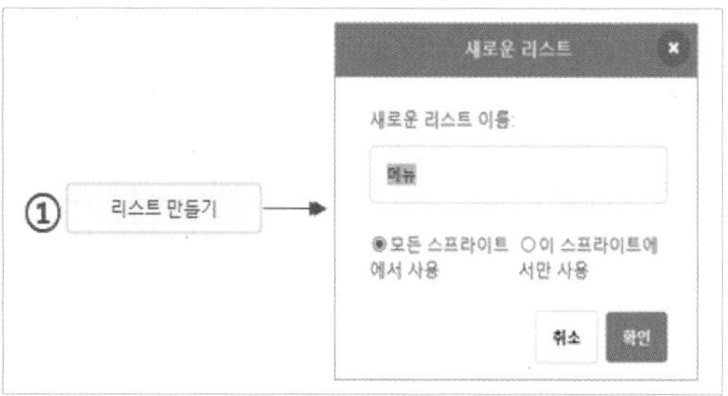

❷ "메뉴"를 체크하면 [프로그램 실행창]에 빈 리스트가 생성된 것을 확인할 수 있다.

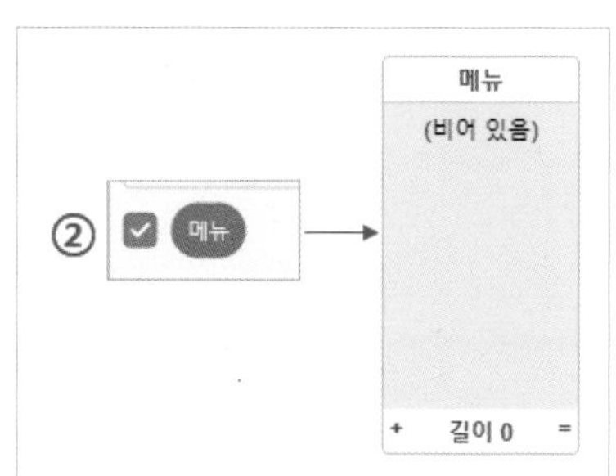

❸ [만두 을(를) 메뉴 ▾ 에 추가하기] : 오른쪽과 같이 [~을 메뉴에 추가하기] 버튼을 클릭하여 항목을 하나씩 추가한다. '+' 버튼을 클릭하여 직접 추가도 가능하다.

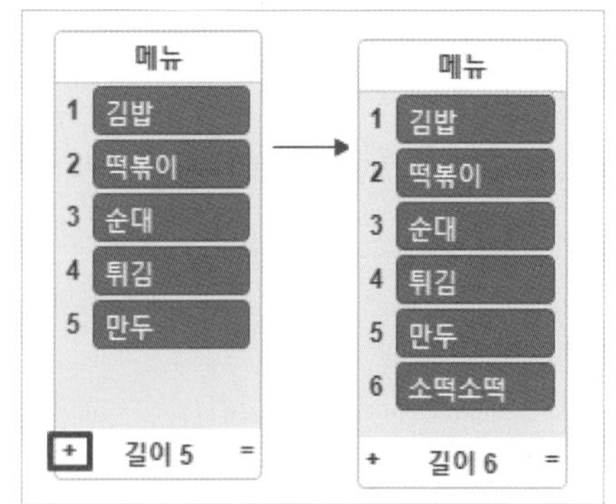

❹ [3 번째 항목을 메뉴 ▾ 에서 삭제하기] : [~번째 항목을 메뉴에서 삭제하기]는 리스트에서 몇 번째 항목만 삭제하는 것이다. 여기서는 3번째 항목인 "순대"를 삭제한 결과이다. 이후 리스트 항목 번호가 재정렬되었다.

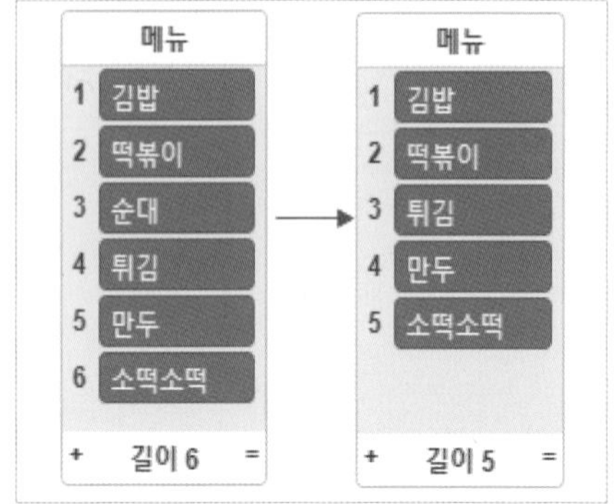

❺ [메뉴 ▾ 의 항목을 모두 삭제하기] : [메뉴의 항목을 모두 삭제하기]는 리스트의 모든 항목을 삭제하는 것이다.

❻ [김밥 을(를) 메뉴 ▾ 리스트의 1 번째에 넣기] : [~을 메뉴 리스트의 ~번째에 넣기]를 선택하여 "김밥" 항목을 1번째에 넣기 한다.

❼ [순대 을(를) 메뉴 ▾ 리스트의 1 번째에 넣기] : "순대"를 메뉴 리스트의 1번째에 넣기 한다.

메뉴
1 순대
2 김밥
순서가 바뀜
+ 길이 2 =

※ [리스트의 번째에 넣기]는 순서까지 지정해서 넣는다

⑧ 메뉴 ▾ 리스트의 1 번째 항목을 튀김 으로 바꾸기

: [~를 메뉴 리스트의 ~번째에 넣기]를 실행하면 원하는 항목을 리스트의 원하는 번째에 넣기 한다.
"떡볶이"를 메뉴 리스트의 2번째에 넣기 하면 1번과 2번 사이에 들어가게 된다.

⑨ 메뉴 ▾ 리스트의 1 번째 항목을 튀김 으로 바꾸기

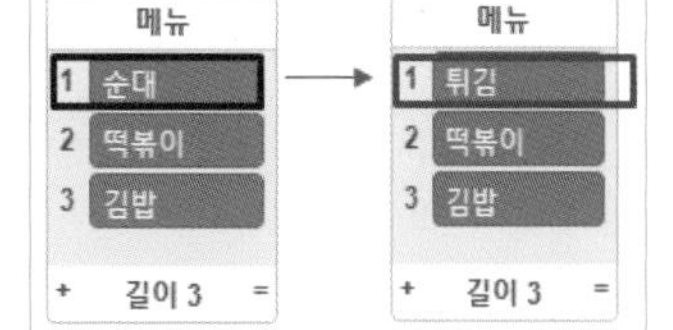

: [메뉴 리스트의 ~번째 항목을 ~으로 바꾸기]는 순서를 기준으로 바꾸기를 수행한다.
첫 번째 항목의 값이 원하는 값으로 변경된다.

⑩ 메뉴 ▾ 리스트의 2 번째 항목 / 떡볶이 : [메뉴 리스트의 ~번째 항목]은 리스트의 항목 ~번째 값을 가져온다. 여기서는 2번째 항목인 "떡볶이"가 출력된다.

⑪ 메뉴 ▾ 리스트에서 김밥 항목의 위치 / 3 : [메뉴 리스트의 ~ 항목의 위치]는 찾고자하는 항목의 위치를 출력한다. "김밥"의 위치는 3이다.

⑫

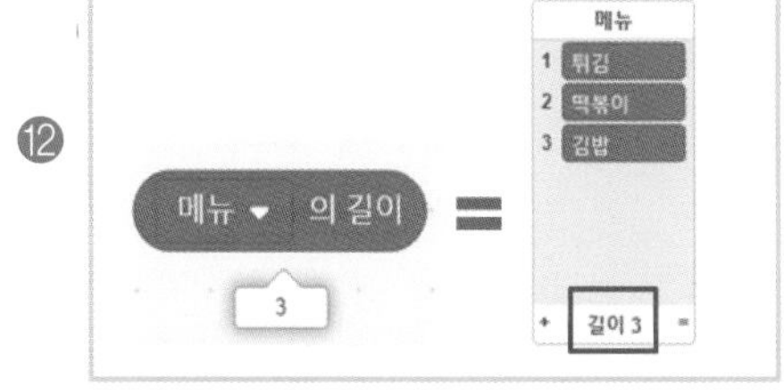

: [메뉴의 길이]는 리스트의 총 항목의 개수를 말한다.
총 3개가 들어가 있기 때문에 길이는 3이다.
오른쪽 [프로그램 실행 창]의 길이 번호와도 같다.

⑬ 메뉴 ▾ 이(가) 어묵 을(를) 포함하는가? / false : [메뉴가 ~을 포함하는가?]는 리스트의 항목 중 찾고자 하는 단어가 있는가를 알아보는 것이다.
"어묵"은 메뉴 리스트에 없으므로 "false"를 출력한다.

⑭ 메뉴 ▾ 리스트 숨기기 : [리스트 숨기기]는 [프로그램 실행 창]에서 리스트 숨기기이다.

▣ 실습하기 - 따라 하기(버킷 리스트 작성하기)

문제) 나의 버킷 리스트를 작성해 보세요.

■ 결과 미리보기　　　　　　　　　　완성 파일: 8. 변수 블록_버킷 리스트 작성하기.sb3

- 초기 화면

- 결과 화면

■ 스프라이트와 배경

■ 조건

- 'Dee' 스프라이트가 '나의 버킷 리스트를 작성해 볼게'라고 2초 말하고 '리스트를 추가, 삭제, 확인도 가능해~~' 라고 2초 말한다.
- [추가] 버튼을 클릭하여 버킷 리스트 항목을 추가한다. (신호 보내기 이용)
- [삭제] 버튼을 클릭하여 버킷 리스트 항목에서 삭제한다. (신호 보내기 이용)
- [확인] 버튼을 클릭하면 신호 보내기 후
- [결과 화면]처럼 'Dee' 스프라이트가 버킷 리스트의 개수와 항목을 나열한다. (신호를 받았을 때 이용)

■ 'Dee' 스프라이트 설정

클릭했을 때

❶ '버킷 리스트' 항목을 [리스트 숨기기]로 숨긴다.

※ [변수]에서 [리스트 만들기]를 선택하여 [버킷리스트] 변수를 생성한다.

❷ 기존에 있는 항목을 모두 삭제한다.

❸ '나의 버킷 리스트를 작성해 볼게'를 2초 동안 말하기 한다. '리스트를 추가, 삭제, 확인도 가능해~~'를 2초 동안 말하기 한다.

클릭했을 때
① 버킷리스트 ▾ 리스트 숨기기
② 버킷리스트 ▾ 의 항목을 모두 삭제하기
③ 나의 버킷 리스트를 작성해볼게 을(를) 2 초 동안 말하기
리스트를 추가, 삭제, 확인도 가능해~~ 을(를) 2 초 동안 말하기

❹ [추가] 신호를 받았을 때

❺ 버킷 리스트에 원하는 항목을 입력한다.

❻ ❺에서 입력한 [대답]을 [버킷 리스트에 추가하기] 한다.

④ 추가 ▾ 신호를 받았을 때
⑤ 버킷 리스트에 추가하고 싶은 것은? 라고 묻고 기다리기
⑥ 대답 을(를) 버킷리스트 ▾ 에 추가하기

❼ [삭제] 신호를 받았을 때

❽ 버킷 리스트에서 삭제를 원하는 항목을 입력한다.

⑦ 삭제 ▾ 신호를 받았을 때
⑧ 버킷 리스트에서 삭제하고 싶은 것은? 라고 묻고 기다리기
⑨ 대답 번째 항목을 버킷리스트 ▾ 에서 삭제하기

❾ ❽에서 입력한 [대답]을 [버킷 리스트에서 삭제하기] 한다.

❿ [확인] 신호를 받았을 때

⓫ 버킷 리스트의 개수를 [2초 동안 말하기] 한다.

⓬ 버킷 리스트의 항목을 [2초 동안 말하기] 한다.

■ '추가' 스프라이트 설정

클릭했을 때

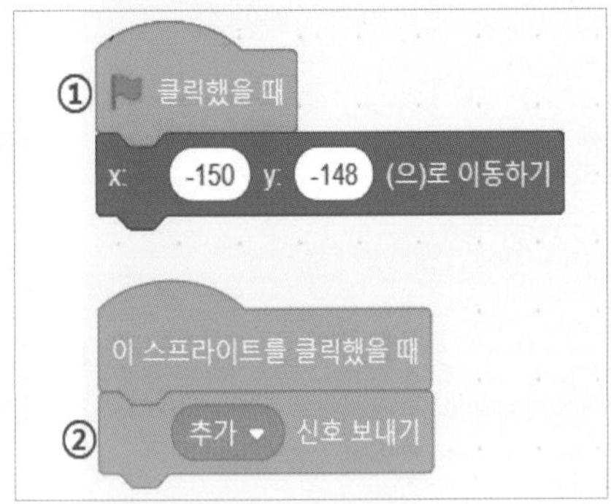

❶ 클릭했을 때 버튼의 위치를 [x: -150 y: -148의 위치로 이동하기] 한다.

❷ [이 스프라이트를 클릭했을 때], 즉 [추가] 버튼을 클릭했을 때 'Dee' 스프라이트에게 ['추가' 신호 보내기] 한다.

※ [새로운 메시지]에서 '추가'를 생성한다.

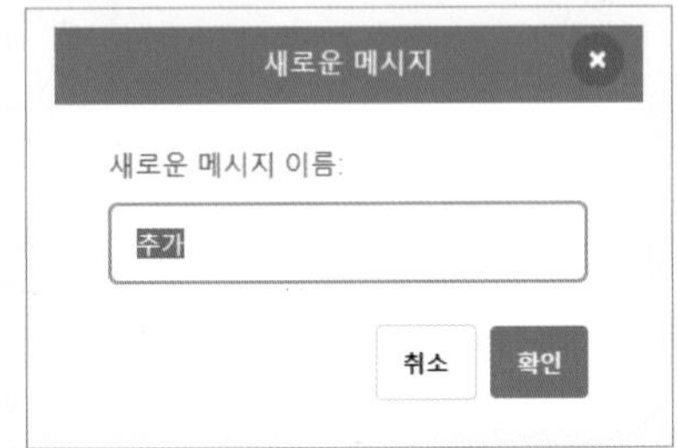

■ '삭제' 스프라이트 설정

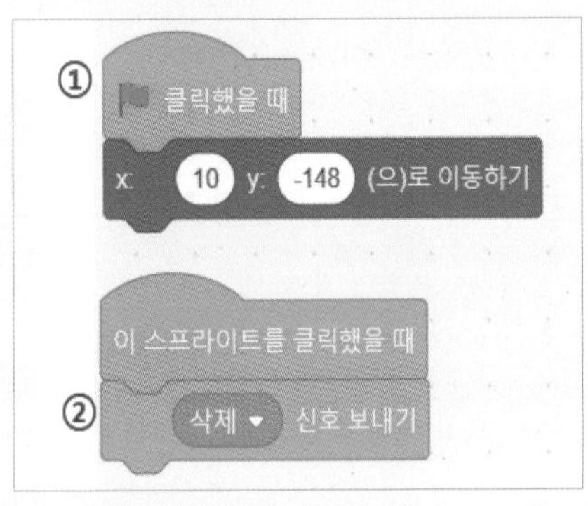

■ '확인' 스프라이트 설정

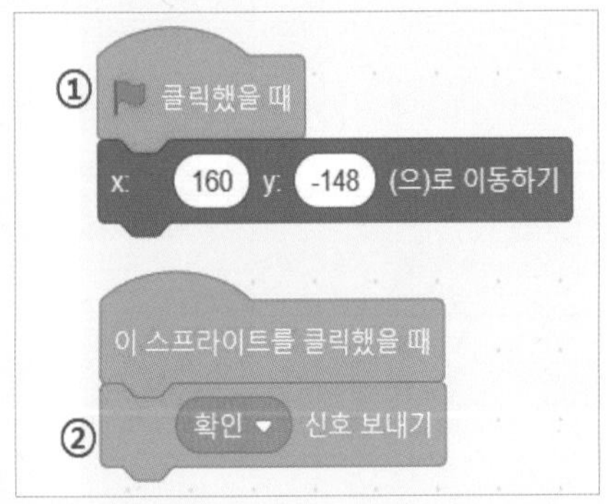

▣ 실습하기 - 심화학습(랜덤한 숫자 리스트)

문제) 무작위의 숫자 리스트 만들기

■ 결과 미리보기 완성 파일: 심화 풀이 8_랜덤한 숫자 리스트.sb3

- 초기 화면

- 결과 화면

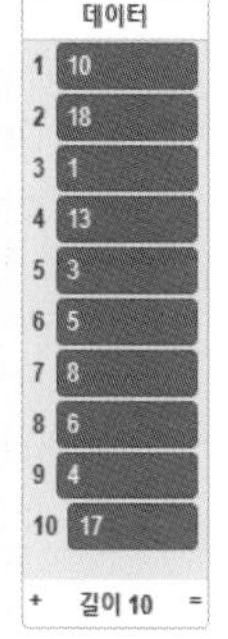

■ 스프라이트와 배경

■ 조건

- 'Giga' 스프라이트가 '무작위의 숫자 리스트를 만들어 볼까요?'라고 2초 말하기 한다.
- 클릭 시 기존의 모든 항목은 삭제한다.
- 리스트의 개수는 10개로 한다.
- 1~20 사이의 랜덤한 값을 발생시킨다.
- 만약에 발생한 값이 리스트에 포함되어 있지 않으면 값을 리스트에 추가한다.
- 리스트 생성 후 '짜잔~~' 하고 말하기 한다.

2.9 내 블록

내 블록은 스크래치에서 제공되지 않는 블록을 직접 만들 수 있다. 내 블록으로 필요한 값을 입력받아 다양한 기능을 수행할 수 있다.

▣ 내 블록

내 블록이란 스크래치에서 제공하지 않는 명령을 직접 만들어 사용하는 기능으로 함수 블록이라고도 한다. 또한, 중복 작업을 단순화하여 필요시 호출하여 사용한다. 호출할 때 주고받는 값을 인자 값과 매개변수라고 한다. 아래 그림은 함수 호출 시 진행되는 프로세스이다.

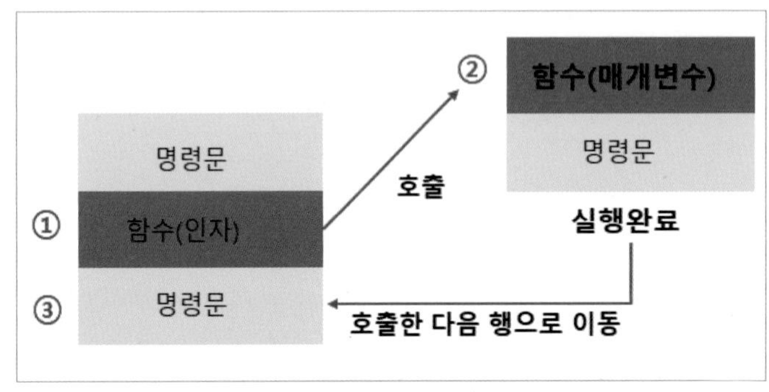

[그림 2-6] 함수 호출 프로세스

❶ 호출 전 명령문을 수행하다가 함수 호출을 한다. 이때 필요한 인자 값을 입력한다.

❷ 호출된 함수는 인자 값을 전달받아 매개변수에 할당하고 명령문을 수행한다.

❸ 함수의 실행이 완료되면 호출한 다음 행으로 이동한다.

① 블록 만들기

'더하기' 함수 블록을 호출하여 덧셈 결과를 말해 보자.

❶ 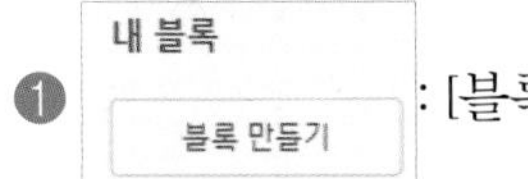

: [블록 만들기] 클릭

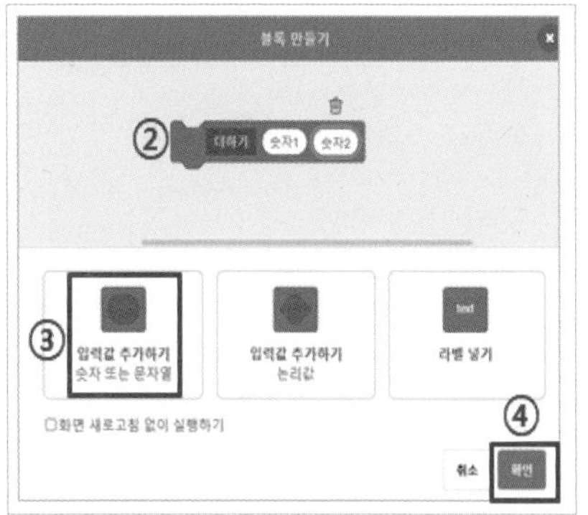

❷ 내 블록 이름은 '더하기'로 지정

❸ 두 개의 숫자를 입력받아야 하므로 [입력값 추가하기]를 2번 실행한 후 각각 '숫자 1', '숫자 2'로 변경한다.

❹ [확인] 버튼 클릭

❺ [더하기]라는 내 블록이 생성되었다.

❻ 결괏값을 저장할 변수를 생성한다.

❼ [나의 변수]에서 우클릭하여 [변수 이름 바꾸기] 클릭

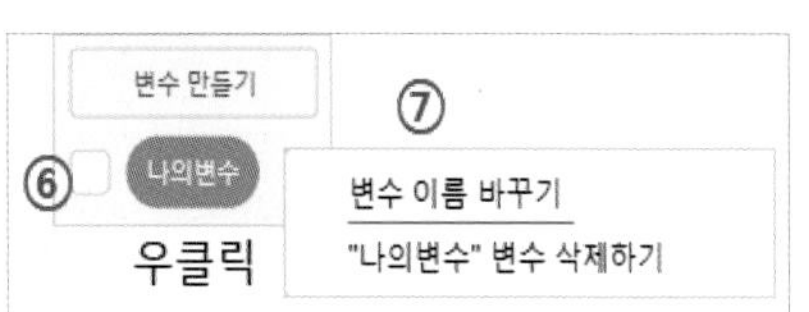

❽ [변수 이름 바꾸기]에서 변수 이름 '결과'를 입력한다.

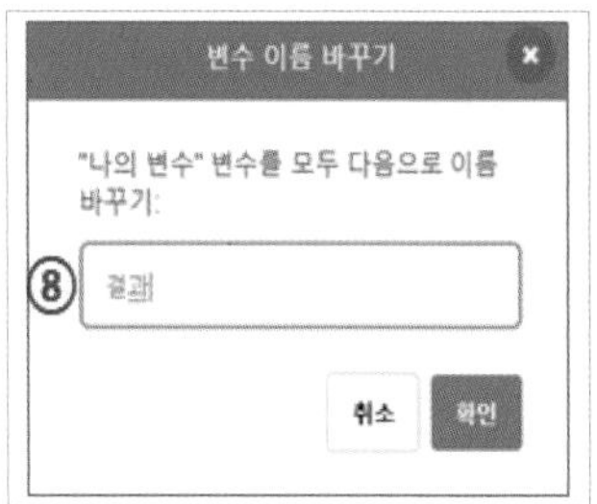

⑨ 결과 : [결과] 변수가 생성되었다.

오른쪽과 같이 작성한다.

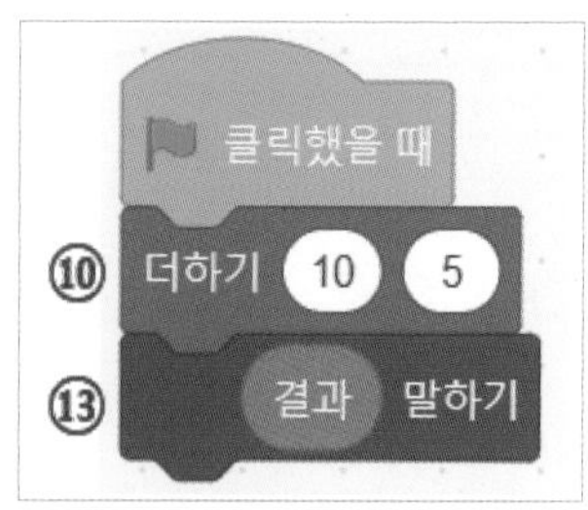

⑩ [클릭했을 때] [더하기] 블록을 호출한다. 이때 입력값으로 10과 5를 전달한다.

⑪ [더하기] 블록을 실행한다. [숫자 1]에는 입력 값 '10'이 [숫자 2]에는 입력값 '5'가 대입된다.

⑫ 입력받은 두 값을 더하기 하여 [결과] 변수에 저장한 후 ⑬으로 이동한다.

⑬ [결과] 변수에 저장된 값을 출력한다.

⑭ : 실행 결과이다.

TIP

함수 호출 시 인자의 개수와 매개변수의 개수는 같아야 한다.

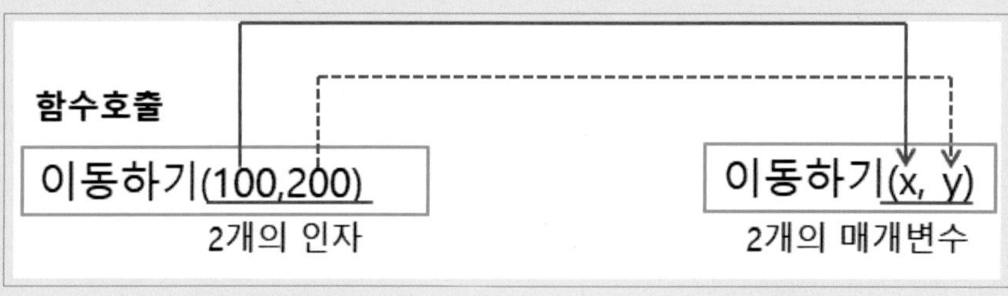

▣ 실습하기 - 따라 하기(홀수의 합 구하기)

문제) 원하는 값을 입력받아 내 블록을 이용하여 입력값까지의 홀수의 합을 계산하는 프로그램

■ 결과 미리보기

완성 파일: 9-1. 내 블록_홀수의 합 구하기.sb3

- 초기 화면

- 결과 화면

■ 조건

- 원하는 값을 입력한다.
- 입력값까지의 홀수의 합을 [내 블록]을 이용하여 구한다.
- [내 블록]에서 입력값 범위 내의 홀수를 출력하며 최종적으로 합을 구한 후 전달한다.
- 합을 출력한다.

■ 'Bear' 스프라이트 설정

클릭했을 때

❶ 값을 구할 'N' 변수를 초기화한다.

❷ 합계를 구할 '합' 변수를 초기화한다.

❸ 원하는 값을 입력한다.

❹ ❸의 대답을 [내 블록] [계산]을 생성한 후 호출한다.

❺ [내 블록] [계산]의 결과인 입력값까지의 홀수의 합을 출력한다.

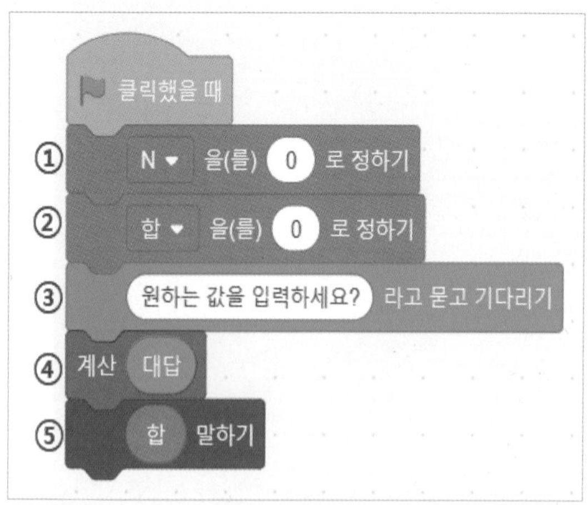

■ [내 블록] [계산] 작성하기

클릭했을 때

❶ 입력받은 '대답'의 값을 [계산]을 호출하여 'num'으로 전달한다.

❷ 입력받은 값 'num'을 ❸~❼까지 반복한다.

❸ 'N'값을 1만큼 증가한다.

❹ 만약 "N 나누기 2의 나머지 = 0이 아니면", 즉 홀수이면

❺ 홀수 값을 출력한다.

❻ [0.3초 기다리기]의 간격으로 ❺의 출력값을 확인한다.

❼ 홀수의 합을 구한다. 계산이 끝나면 'Bear' 스프라이트의 ❺번으로 돌아간다.

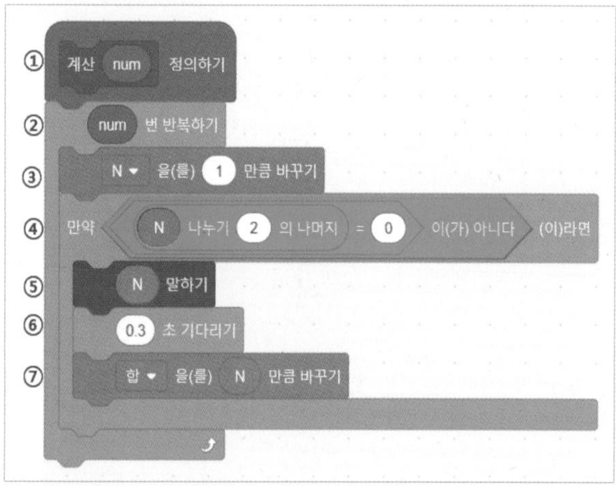

▣ 실습하기 - 따라 하기(점프하기)

문제) [내 블록]을 이용하여 발레리나 점프하기

■ 결과 미리보기 완성 파일: 9-2. 내 블록_점프하기.sb3

- 초기 화면

- 결과 화면

■ 조건

- 'Ballerina' 스프라이트를 선택하여 'Ballerian-a'의 모양으로 시작한다.
- [내 블록] [점프하기]를 호출한다.
- [내 블록] [점프하기]에서 점프하면서 '점프!!'라고 말한 후 착지한다.
- 초기 자세로 돌아간다.

■ 'Ballerina' 스프라이트 설정

클릭했을 때

❶ [내 블록] [점프하기]를 생성하여 호출한다.

❷ 모양을 'Ballerina-a'를 선택하여 초기 모양으로 돌아온다.

[점프하기]를 호출

❶ [점프하기] 정의하기

❷ [모양을 'ballerina-b'로 바꾸기] 선택

❸ [y좌표를 100만큼 바꾸기]를 선택하여 위로 100만큼 이동한다.

❹ [0.3초 기다리기]로 잠시 멈춘다.

❺ [모양을 'ballerina-c'로 바꾸기] 선택

❻ ["점프!!"를 1초 동안 말하기] 한다.

❼ [y좌표를 -100만큼 바꾸기]를 선택하여 아래로 -100만큼 이동한다. 즉 원래 자리로 돌아온다.

❽ [모양을 'ballerina-d'로 바꾸기] 선택

❾ [0.5초 기다리기] 후 [점프하기]를 호출한 다음 행으로 이동한다.

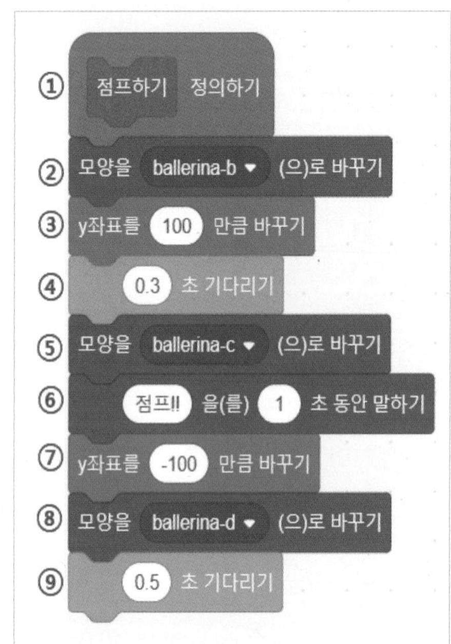

▣ 실습하기 - 심화학습(개구리 높이뛰기)

문제) 개구리 높이뛰기 놀이

■ 결과 미리보기　　　　완성 파일: 심화 풀이 9_개구리 높이뛰기.sb3

- 초기 화면　　　　- 결과 화면

■ 스프라이트　　　　■ 배경

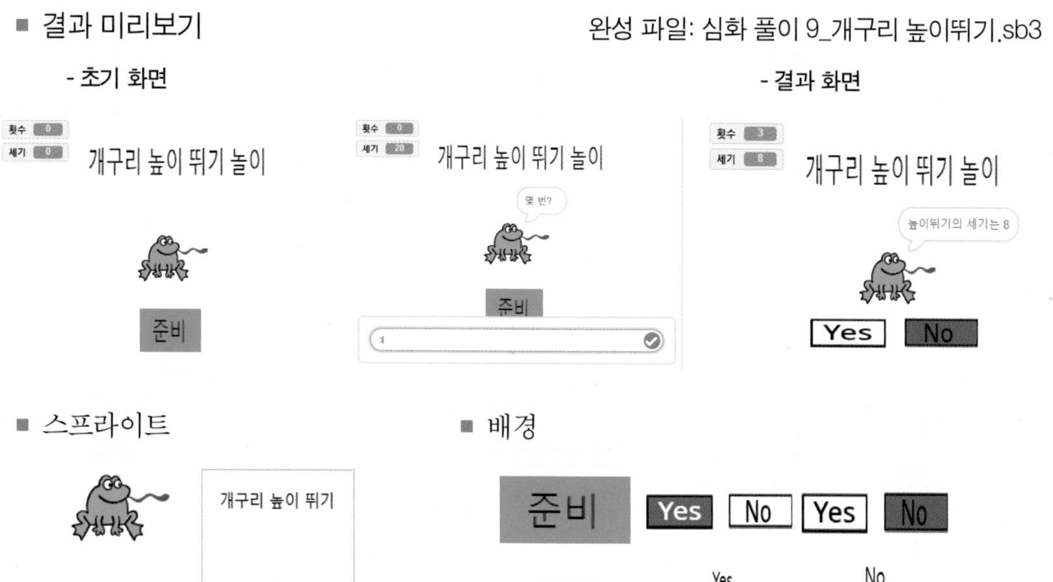

■ 조건

- 클릭했을 때
  - ▸ 개구리의 방향은 90도, 위치는 (0,0)으로 이동하고 배경은 [준비]로 설정
- 스페이스 키를 눌렀을 때
  - ▸ 횟수 변수를 0으로 초기화한다.
  - ▸ 높이뛰기 할 횟수를 입력한다.
  - ▸ 입력한 횟수만큼 [높이뛰기]의 세기와 [Yes/No] 블록을 호출한다.
  - ▸ 'Frog'는 위로 뛰면서 높이뛰기의 세기를 출력한다.
- [높이뛰기] 내 블록
  - ▸ 세기 변수는 [8부터 22 사이의 난수] 값으로 정한다.
- [Yes/No] 내 블록
  - ▸ 'num' 매개변수가 '15'를 초과하면 배경을 'Yes'로 바꾸고, 소리는 'Squeaky Toy'를 재생하고 그렇지 않으면 배경을 'No'로 바꾸고 소리는 'Wobble'를 재생한다.

2.10 확장 기능 추가하기

확장 기능 추가하기란 스크래치의 기본 기능 외에 다양한 하드웨어나 클라우드 서비스, 사용자만의 확장 카드 추가, 확장 블록 생성하기 등이 있다.

▣ 확장 기능 추가하기

확장 기능 추가하기는 메인 화면의 왼쪽 하단의 버튼을 눌러 추가한다.

확장 기능

확장은 추가 블록 모음으로 대부분은 물리적 컴퓨팅을 지원한다. 아래와 같이 다양한 기능을 제공하고 있다.

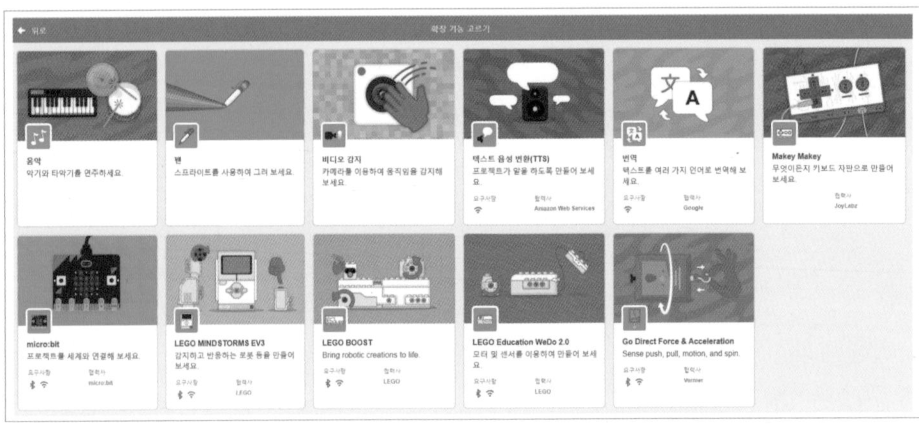

▣ 실습하기 - 따라 하기(음성 변환 번역)

문제) 한글을 영어로 번역하여 말하기

■ 결과 미리보기

완성 파일: 10. 확장 기능_음성 변환_번역.sb3

- 초기 화면

- 결과 화면

■ 스프라이트와 배경

Devin

Metro

■ 조건

- 스프라이트가 한글을 영어로 번역할 수 있도록 정한다.
- 번역하고 싶은 단어나 문장을 입력한다.
- 사용자가 입력한 단어나 문장을 영어로 번역한 후 음성으로 말한다.

■ 확장 기능 추가하기

확장 기능 추가하기 실습

❶ : 왼쪽 아랫부분의 [확장 기능 추가] 선택

❷ : [텍스트 음성 변환(TTS)]과 [번역]을 선택

❸ : [Text to Speech], [번역] 블록이 추가됨.

■ 'Devin' 스프라이트 설정

실습하기

❹ [언어를 영어로 정하기] 선택

❺ 번역하고 싶은 단어나 문장을 입력하기를 묻고 기다리기 한다.

❻ 입력한 단어나 문장을 영어로 번역하여 말한다.

❼ 입력한 단어나 문장을 영어로 음성으로 변환하여 말한다.

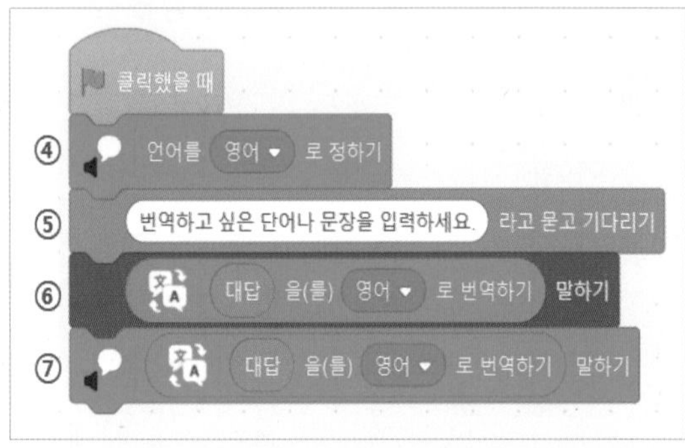

PART III

인공지능 실습 프로젝트

CHAPTER 01

머신러닝 for 키즈 개요

1. 머신러닝 for 키즈란?

AI 기술은 이미 우리 주변 다양한 분야에서 널리 이용하고 있다. 이메일의 스팸 필터링, 챗봇(쇼핑몰, 콜센터), 쇼핑(추천 알고리즘, AI 탈의실), 자율주행 자동차, 로봇 등이 모두 AI 기술이 적용되고 있는 대표적인 예이다. 머지않아 인공지능은 사람 대신 자동차를 운전하고 선생님을 도와 교육을 하며 의사를 도와 환자를 진료하는 등 우리 일상에서 뗄 수 없는 기술이 될 것이다. 비록 AI 기술을 보유하지 않은 초보자도 인공지능 플랫폼에서 제공하는 AI 기술을 활용하여 자신의 제품이나 서비스 개발이 충분히 가능하다.

'머신러닝 for 키즈'에서는 텍스트, 이미지, 숫자, 소리 등을 분류하는 머신러닝 모델을 만들고 스크래치를 활용하여 보다 쉽고 다양한 AI 활용 과제 개발이 가능하다.

2. 머신러닝 for 키즈 회원 가입

머신러닝 for 키즈로 머신러닝 프로젝트를 수행하기 위해서는 학습 데이터를 수집하고, 그 데이터로 머신러닝 모델을 훈련시키고, 이렇게 훈련된 모델로 실제 인공지능 프로그램을 개발하는 절차를 거치게 된다.

❶ 크롬(Chrome) 웹브라우저 실행한 후 구글에서 '머신러닝 for 키즈'로 검색하거나 주소창에 https://machinelearningforkids.co.uk를 입력하여 접속한다.

화면 상단에 로그인 버튼을 클릭하거나 메인화면 아래에 [시작해 봅시다]를 클릭한다.

1 먼저 여러 데이터를 모아보세요

2 데이터를 사용하여 인공지능을 훈련시켜보세요

3 인공지능을 사용하여 스크래치 게임을 만들어보세요

❷ '머신러닝을 시작해 봅니다' 화면에서 [계정 만들기]를 선택한다.

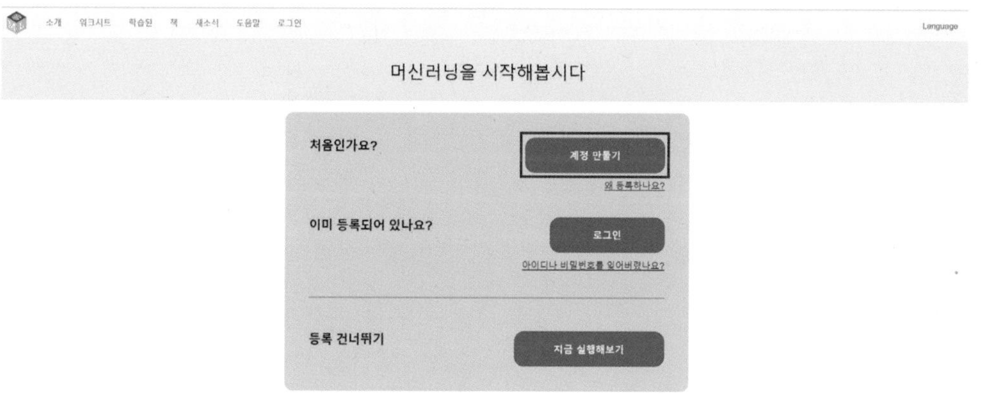

❸ '계정 만들기' 화면에서 [교사 혹은 코딩 클럽의 리더]를 클릭한다.

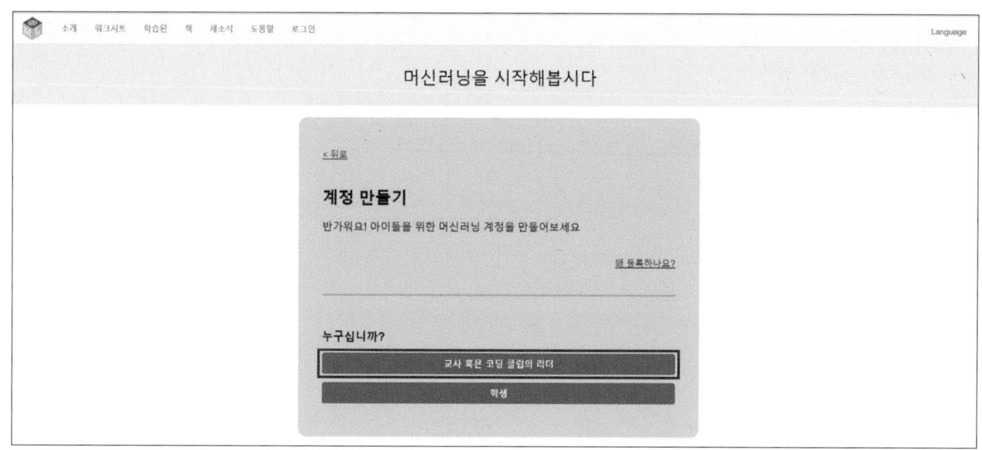

④ '교사 혹은 코딩 클럽의 리더입니까' 화면에서는 [계정 만들기]를 클릭한다.

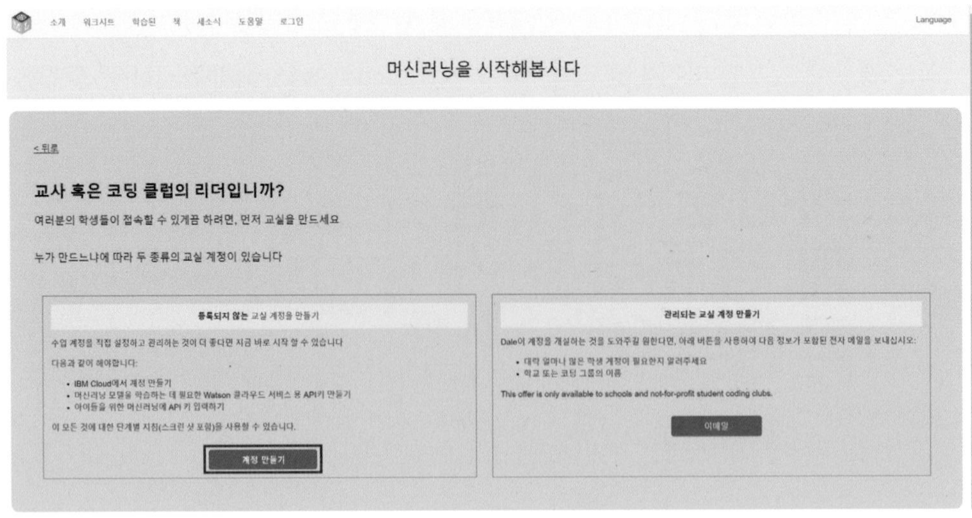

⑤ 사용자 이름(Username)은 띄어쓰기 없이 입력하고 , 이메일 주소(Email address), 사용 목적(Intended use) 등을 기입한다. IBM 클라우드 사용 시 발생하는 비용에 대한 책임을 묻는 체크박스에 클릭한다. 무료로 제공하는 왓슨 API 키만 사용하는 경우 따로 비용이 발생되지 않는다. [CREATE CLASS ACCOUNT]를 클릭한다.

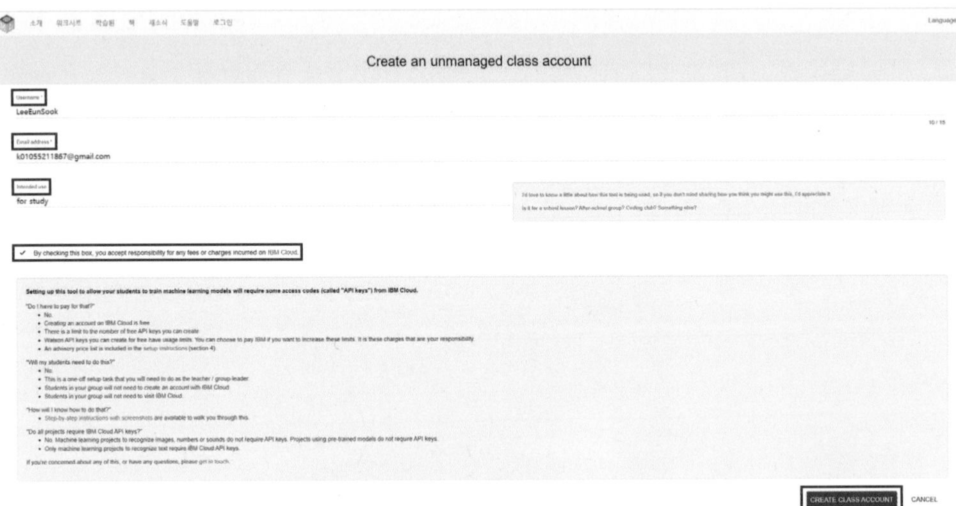

⑥ 이때 계정이 성공적으로 생성되었다는 메시지가 출력되고 계정 로그인을 위한 비밀번호가 표시된다. 이 비밀번호는 임시 비밀번호로 나중에 '비밀번호 찾기'를 통해 바꾸면 된다.

Your account has been created - your password is **pzuQpiKZiDVz**
Check your inbox for a confirmation email. You need to click the link in the email to activate your class account.

⑦ 계정 생성 시 입력한 이메일의 받은 편지함으로 가서 '머신러닝 for 키즈'에서 보낸 메일을 확인한다. [Confirm my account] 클릭하여 이메일 주소가 유효함을 확인한다.

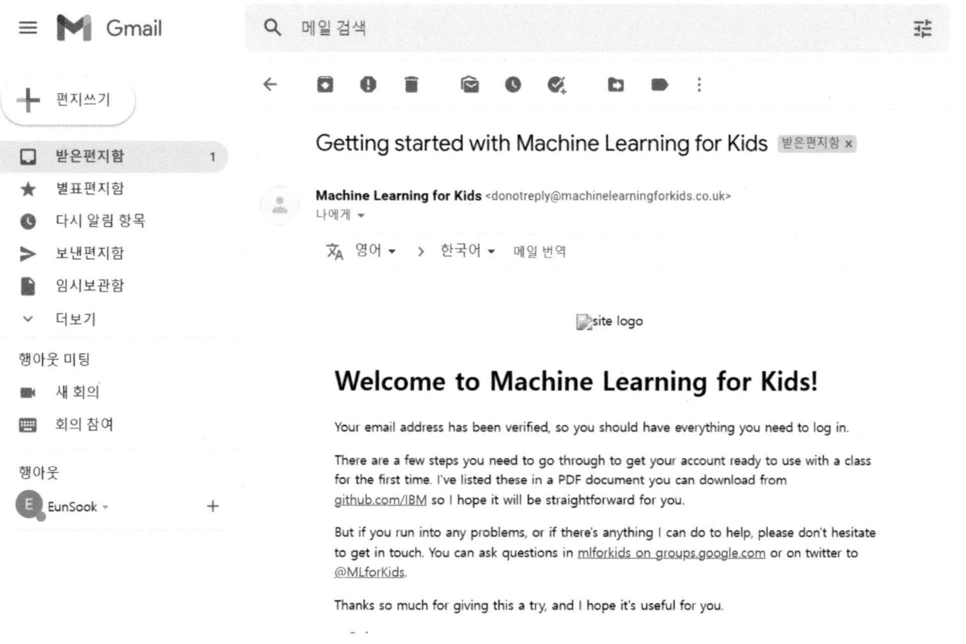

이메일 주소가 성공적으로 확인되었다는 알림창이 뜨면 이를 확인하고 [OK] 버튼을 클릭한다. 이후 증명된 이메일로 확인 메일이 하나 더 전송된다.

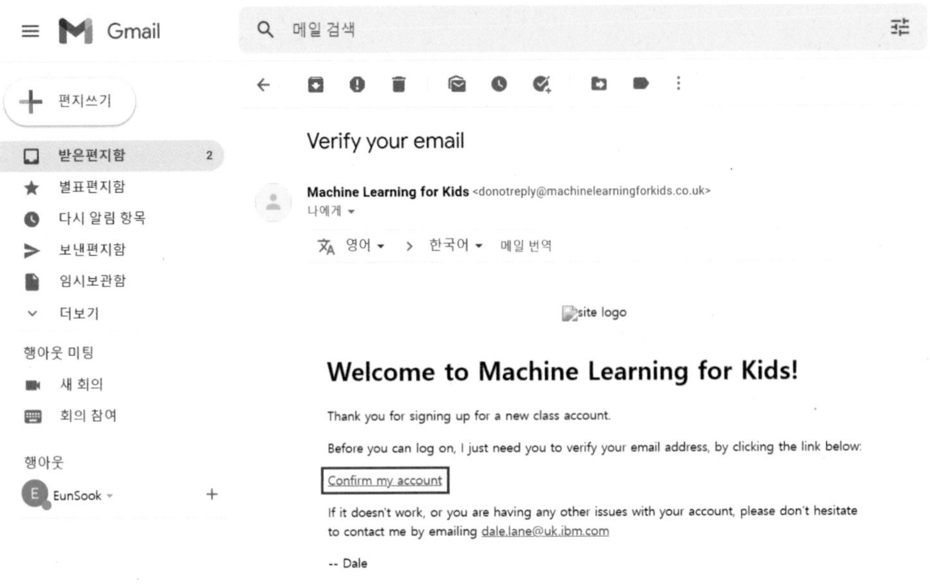

⑧ 임시 비밀번호를 바꿔 보자. 머신러닝 for 키즈 홈 화면으로 이동하여 화면 상단에 로그인 버튼을 클릭한다. [아이디나 비밀번호를 잊어버렸나요?]를 클릭한다. [교사 혹은 코딩 클럽의 리더]를 클릭한다.

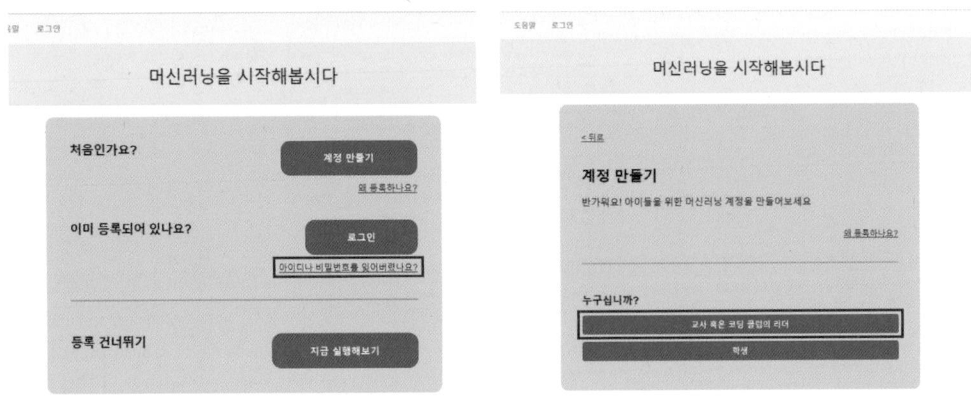

가입된 이메일 주소를 입력하고 [SEND EMAIL]를 클릭한다. 받은 메일함에 가면 'Reset your password' 제목의 메일을 클릭한다. 'clicking here' 문구를 클릭한다.

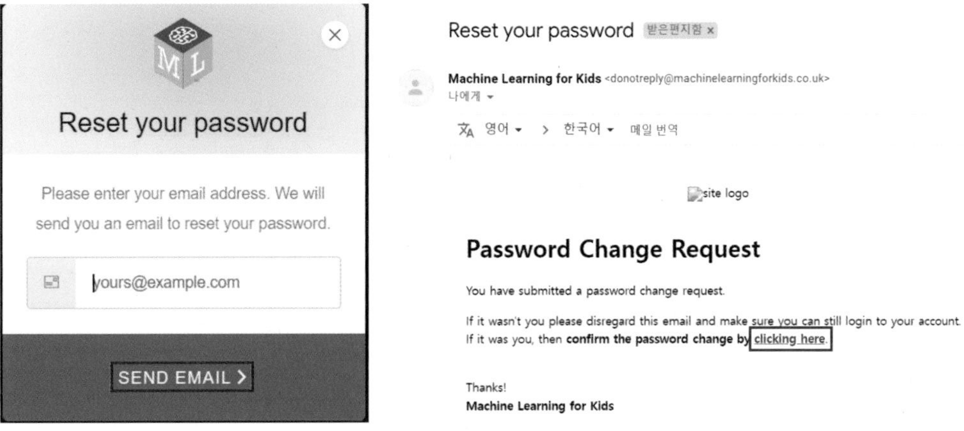

⑨ 비밀번호를 재설정할 수 있는 창이 출력되는데, 원하는 비밀번호를 입력하고 하단의 버튼을 클릭한다. 비밀번호 성공적으로 변경되었다는 창이 뜬다.

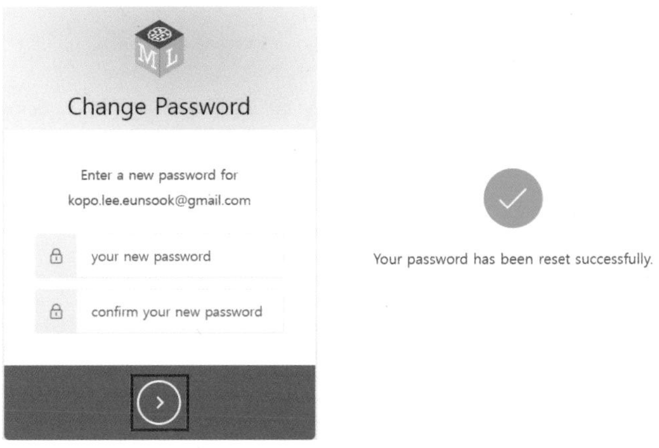

PART Ⅲ 인공지능 실습 프로젝트

⑩ 머신러닝 for 키즈 홈 화면으로 이동하여 화면에 로그인 버튼을 클릭한다. 사용자 이름과 변경된 비밀번호를 입력한 후 [LOG IN] 버튼을 클릭한다.

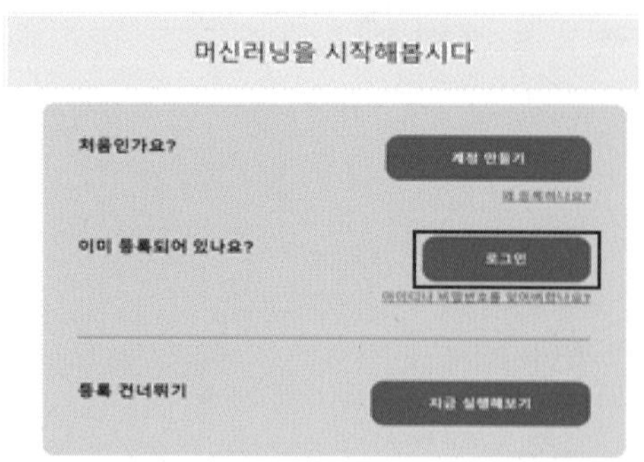

※ 왓슨 API 키 발급 및 등록

텍스트 분류 머신러닝 모델을 만들기 위해서는 IBM Watson의 API Key가 필요하다. 이를 위해서는 IBM 클라우드 사이트에 회원 가입을 하여 IBM Watson API Key를 발급받고 이를 머신러닝 for 키즈 계정에 등록해야 한다. 참고로 IBM Cloud 계정은 2021년 10월부터 모든 새 계정이 종량과금제로 되고 신원 확인을 위해 해외에서 사용 가능한 신용카드 정보를 입력해야 하는데, 해외 신용카드가 없는 경우 IBM 클라우드 회원 가입이 쉽지 않게 되었기에 이 부분은 생략하도록 한다.

CHAPTER 02 이미지 인식 프로젝트

이미지 인식 프로젝트를 통해 이미지 인식 머신러닝 모델 생성 방법과 스크래치에서 이미지 인식 머신러닝 모델을 활용하는 방법에 대해 알아보도록 한다.

1. 얼굴 인식 AI 실습

이번 프로젝트에서는 웹캠으로 자신의 얼굴을 찍어 얼굴을 인식할 수 있는 머신러닝 모델을 만들고 자신의 얼굴을 인식하면 잠금이 해제되고 얼굴을 인식하지 못하면 잠금이 되는 스마트폰 얼굴 인식 머신러닝을 제작하고자 한다.

<실습 내용>

이미지 인식 머신러닝 모델을 활용하여 사물의 사진을 분류하는 AI를 작성한다.

[STEP 1] 머신러닝 프로젝트 생성하기

❶ 크롬을 실행하여 주소창에 https://machinelearningforkids.co.uk/[1]을 입력한다.

❷ [Language] 를 클릭하고, [kr 한국어]를 선택한다.

❸ [시작해 봅시다]를 클릭한다.

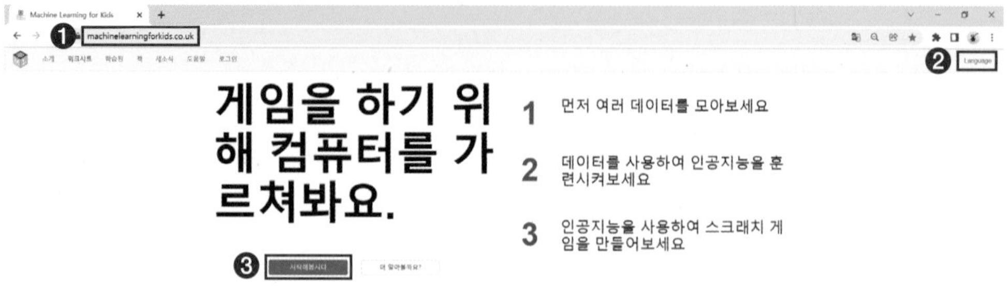

❹ 계정이 만들어져 있는 상태에서 [로그인]을 클릭하여 아이디와 비밀번호를 입력한다.

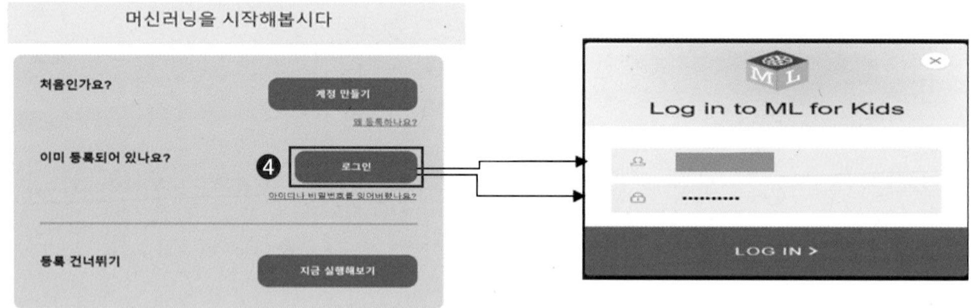

❺ 계정이 만들어져 있는 상태에서 로그인을 하면 홈 화면으로 이동하는데, 교사 또는 관리자로 회원 가입을 한 아이디로 로그인을 하면 관리 페이지로 이동 버튼과 프로젝트로 이동 버튼 두 가지가 생긴다. [프로젝트로 이동]을 클릭한다.

---

1 출처: https://www.dropbox.com/sh/6xtyln1fytei30x/AAA3j4loGPG8Ccc0wxtV99oia?dl=0 재편집

⑥ [프로젝트 추가]를 클릭한다.

⑦ 프로젝트 이름은 영어만 입력 가능하며, 프로젝트 이름은 'face lock', 인식은 [이미지]로 선택한 뒤 [만들기]를 클릭한다.

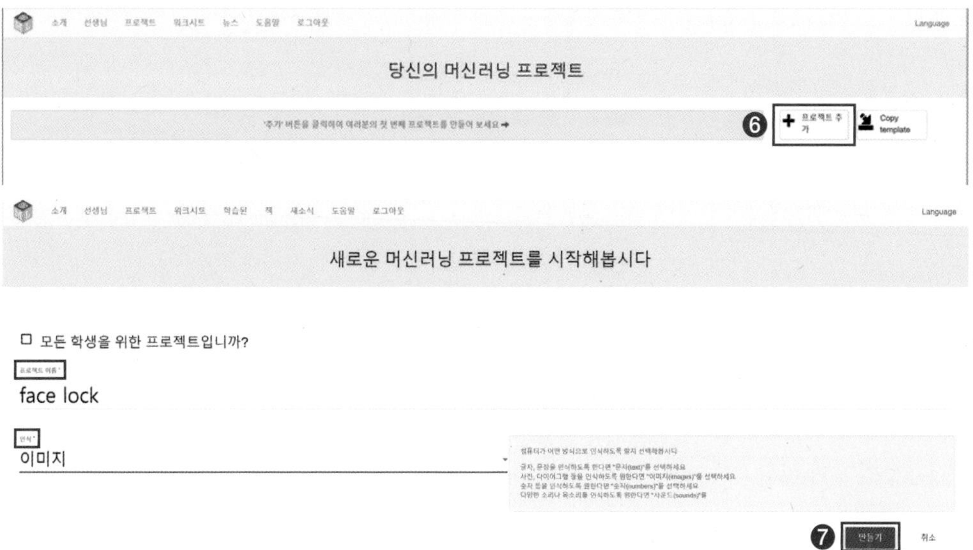

⑧ 만들어진 face lock 프로젝트를 클릭한다.

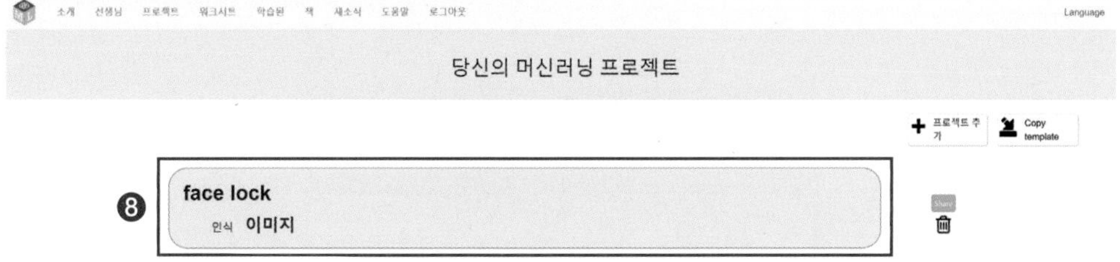

[STEP 2] 머신러닝 모델의 레이블 생성하기

❶ 만들어진 face lock 프로젝트를 클릭하면 그림과 같이 [훈련], [학습 & 평가], [만들기] 메뉴가 나타난다. [훈련]을 클릭한다.

❷ [+새로운 레이블 추가] 버튼을 클릭한다. 새로운 레이블 추가 팝업창이 뜨면 'Granted'를 입력하고 추가 버튼을 클릭하면 새로운 레이블인 〈'Granted'〉이 만들어진다. 레이블은 머신러닝 모델이 데이터를 인식하고 분류하여 내놓은 결과를 의미하며 레이블 이름은 영어만 가능하다.

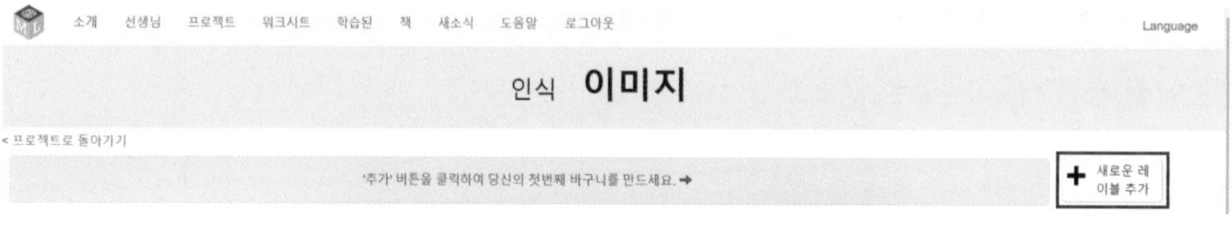

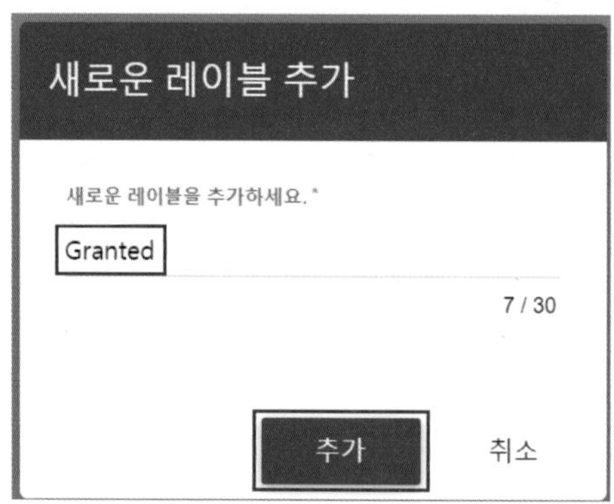

❸ 같은 방식으로 [+새로운 레이블 추가] 버튼을 클릭하여 'Locked' 레이블을 각각 생성하고 2개의 레이블이 정상적으로 생성되었는지 확인한다.

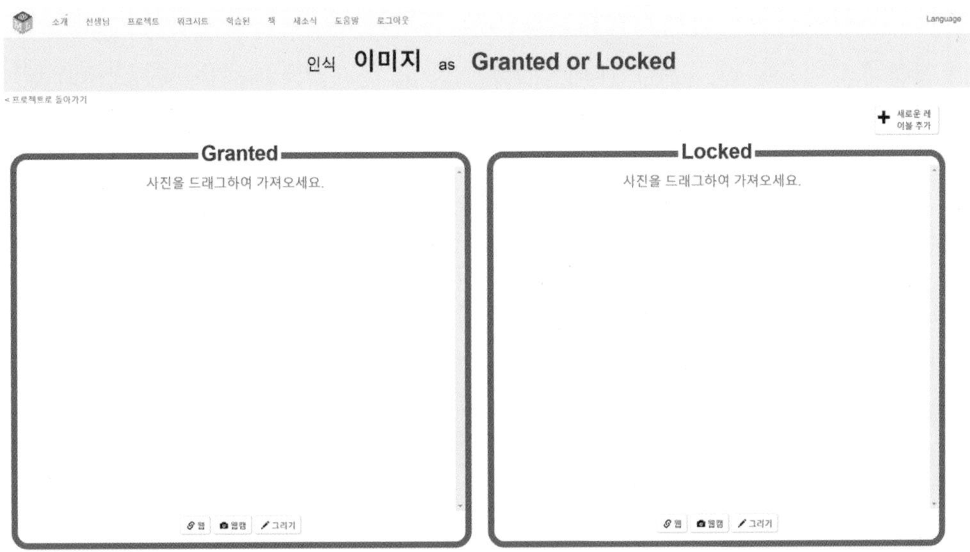

[STEP 3] 머신러닝 모델에 학습 데이터 추가하기

❶ 'Granted' 레이블에 학습 데이터를 추가하기 위해서 레이블 아래쪽에 있는 [웹캠] 버튼을 클릭한다. 혹 권한 요청 팝업창이 나타나면 [허용] 버튼을 클릭해 준다. 자기 얼굴을 웹캠에 보이도록 한 후, [추가] 버튼을 클릭한다. 이때 얼굴 촬영이 부담스러우면 인형을 대신해도 좋다. 이미지 분류 머신러닝 모델을 학습시킬 때는 레이블마다 최소 10개 이상의 학습 데이터를 사용하는 것이 좋다. 이미지 데이터는 각도, 표정, 초점, 거리 등을 고려한 다양한 데이터, 많은 데이터, 정확한 데이터를 수집하여 어떤 상황에서도 얼굴 인식이 잘 인식되도록 한다.

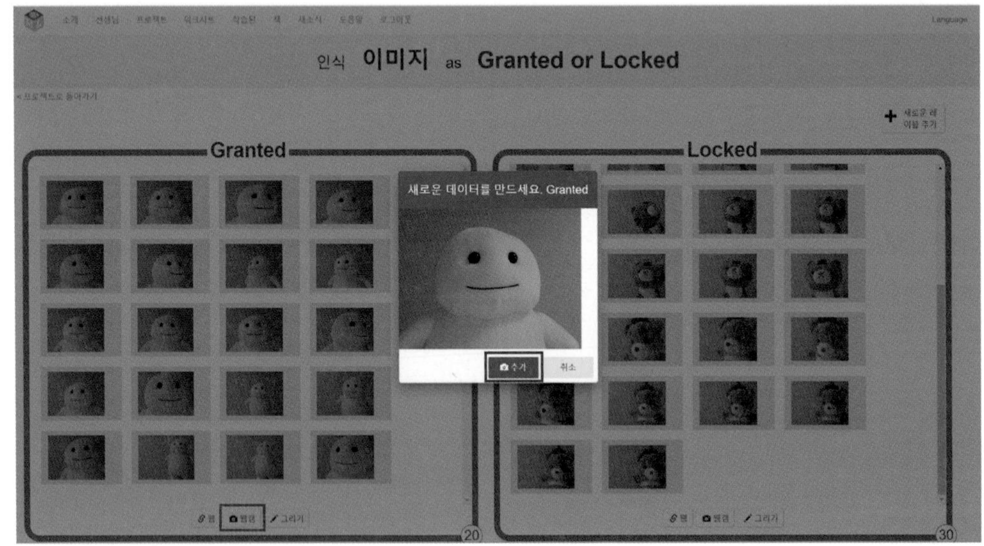

❷ 같은 방식으로 [Locked] 레이블에도 다른 사람의 얼굴 사진을 10장 이상 다양하게 추가해본다.

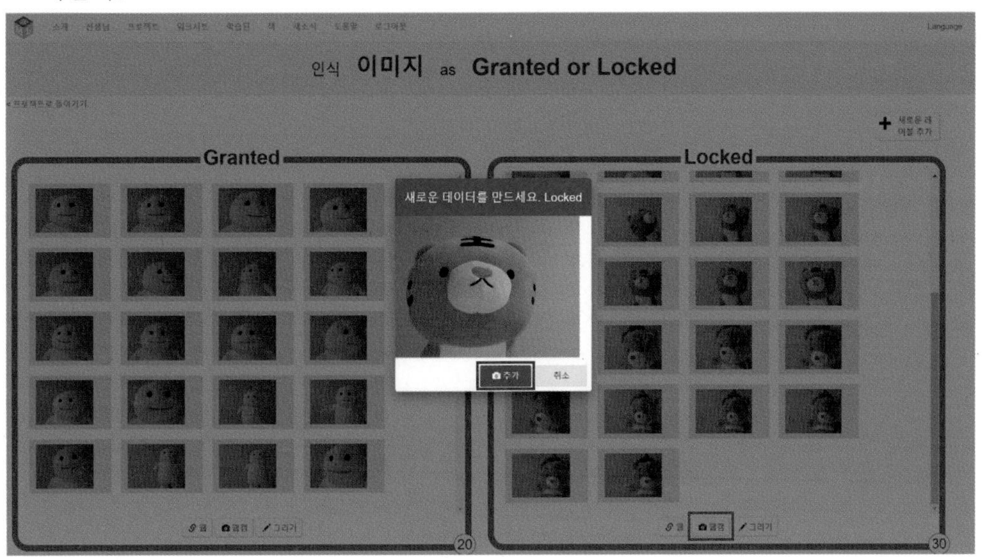

❸ 훈련 데이터 추가가 완료되면 [프로젝트로 돌아가기] 버튼을 클릭한다.

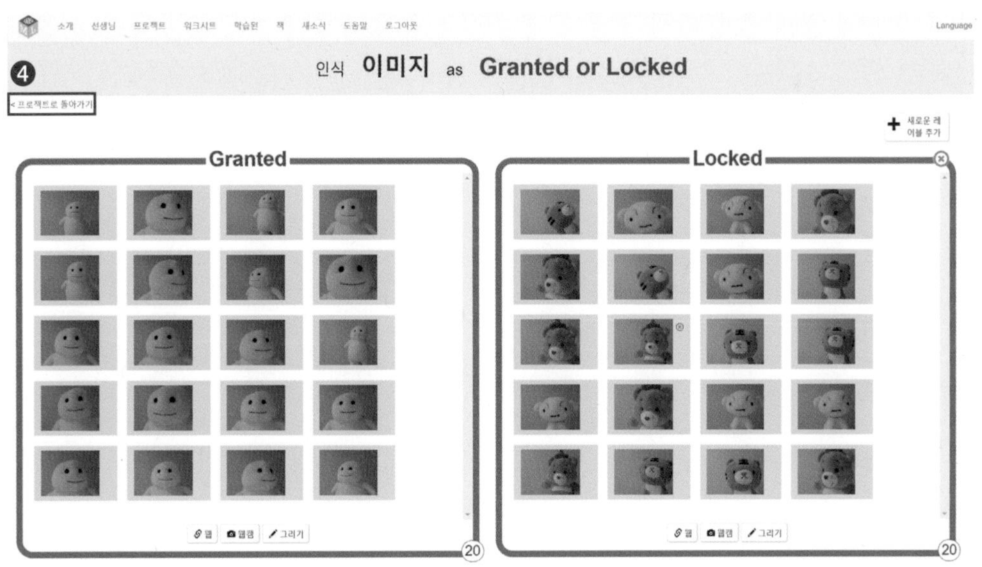

[STEP 4] 머신러닝 모델 학습하기

❶ [학습 & 평가] 버튼을 클릭한다.

❷ [새로운 머신러닝 모델을 훈련시켜 보세요]를 클릭한다. 이미지를 인식하는 머신러닝의 모델의 경우 텍스트에 비해 조금 더 시간이 걸리며 훈련 취소 버튼을 누르면 안 된다. 훈련이 완료되면 완료 텍스트와 테스트 창이 생기는데 무엇을 학습했는지 [웹캠으로 테스트하기], [그림 그리기로 테스트하기], [인터넷 자료로 테스트하기]를 통해 확인해 볼 수 있다. [웹캠으로 테스트하기]를 클릭하고 사진 테스트를 한다. 테스트 결과를 통해 컴퓨터가 학습을 잘 하였는지 확인할 수 있다.

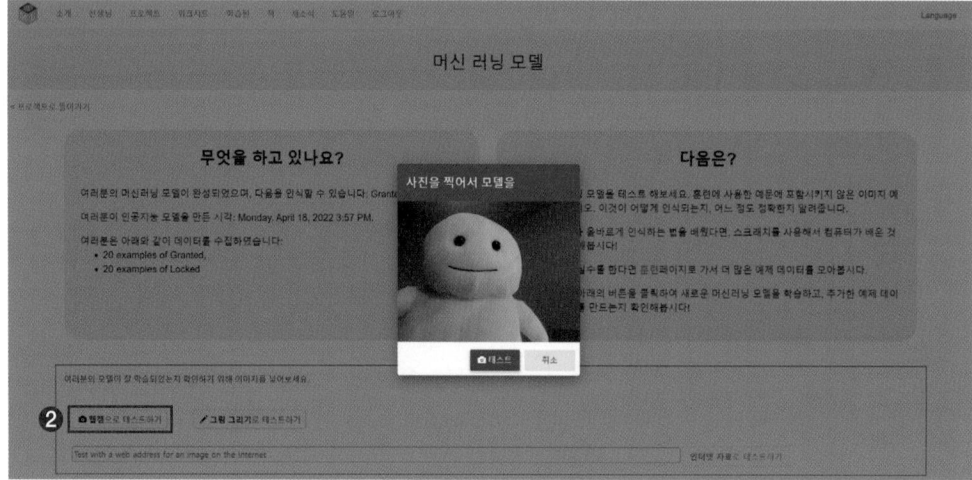

[STEP 5] 머신러닝 모델 평가하기

❶ 훈련이 완료되면 모델이 잘 학습되었는지 평가하기 위해 화면 중간에 테스트를 위한 텍스트 박스가 생성되고 모델의 상태값이 'Available'로 변경된다. 100% confidence을 가지고 Granted로 인식한다.

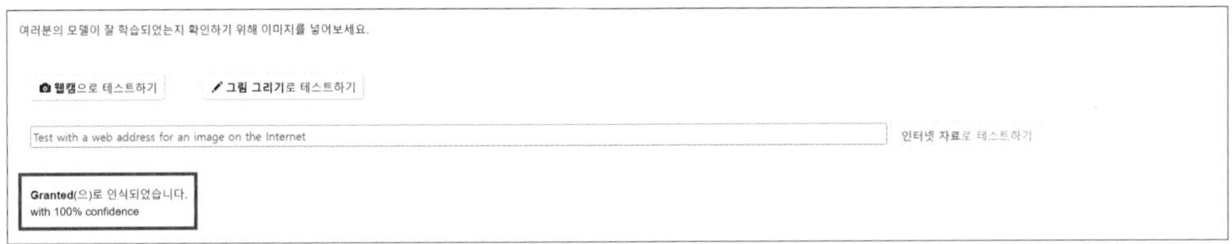

❷ 다음에는 훈련 데이터로 입력하지 않는 다른 사진을 테스트하면 98%의 확신을 가지고 Locked로 인식한다. 머신러닝 모델의 평가 결과가 만족스럽지 않다면 [훈련]과 [학습 & 평가] 단계를 반복하며 더 많은 훈련 데이터를 추가하고 평가하여 머신러닝 모델을 훈련시킨다. 머신러닝 모델의 평가 결과가 만족스럽다면 [프로젝트로 돌아가기] 버튼을 클릭한다.

[STEP 6] 머신러닝 모델로 프로그래밍 작성하기

❶ [만들기] 버튼을 클릭한다.

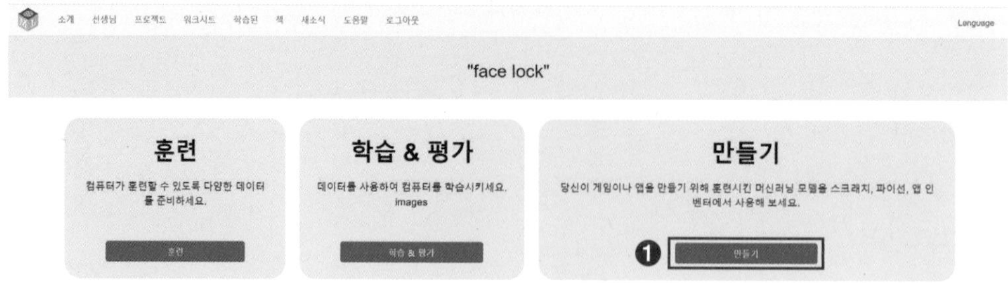

❷ [스크래치 3]을 클릭한다.

❸ [스크래치 3 열기]를 클릭한다.

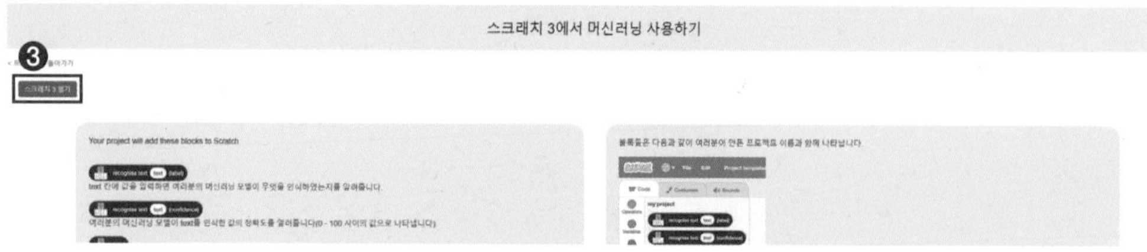

❹ 스크래치 프로그래밍 환경이 나타난다. 스크래치에서 머신러닝 모델을 활용할 수 있는 블럭은 '머신러닝 for 키즈'에서 [만들기]를 통해서만 사용할 수 있다.

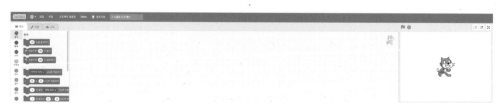

⑤ 상단 메뉴에서 [프로젝트 템플릿]을 클릭한 후 [얼굴 잠금 장치]을 선택한다.

⑥ 프로젝트를 열면 'front-camera' 스프라이트를 볼 수 있다.

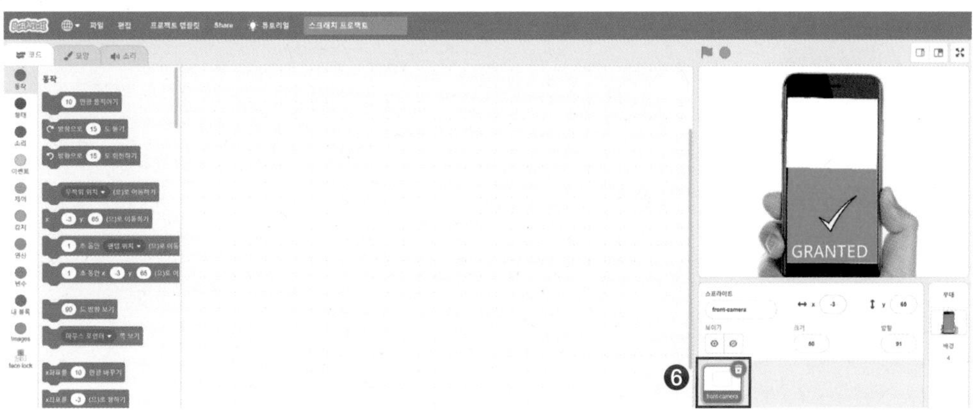

㉠ 배경 스프라이트를 선택한 후 ㉡ 배경 탭을 클릭하면 'phone', 'scanning', 'denied', 'granted' 네 개의 배경을 볼 수 있다.

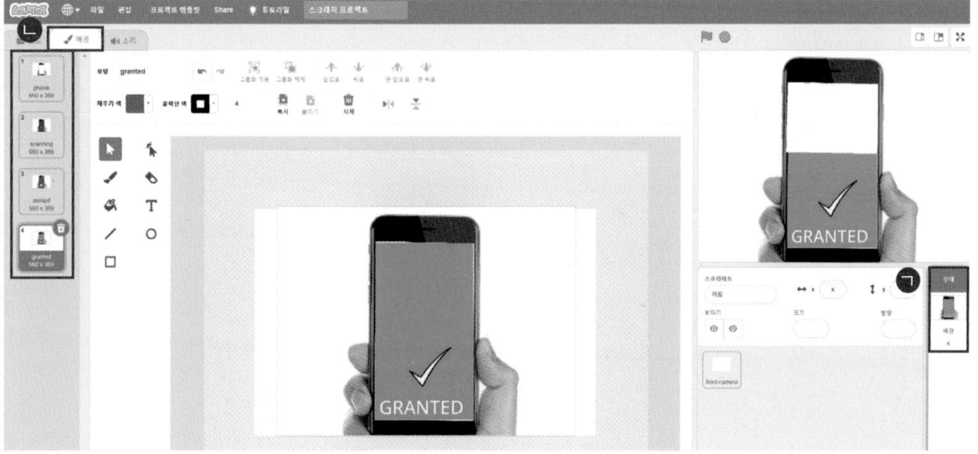

⑦ 지금부터는 face lock 머신러닝 모델을 활용하여 'front-camera' 스프라이트의 스크립트창에 코딩한다. 스마트폰 주인의 얼굴 사진을 인식할 수 있는 머신러닝 모델을 활용하여 주인 얼굴과 다른 얼굴을 자동으로 분류할 수 있다.

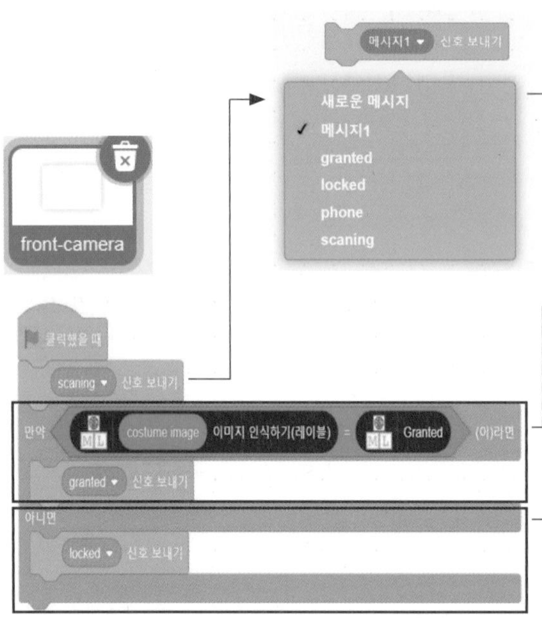

► 녹색 깃발을 클릭하면 'scanning', 신호를 보내기를 작성한다. 신호 보내기 작성은 이벤트 블럭에서 신호 보내기 명령어를 가져온 뒤 메시지 1을 클릭, 새로운 메시지 클릭 후 scanning 이라 입력하면 된다. 같은 방법으로 'locked', 'granted' 신호 보내기를 작성한다.

► 제어 블럭에서 만약~이라면, 아니다면 명령어를 가져온다. 만약에 스마트폰 주인의 얼굴을 인식하면 'granted' 하는 신호를 보내는 코드를 작성한다.

► 주인 얼굴이 아니면 locked 신호를 보내는 코드를 작성한다.

⑧ 배경 스프라이트를 클릭한다. 배경 탭에서 배경 이미지와 동일한 이름을 주기 위해 denied를 locked으로 모양 이름을 변경한다. 여기에서는 신호에 따라 무대 배경을 'scanning', 'locked', 'granted' 모양으로 바꾸면 된다.

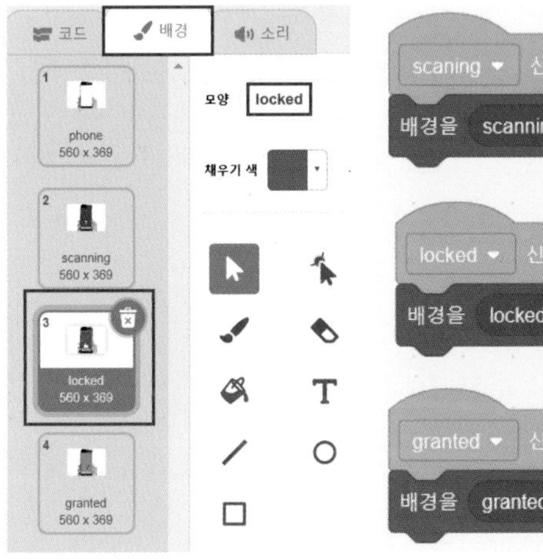

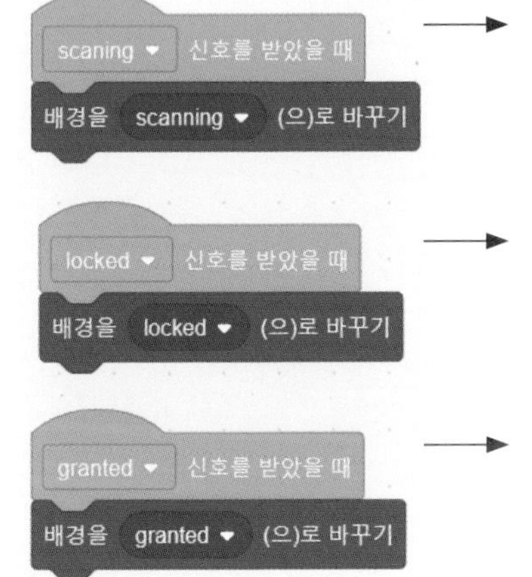

front-camera가 보낸 scanning 신호를 받았을 때 2번째 scanning 모양으로 바꾼다.

front-camera가 보낸 locked 신호를 받았을 때 3번째 locked모 양으로 바꾼다.

front-camera가 보낸 granted 신호를 받았을 때 4번째 granted 모양으로 바꾼다.

⑨ 'front-camera' 스프라이트을 클릭한 후 모양 탭을 클릭한다. 왼쪽 하단에 모양 고르기에서 카메라 버튼을 클릭한다. 테스트용으로 웹캠을 이용해 스마트폰 잠금 해제(granted) 사진과 잠금(locked) 사진을 한 장씩 찍어 저장한다. 이때 촬영한 사진이 너무 크면 'front-camera' 스프라이트의 크기를 32 정도로 변경한다.

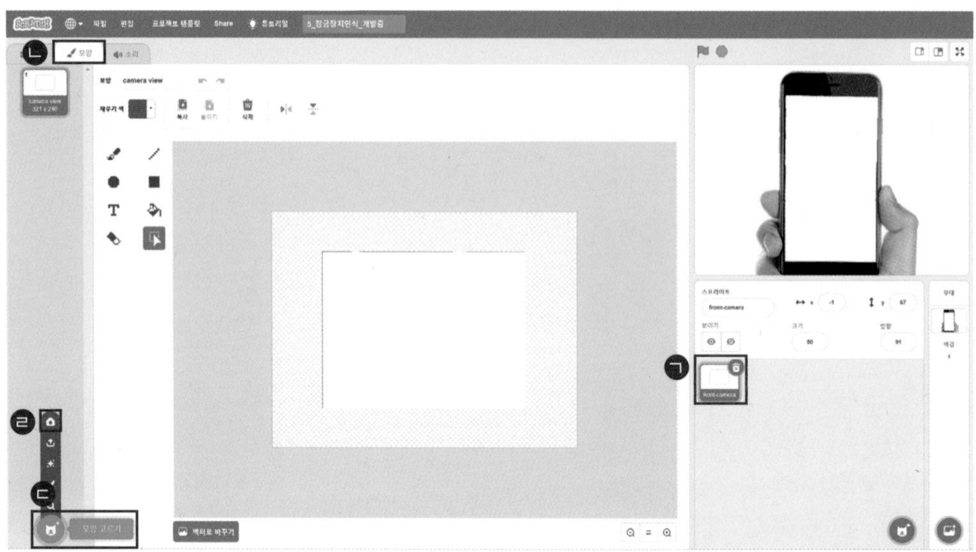

[STEP 7] 머신러닝 프로젝트 결과 보기

❶ 'front-camera' 스프라이트을 선택한 후 모양 탭에서 자신의 사진 혹 다른 사람의 사진을 선택한다. 녹색 깃발을 클릭하여 자신의 사진을 클릭했을 때 'granted'으로 인식되어 스마트폰이 해제되는지, 다른 사람의 사진을 선택했을 때 'locked'으로 잠금이 되는지 확인한다. 머신러닝 모델이 입력한 이미지를 인식하지 못한다면 스크래치 프로그램 내에서 학습데이터를 추가하여 새롭게 머신러닝을 학습시킨다. 더 좋은 사진과 더 많은 사진으로 인공지능 훈련을 시키면 인공지능이 보다 더 정확하게 분류할 수 있게 된다.

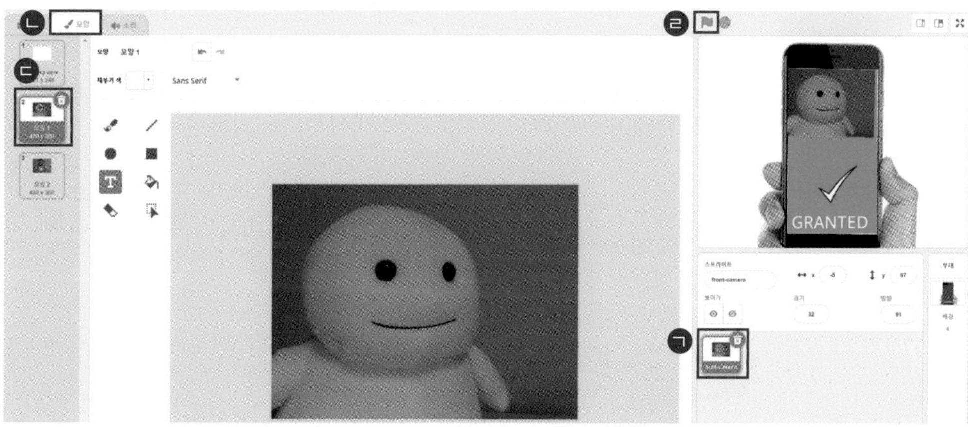

2. 사진 분류 AI 실습

이번 프로젝트에서는 뒤섞여져 있는 컵 사진과 자동차 사진을 인식하여 각각의 사물을 정확하게 분류하는 머신러닝을 제작하고자 한다.

<실습 내용>

❶ 웹사이트에서 가져온 여러 유형의 자동차 사진과 컵 사진으로 자동차와 컵을 구분하도록 머신러닝 모델을 훈련시킨다. 여기서 우리는 사진을 어떻게 분류하는지 컴퓨터에 알려주지 않고 단지 자동차와 컵 사진의 다양한 사례를 이용하여 비슷한 패턴으로 인식이 가능한 지도학습(supervised learning)으로 훈련한다.

❷ 스크래치로 훈련된 머신러닝 모델에 사진을 입력하면 스스로 판단하여 사진을 자동 분류하도록 제작한다.

❸ 그러고 나서 머신러닝 모델을 좀 더 편파적으로 만들고, 이것이 AI에게 미치는 영향을 고려하도록 안내한다.

[STEP 1] 머신러닝 프로젝트 생성하기

❶ 크롬을 실행하여 주소창에 https://machinelearningforkids.co.uk/을 입력한다.

❷ [Language]를 클릭하고, [kr 한국어]를 선택한다.

❸ [시작해 봅시다]를 클릭한다.

Machine Learning for Kids
machinelearningforkids.co.uk
Language
게임을 하기 위해 컴퓨터를 가르쳐봐요.
1 먼저 여러 데이터를 모아보세요
2 데이터를 사용하여 인공지능을 훈련시켜보세요
3 인공지능을 사용하여 스크래치 게임을 만들어보세요

④ 계정이 만들어져 있는 상태에서 [로그인]을 클릭하여 아이디와 비밀번호를 입력한다.

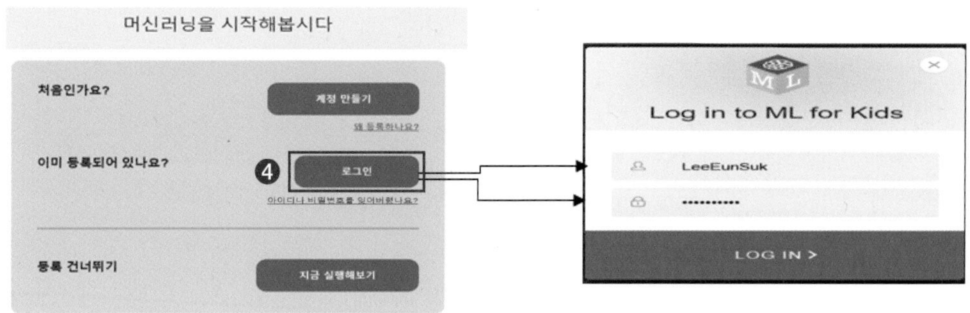

⑤ 로그인을 한 후 [프로젝트로 이동]을 클릭한다.

⑥ [프로젝트 추가]를 클릭한다.

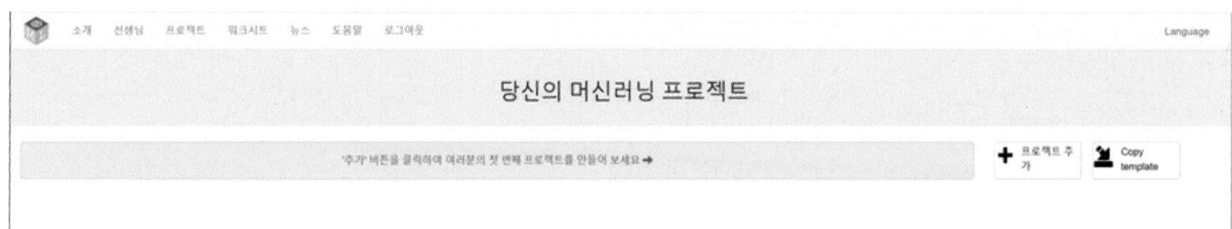

⑦ 프로젝트 이름은 영어만 입력 가능하며, 프로젝트 이름은 "Car Cup Classification", 인식은 [이미지]로 선택한 뒤 [만들기]를 클릭한다.

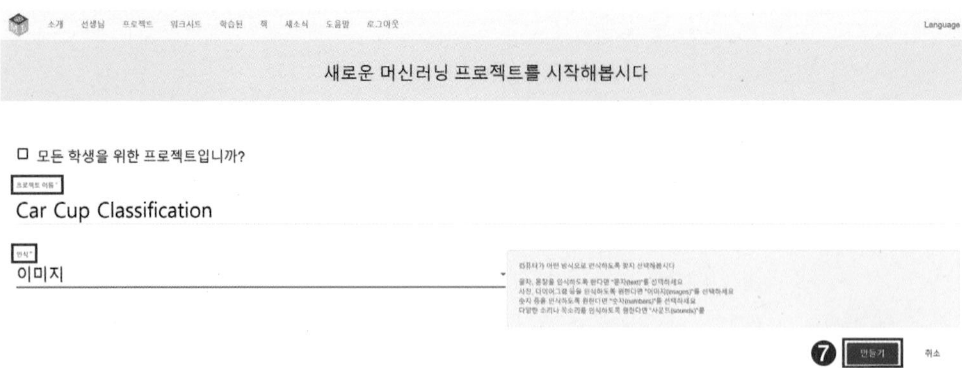

⑧ 만들어진 Car Cup Classification 프로젝트를 클릭한다.

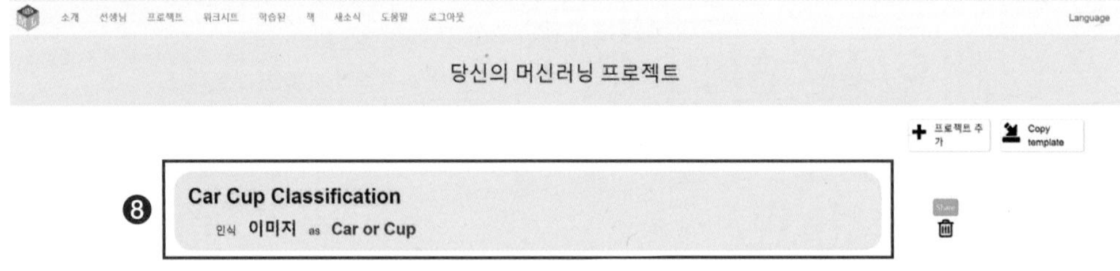

[STEP 2] 머신러닝 모델의 레이블 생성하기

① 만들어진 Car Cup Classification 프로젝트를 클릭하면 그림과 같이 [훈련], [학습 & 평가], [만들기] 메뉴가 나타난다. [훈련]을 클릭한다.

❷ [+새로운 레이블 추가] 버튼을 클릭한다. 새로운 레이블 추가 팝업창이 뜨면 'Car'를 입력하고 추가 버튼을 클릭하면 새로운 레이블인 〈'Car'〉이 만들어진다. 레이블은 머신러닝 모델이 데이터를 인식하고 분류하여 내놓은 결과를 의미하며 레이블 이름은 영어만 가능하다.

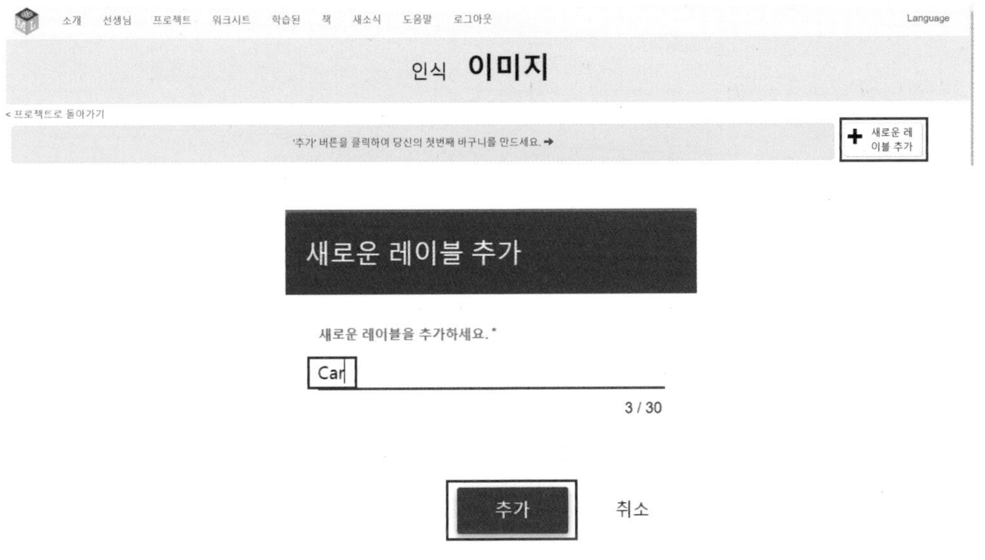

❸ 같은 방식으로 [+새로운 레이블 추가] 버튼을 클릭하여 'Cup' 레이블을 각각 생성하고 2개의 레이블이 정상적으로 생성되었는지 확인한다.

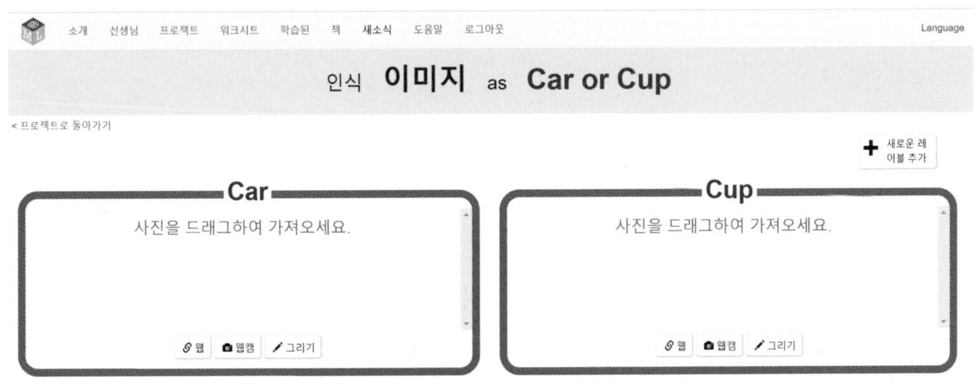

[STEP 3] 머신러닝 모델에 학습 데이터 추가하기

❶ 'Car' 레이블에 학습 데이터를 추가하기 위해서 새로운 크롬(chrome) 창을 열고 Machine Learning for kids 창과 나란히 둔다.

❷ 크롬 창에서 자동차 이미지를 검색한 후 자동차 사진을 드래그하여 왼쪽 Car 레이블에 넣는다. 사진이 많을수록 자동차와 컵 사진을 잘 구별하므로 10개 이상의 다양한 종류의 자동차 사진을 넣어 준다. 같은 방법으로 컵 사진을 검색하여 왼쪽 Cup 레이블에 넣어 준다. 이때 자동차와 컵 사진의 수를 같게 하도록 하며, 각 레이블 우측 하단에 입력한 데이터 개수를 확인한다. 이미지는 jpg 및 png 확장자만 사용 가능하다.

❸ 훈련 데이터 추가가 완료되면 [프로젝트로 돌아가기] 버튼을 클릭한다.

[STEP 4] 머신러닝 모델 학습하기

❶ [학습 & 평가] 버튼을 클릭한다.

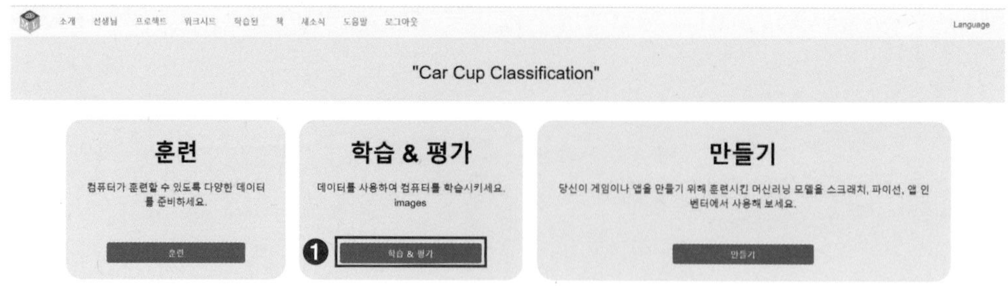

❷ [새로운 머신러닝 모델을 훈련시켜 보세요]를 클릭한다. 이미지를 인식하는 머신러닝의 모델의 경우 텍스트에 비해 조금 더 시간이 걸리며 훈련 취소 버튼을 누르면 안 된다. 훈련이 완료되면 완료 텍스트와 테스트 창이 생기는데, 무엇을 학습했는지 [웹캠으로 테스트하기], [그림 그리기로 테스트하기], [인터넷 자료로 테스트하기]를 통해 확인해 볼 수 있다. [그림 그리기로 테스트하기]를 클릭하여 컵을 그려보거나 [인터넷 자료로 테스트하기]를 클릭하여 구글에서 이미지(jpg와 png) 주소 URL을 입력한다. 테스트 결과를 통해 컴퓨터가 학습을 잘하였는지 확인할 수 있다.

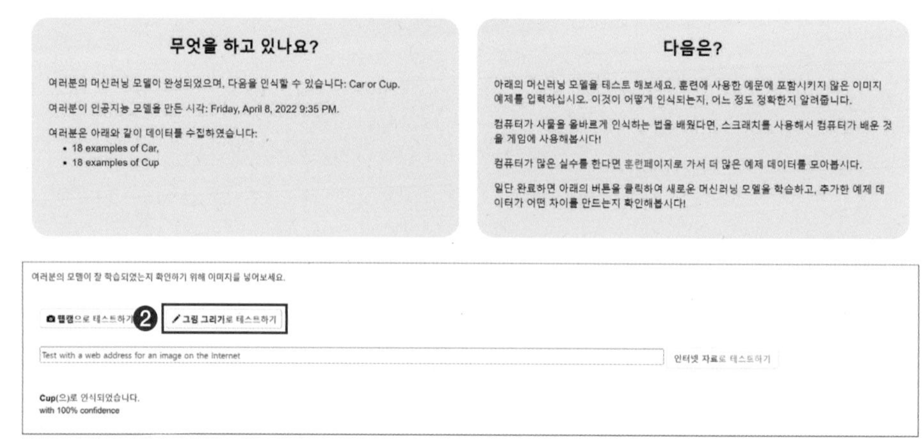

다음에는 훈련 데이터로 입력하지 않는 자동차 사진을 테스트해 본다. 머신러닝 모델의 평가 결과가 만족스럽지 않다면 [훈련]과 [학습 & 평가] 단계를 반복하며 더 많은 훈련 데이터를 추가하고 평가하여 머신러닝 모델을 훈련시킨다. 머신러닝 모델의 평가 결과가 만족스럽다면 [프로젝트로 돌아가기] 버튼을 클릭한다.

[STEP 5] 머신러닝 모델로 프로그래밍 작성하기

지금까지 우리는 컴퓨터가 자동차와 컵 사진을 인식할 수 있도록 규칙을 적는 대신 자동차와 컵 사진을 모았고 이 사진들은 머신러닝 모델을 훈련시키는 데 사용되었다. 관련 이미지의 몇 가지 형태의 데이터만 입력하여 비슷한 내용으로 인식을 하는 방식인 지도학습(Supervised learning)으로 머신러닝 모델이 훈련을 하였다. 이제부터는 몇 가지의 이미지만으로도 컴퓨터가 제대로 명령어를 인식하는지 프로그래밍을 통해 확인해 볼 단계이다.

❶ [만들기] 버튼을 클릭한다.

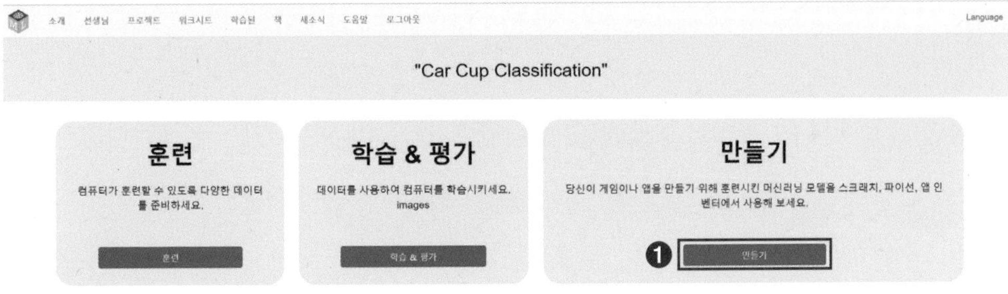

❷ [스크래치 3]을 클릭한다.

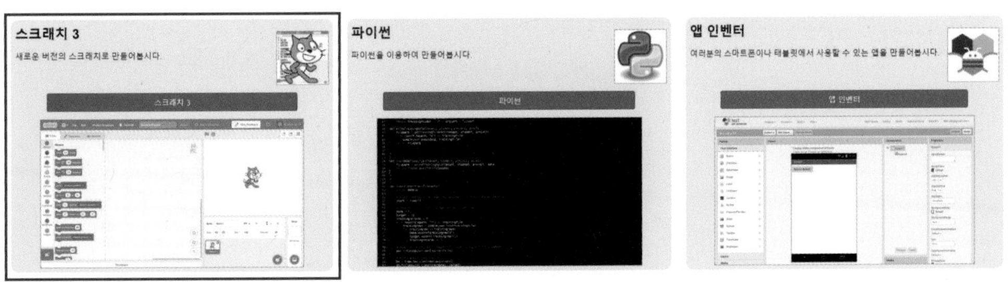

③ [스크래치 3 열기]를 클릭한다.

④ 스크래치 프로그래밍 환경이 나타난다. 스크래치에서 머신러닝 모델을 활용할 수 있는 블럭은 '머신러닝 for 키즈'에서 [만들기]를 통해서만 사용할 수 있다.

⑤ 상단 메뉴에서 [프로젝트 템플릿]을 클릭한 후 [자동차 또는 컵]을 선택한다.

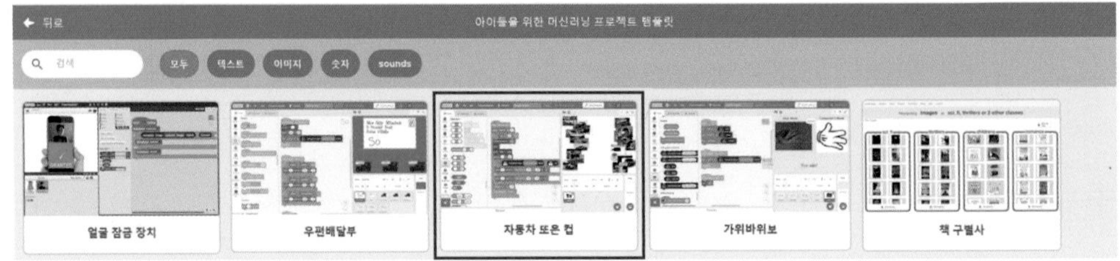

⑥ 스프라이트 목록에서 "mystery" 스프라이트를 선택한 후 먼저 초록색 깃발을 눌러 본다. "mystery" 스프라이트의 다양한 자동차와 컵 사진들이 차곡하게 쌓이는 것을 확인할 수 있다.

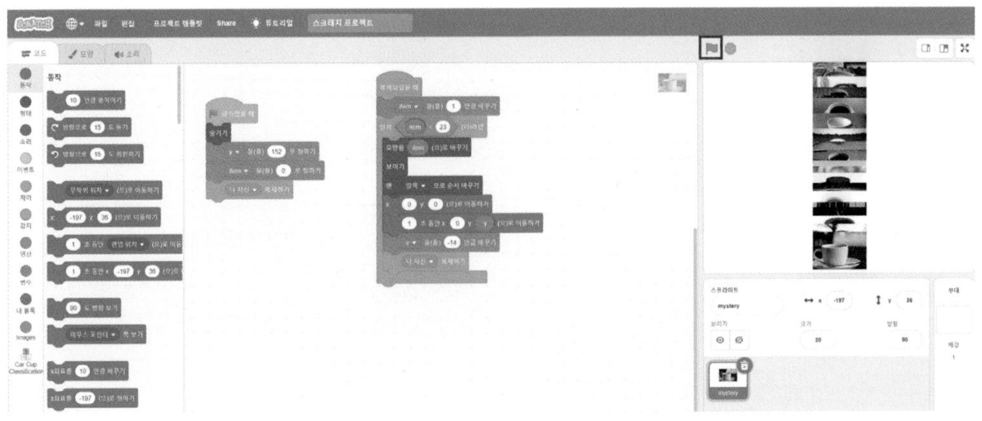

"mystery" 스프라이트의 다양한 자동차와 컵 사진들이 22개 있으며 모양 탭에서 확인할 수 있다.

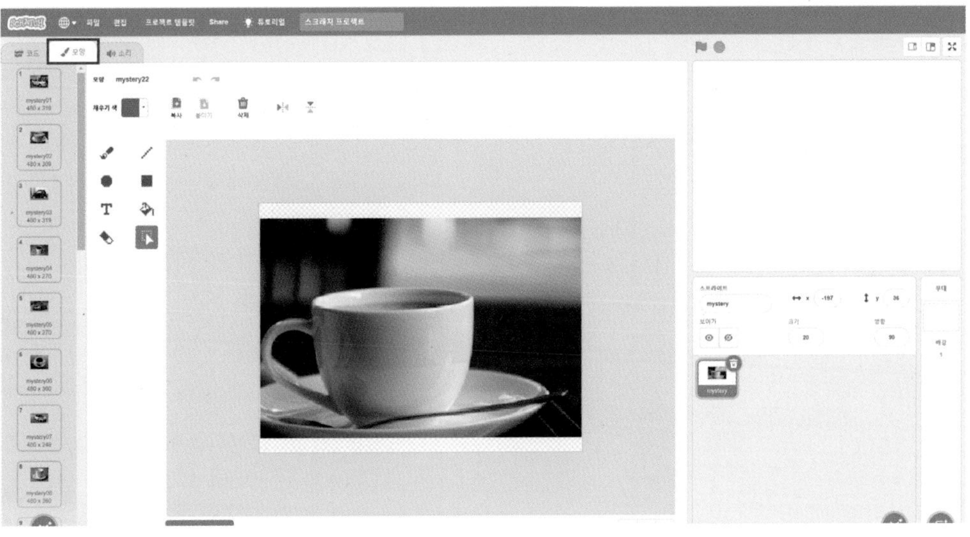

"mystery" 스프라이트를 선택 후 깃발을 눌러 ❻과 같이 실행이 된 것은 [자동차 또는 컵] 프로젝트 템플릿에 기본적인 코딩이 되어 있기 때문이며, 이것을 간단하게 살펴보도록 한다.

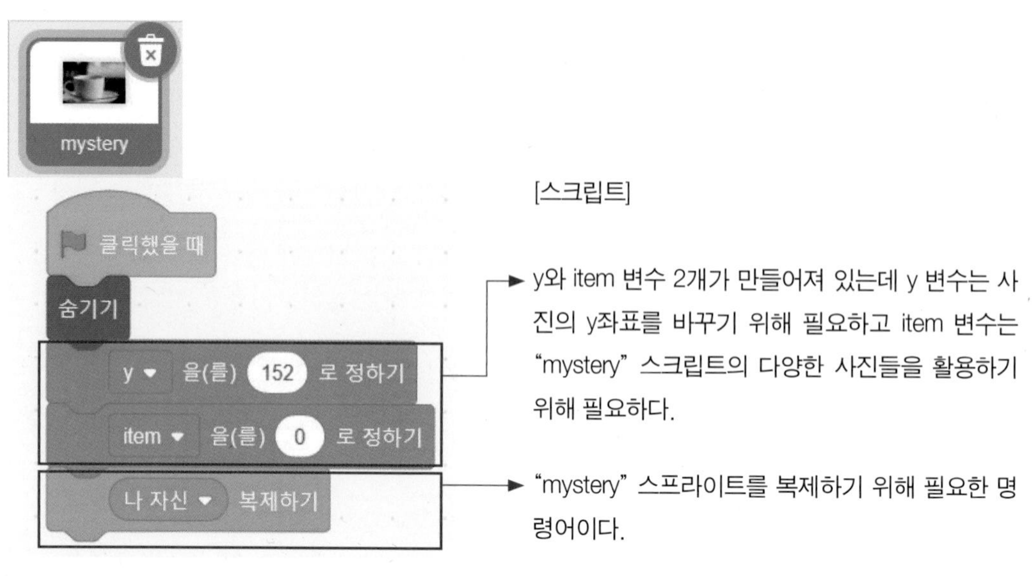

mystery
클릭했을 때
숨기기
y 을(를) 152 로 정하기
item 을(를) 0 로 정하기
나 자신 복제하기
[스크립트]
y와 item 변수 2개가 만들어져 있는데 y 변수는 사진의 y좌표를 바꾸기 위해 필요하고 item 변수는 "mystery" 스크립트의 다양한 사진들을 활용하기 위해 필요하다.
"mystery" 스프라이트를 복제하기 위해 필요한 명령어이다.

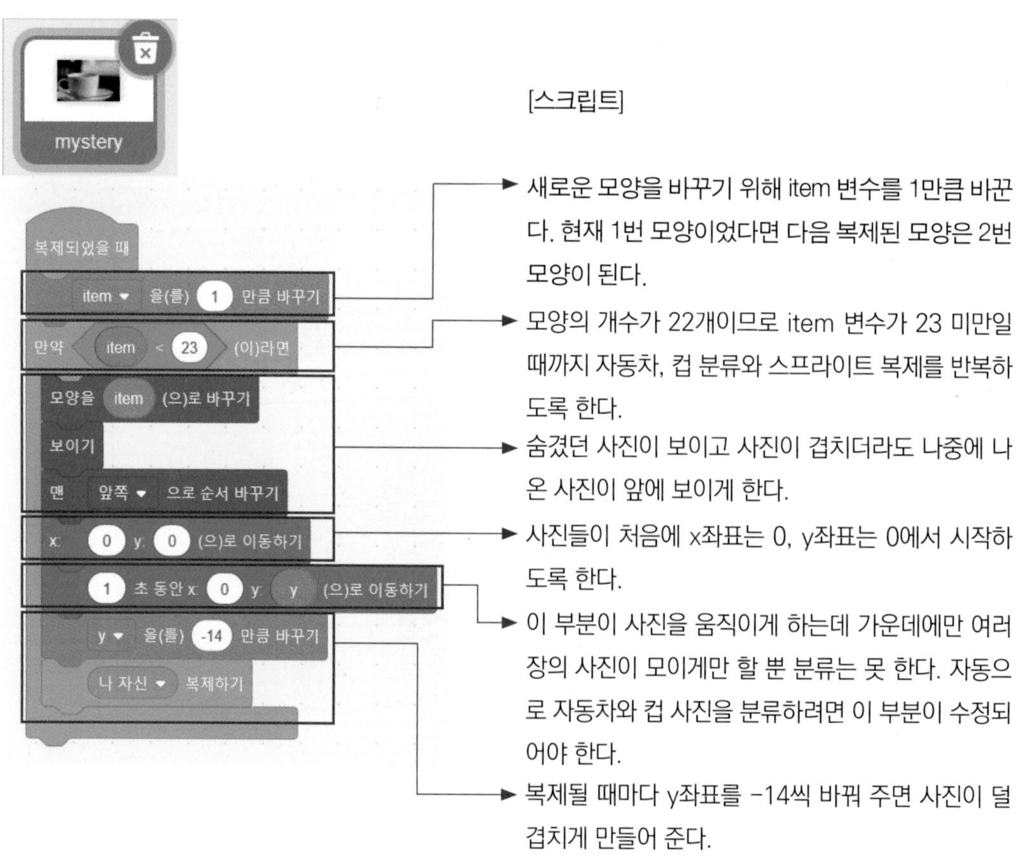

mystery
복제되었을 때
item 을(를) 1 만큼 바꾸기
만약 item < 23 (이)라면
모양을 item (으)로 바꾸기
보이기
맨 앞쪽 으로 순서 바꾸기
x: 0 y: 0 (으)로 이동하기
1 초 동안 x: 0 y: y (으)로 이동하기
y 을(를) -14 만큼 바꾸기
나 자신 복제하기
[스크립트]
새로운 모양을 바꾸기 위해 item 변수를 1만큼 바꾼다. 현재 1번 모양이었다면 다음 복제된 모양은 2번 모양이 된다.
모양의 개수가 22개이므로 item 변수가 23 미만일 때까지 자동차, 컵 분류와 스프라이트 복제를 반복하도록 한다.
숨겼던 사진이 보이고 사진이 겹치더라도 나중에 나온 사진이 앞에 보이게 한다.
사진들이 처음에 x좌표는 0, y좌표는 0에서 시작하도록 한다.
이 부분이 사진을 움직이게 하는데 가운데에만 여러 장의 사진이 모이게만 할 뿐 분류는 못 한다. 자동으로 자동차와 컵 사진을 분류하려면 이 부분이 수정되어야 한다.
복제될 때마다 y좌표를 -14씩 바꿔 주면 사진이 덜 겹치게 만들어 준다.

⑦ [스크립트 작업창]-[코드] 탭의 맨 아래에 [Car Cup Classification] 메뉴가 추가된 것을 확인할 수 있고, 메뉴를 클릭하면 Car Cup Classification 머신러닝 모델을 활용할 수 있는 블럭을 볼 수 있다.

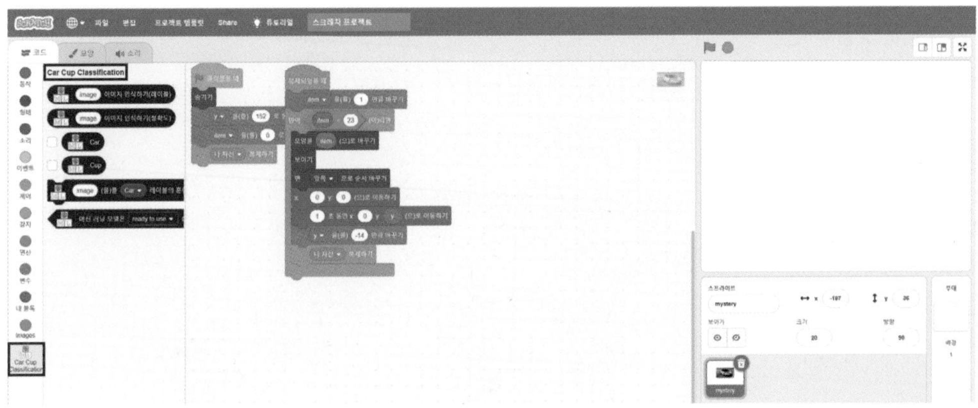

⑧ 지금부터는 Car Cup Classification 머신러닝 모델을 활용하여 스크래치로 코딩한다. 자동차와 컵 사진을 인식할 수 있는 머신러닝 모델을 활용하여 자동차와 컵 사진을 자동으로 분류할 수 있다. 프로그램을 실행하면 다음과 같이 처리된다.

㉠ 초록 깃발을 누르면 "이미지 분류가 시작됩니다."라고 말한다.

㉡ mystery 스프라이트에 다양한 자동차와 컵 사진들은 이미지 인식 머신러닝 모델을 통해 '자동차 사진인지? 컵 사진인지?' 인식한다.

㉢ 인식된 결과에 따라 컵과 자동차 사진을 자동으로 구별하여 레이블이 〈'car'〉이면 왼쪽으로, 〈'cup'〉이면 오른쪽으로 이동한다.

㉣ ㉠~㉢을 mystery 스프라이트에 자동차와 컵 사진의 개수(22개)만큼 반복한다

PART III 인공지능 실습 프로젝트

⑨ 먼저 아래 [1 초 동안 x: 0 y: y (으)로 이동하기] 명령어를 빼낸다. 제어 카테고리에서 '만약 ~(이)라면, 아니면' 명령어를 가져와 'y를 -14만큼 바꾸기' 명령어 위에 넣는다. 연산 카테고리에서 [( ) = 50] 명령어를 가져와 '만약 ~(이)라면 빈칸 안에 넣는다.

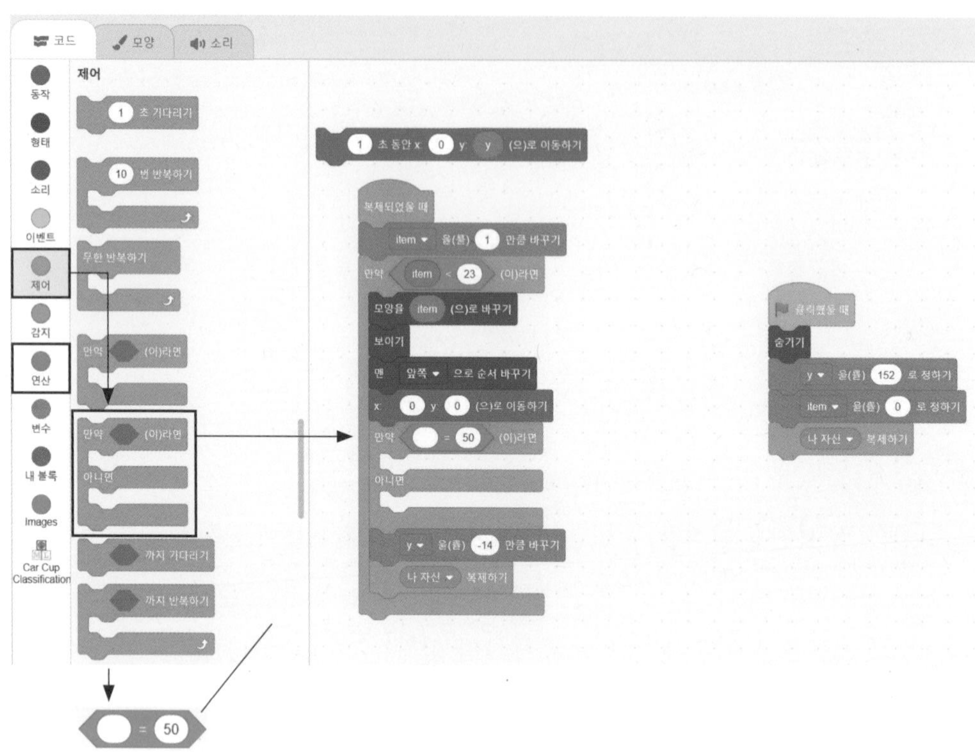

⑩ Car or Cup 카테고리에서 [image 이미지 인식하기(레이블)] 명령어를 [= 50] 명령어의 왼쪽에 넣는다. 이때 스프라이트 모양을 인식할 수 있도록 [costume image] 명령어를 image 안에 넣는다. Car or Cup 카테고리에서 [Car] 명령어를

의 오른쪽에 넣는다.

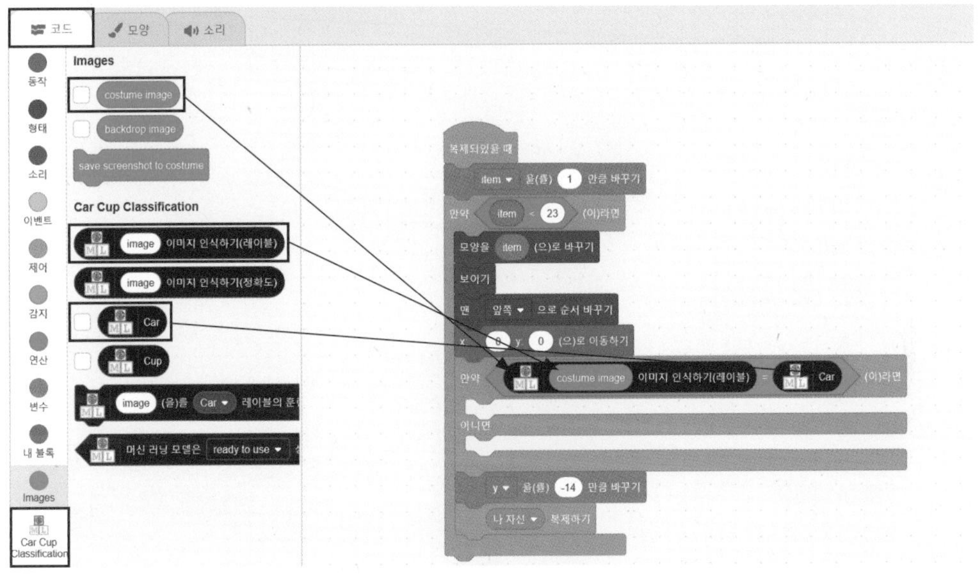

이 부분은 컴퓨터가 인식한 것이 자동차인지 아닌지를 구분하기 위해 필요하다.

⑪ 1 초 동안 x: 0 y: y (으)로 이동하기 명령어를 만약 ~(이)라면, 아니라면 명령어에 각각 넣는다. 연산 카테고리에서 1 부터 10 사이의 난수 의 명령어를 1 초 동안 x: 0 y: y (으)로 이동하기 넣는다. 만약 인식된 사진이 자동차라면 왼쪽으로 이동하도록 '-220부터 -80 사이의 난수'로 숫자를 바꾼다. 만약 인식된 사진이 자동차가 아니라면 오른쪽으로 이동하도록 '80부터 220 사이의 난수'로 숫자를 바꾼다.

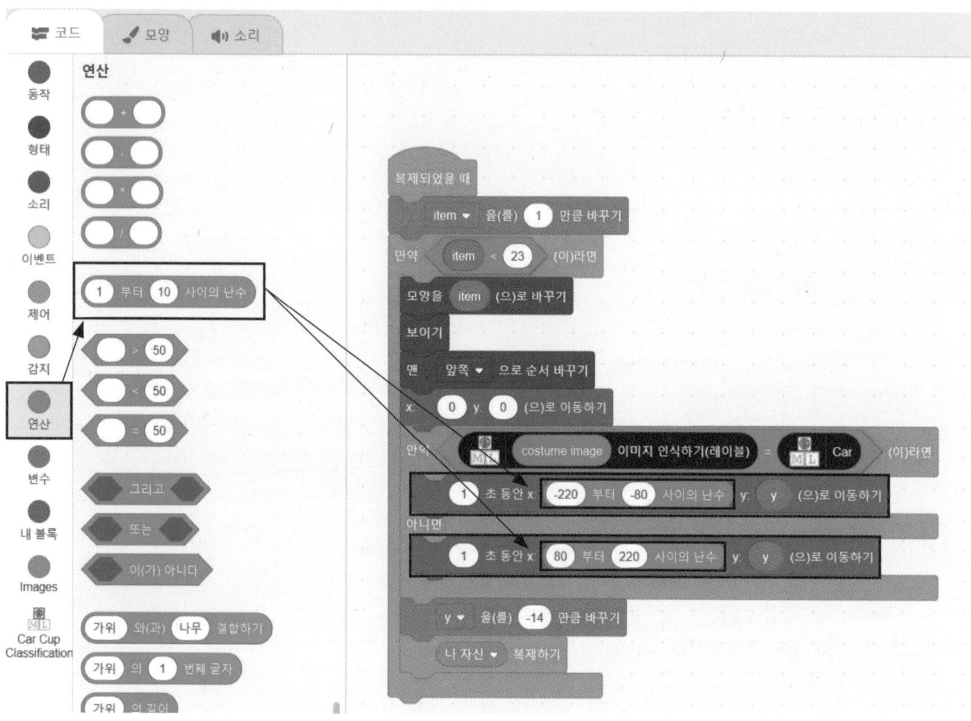

⑫ 녹색 깃발을 눌러 머신러닝 모델이 사진들을 자동으로 잘 분류되는지 테스트한다. 혹시 머신러닝 모델이 자동차와 컵을 자동으로 분류하지 못하면 훈련으로 돌아가 자동차와 컵 사진 예시들을 레이블에 더 모아 학습시켜 주도록 한다.

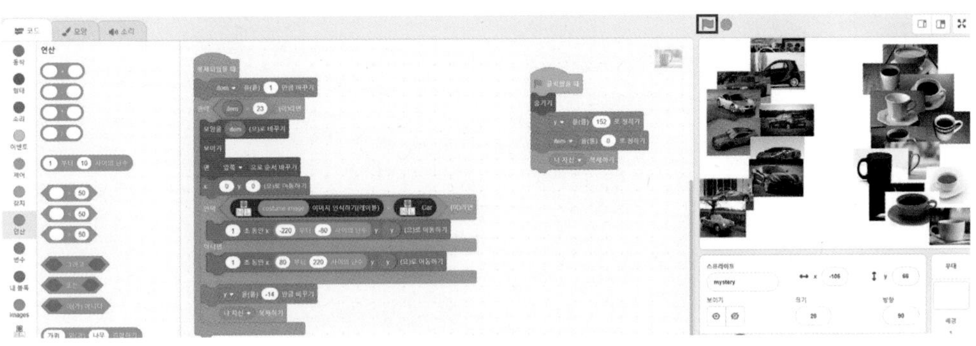

⑬ 프로젝트가 완성되었지만 명확한 분류를 표시하기 위해 자동차 버튼과 컵 버튼을 만들기 위해 스크래치를 수정해 본다. 또한 녹색 깃발을 눌렀을 때 "이미지 분류가 시작됩니다." 하고 알리고, 분류가 완료가 되면 "이미지 분류가 완료되었습니다."라고 알리도록 스크래치를 수정해 본다.

스프라이트 고르기 버튼을 클릭하여 마음에 드는 Frank를 선택한다. 크기를 화면에 맞게 50으로 조절하여 적당한 곳에 배치한다. Frank 스프라이트를 클릭한 후 녹색 깃발을 클릭했을 때 형태 카테고리에서 1초 동안 말하기 명령어를 삽입하여 이미지 분류를 시작한다.

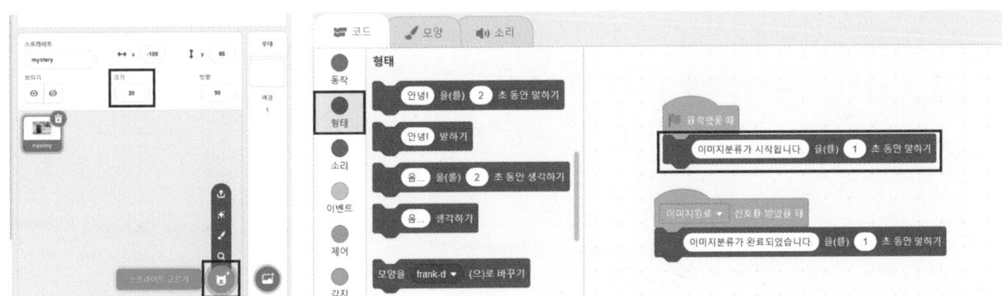

이미지 분류가 완성이 되면 mystery 스프라이트를 눌러 이미지 입력이 완료되었을 때 이미지 신호를 보내도록 한다. Frank 스프라이트를 눌러 이벤트 블록에서 '1초 동안 말하기' 명령어를 삽입하여 이미지 완료 신호를 받았을 때 "이미지 분류가 완료되었습니다."를 입력한다.

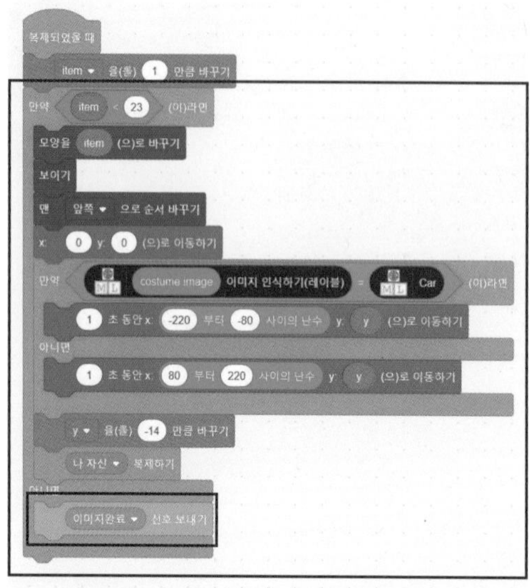

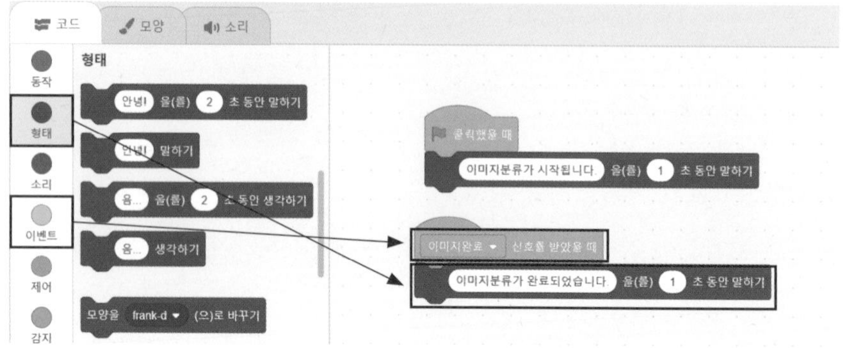

스프라이트 고르기 버튼을 눌러 Button 3 스프라이트를 선택하고 모양 탭을 클릭하여 T 버튼 클릭하여 자동차라고 입력한다. 같은 방법으로 컵 버튼을 생성한다. 자동차 버튼과 컵 버튼은 녹색 깃발을 클릭했을 때 아래 부분을 참고하여 적당한 곳에 위치하도록 한다.

[STEP 6] 머신러닝 프로젝트 결과 보기

❶ 녹색 깃발을 누르면 머신러닝 모델은 자동차와 컵 사진을 판단하여 자동으로 화면 좌우로 사진을 분류한다. 머신러닝 모델이 입력한 이미지를 인식하지 못한다면 스크래치 프로그램 내에서 학습데이터를 추가하여 새롭게 머신러닝을 학습시킨다. 더 좋은 사진과 더 많은 사진으로 인공지능 훈련을 시키면 인공지능이 보다 더 정확하게 분류할 수 있게 된다.

CHAPTER 03

음성 인식 프로젝트

1. 음성 인식을 하는 외계인 AI 실습

이번 프로젝트에서는 외계인이 음성을 인식하여 명령대로 움직이는 음성 인식 머신러닝을 제작하고자 한다.

<실습 내용>

❶ 음성 인식이 가능하도록 머신러닝 모델을 훈련시킨다.

❷ 스크래치에서 음성을 입력하면 음성 인식 머신러닝 모델을 사용하여 여러분이 하는 말을 이해하여 외계인 캐릭터를 움직이게 하는 소리 인식 시스템을 제작한다.

❸ 그러고 나서 머신러닝 모델을 만들고, 이것을 확대하여 적용하는 방법을 안내한다.

[STEP 1] 머신러닝 프로젝트 생성하기

❶ 크롬을 실행하여 주소창에 https://machinelearningforkids.co.uk/ 을 입력한다.

❷ [Language]를 클릭하고, [kr 한국어]를 선택한다.

❸ [시작해봅시다]를 클릭한다.

④ [로그인]을 클릭하여 아이디와 비밀번호를 입력한다.

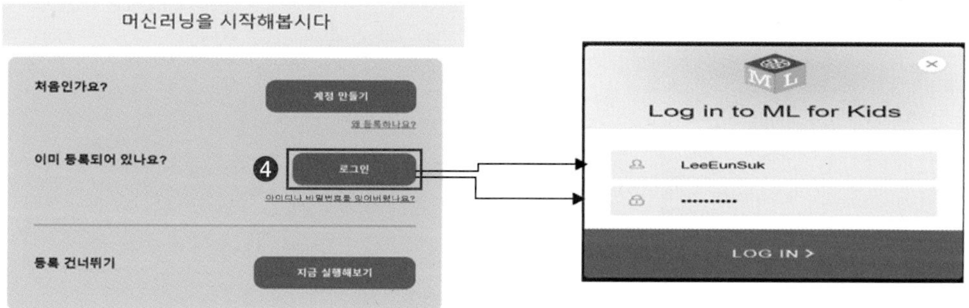

⑤ 로그인을 한 후 [프로젝트로 이동]을 클릭한다.

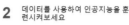

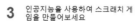

⑥ [프로젝트 추가]를 클릭한다.

⑦ 프로젝트 이름은 영어만 입력 가능하며, 프로젝트 이름은 'Alien Language', 인식은 [소리]로 선택한 뒤 [만들기]를 클릭한다.

⑧ 만들어진 Alien Language 프로젝트를 클릭한다.

[STEP 2] 머신러닝 모델의 레이블 생성하기

❶ 만들어진 Alien Language 프로젝트를 클릭하면 그림과 같이 [훈련], [학습 & 평가], [만들기] 메뉴가 나타난다. [훈련]을 클릭한다.

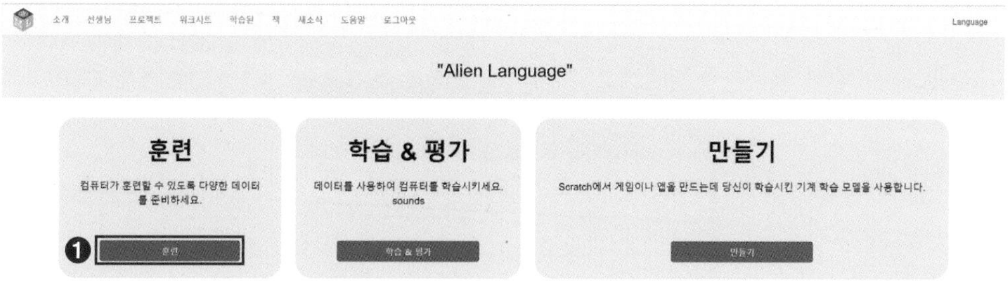

❷ 소리 인식 머신러닝 모델은 [훈련] 단계를 클릭하면 자동으로 'background noise' 레이블이 생성된다. 이 레이블에 주변의 잡음을 학습 데이터로 추가하면 된다. 소리 인식 머신러닝모델을 학습할 때는 기본적으로 주변 잡음을 학습 데이터로 제공해야 하며 머신러닝 모델은 주변 잡음을 고려하여 음성을 인식한다.

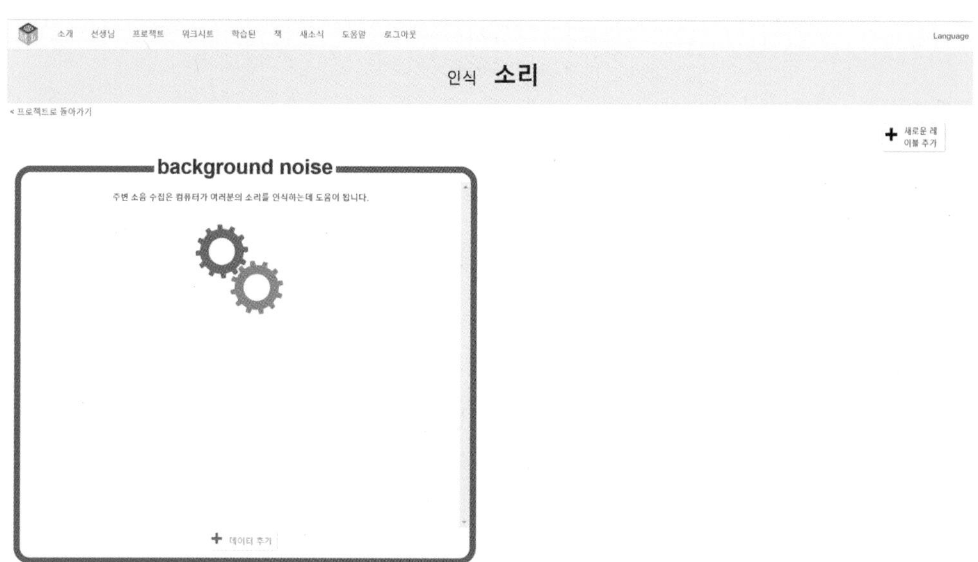

❸ [+새로운 레이블 추가] 버튼을 클릭하여 'Left' 레이블을 생성한다.

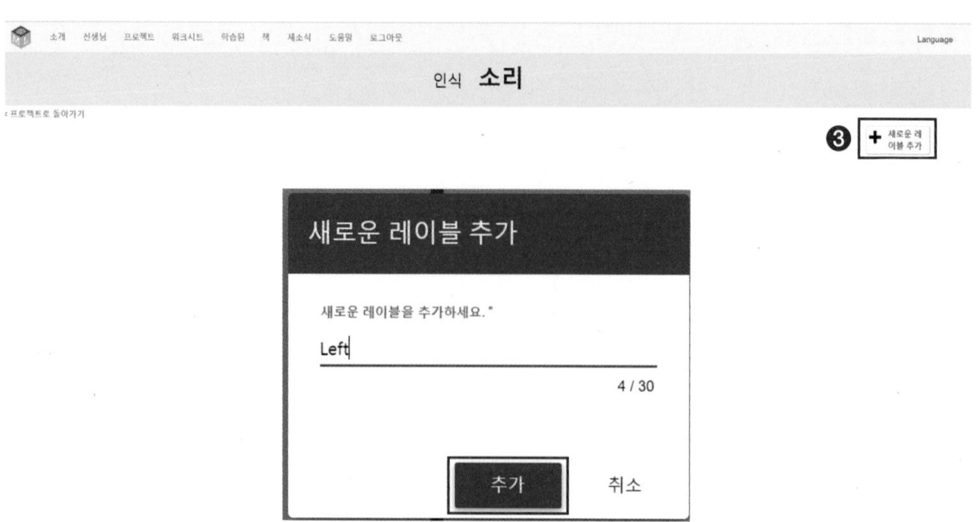

❹ 같은 방식으로 [+새로운 레이블 추가] 버튼을 클릭하여 'Right' 레이블을 생성한다.

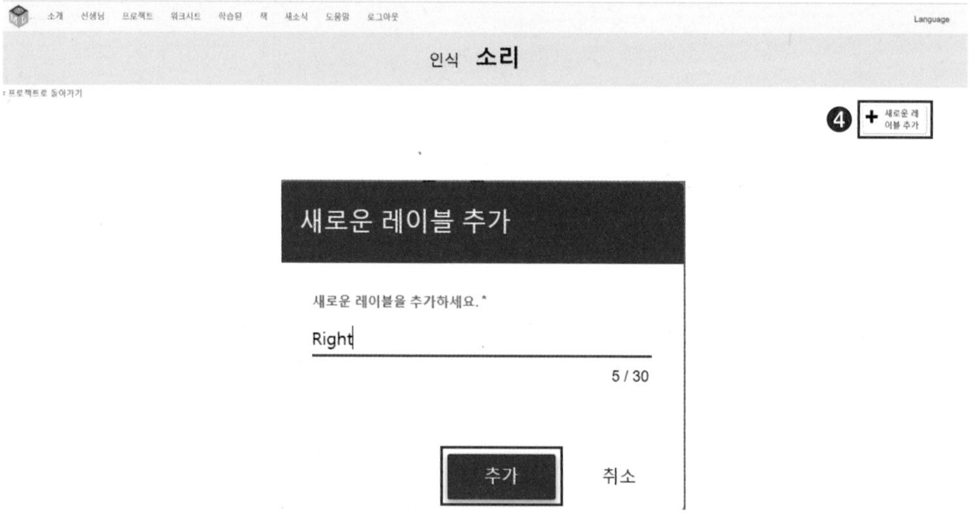

⑤ 레이블이 다 생성되면 다음과 같이 나타난다.

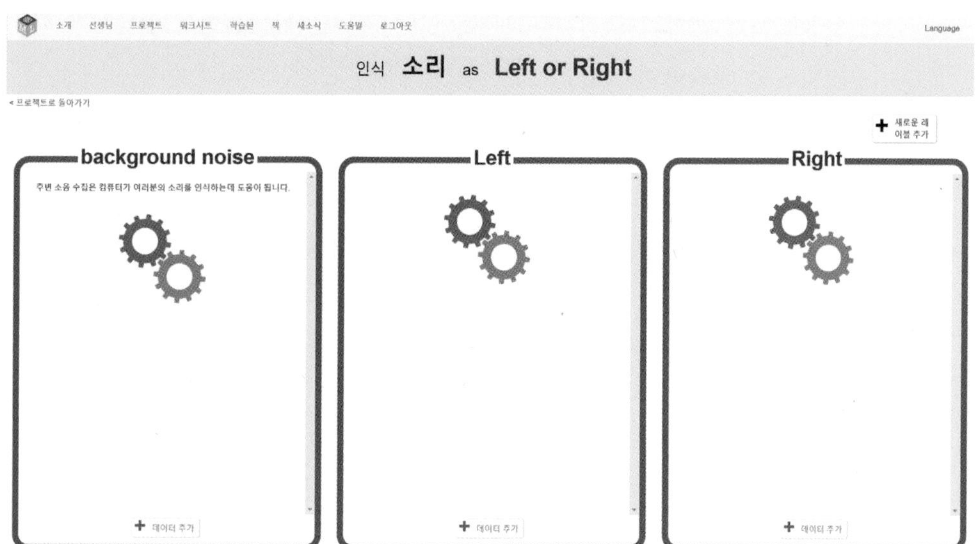

[STEP 3] 머신러닝 모델에 학습 데이터 추가하기

❶ 학습 데이터를 추가하기 위해서는 'background noise' 레이블에서 아래쪽에 있는 [데이터추가] 버튼을 클릭한다. 팝업창이 나타나면 [마이크]를 클릭하여 주변 소음을 녹음한다. 이때 다른 소리가 녹음되지 않도록 한다. [추가]를 클릭하여 소리 데이터를 수집한다. 같은 방식으로 학습 데이터가 최소 8개 이상 되도록 한다.

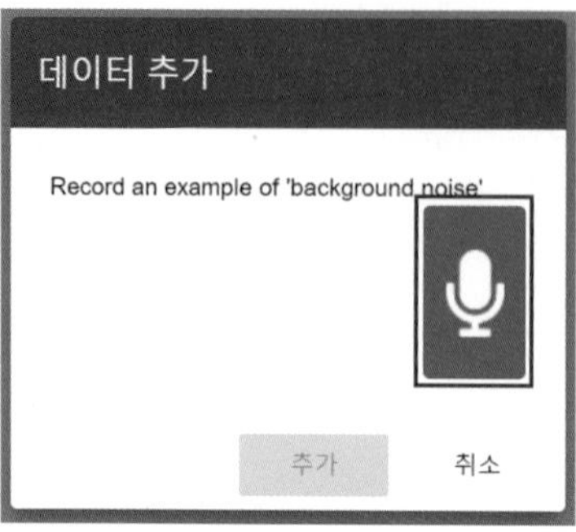

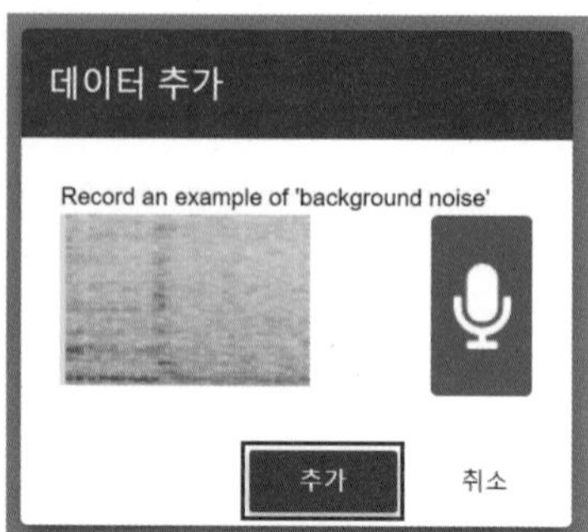

❷ 'Left' 레이블의 학습 데이터도 추가하도록 한다. 레이블 아래쪽에 있는 [데이터 추가] 버튼을 클릭하여 외계인이 왼쪽으로 갈 수 있도록 음성 데이터를 수집한다. 같은 방법으로 'Right' 레이블에 외계인이 오른쪽으로 갈 수 있도록 음성 데이터를 수집한다. 각 레이블 마다 최소 8개 이상의 학습 데이터가 있도록 한다.

❸ 훈련 데이터 추가가 완료되면 [프로젝트로 돌아가기] 버튼을 클릭한다.

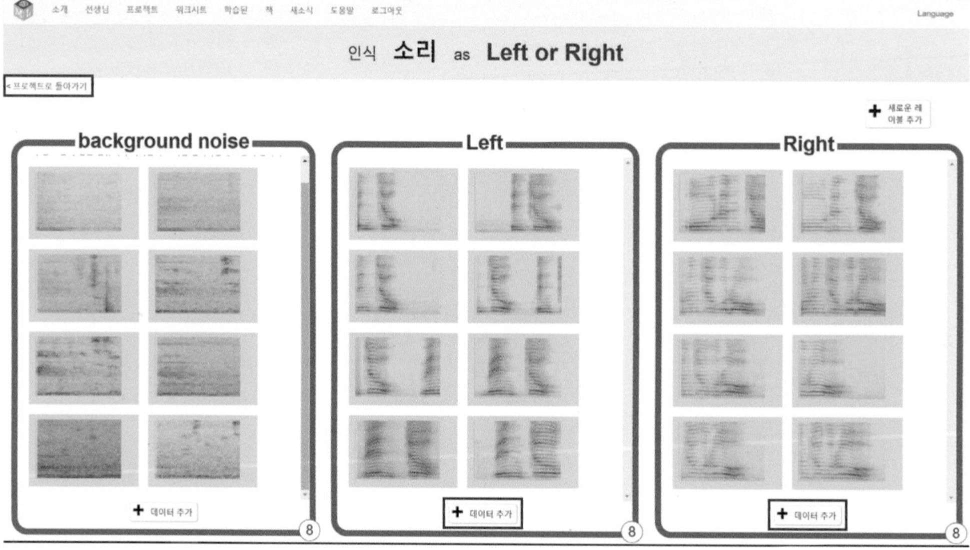

[STEP 4] 머신러닝 모델 학습하기

❶ [학습 & 평가] 버튼을 클릭한다.

❷ [새로운 머신러닝 모델을 훈련시켜 보세요]를 클릭한다.

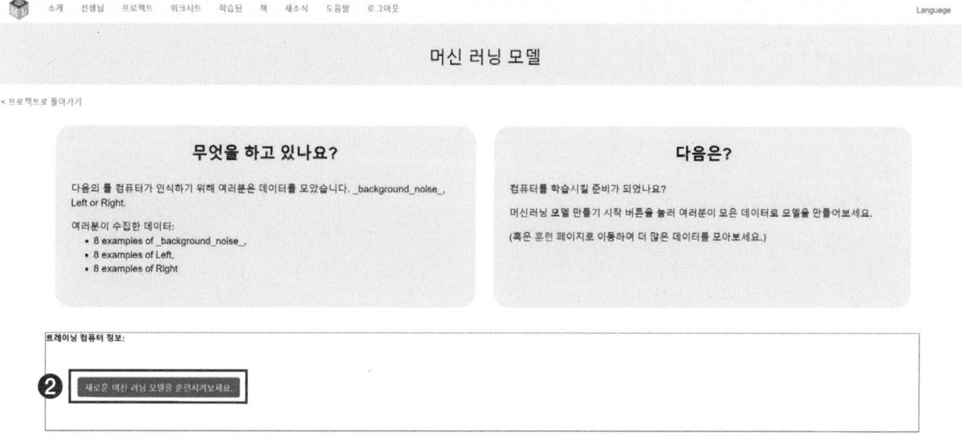

[STEP 5] 머신러닝 모델 평가하기

❶ 머신러닝 훈련이 완료되면 모델이 잘 학습되었는지 평가할 수 있는 창이 나타난다. 머신러닝 모델을 테스트하기 위해 [듣기 시작] 버튼을 클릭한 후 '왼쪽 이동' '오른쪽 이동'을 의미하는 소리를 내어 본다. 그러면 머신러닝 모델은 음성을 분석해 음성이 속한 레이블과 인식 정확도를 알려 준다.

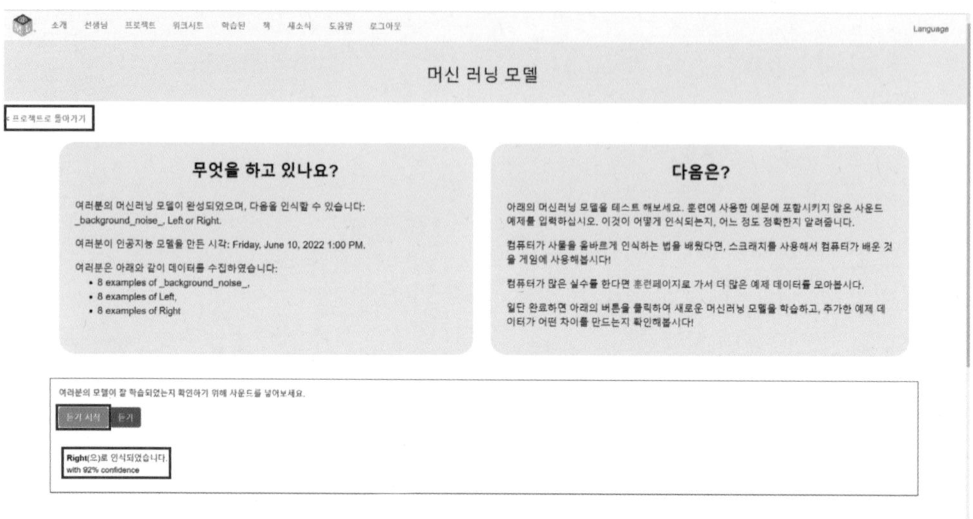

❷ 머신러닝 모델의 평가 결과가 만족스럽지 않다면 페이지 왼쪽 상단에 [프로젝트로 돌아가기]를 선택한 후 [훈련]과 [학습 & 평가] 단계를 반복하여 더 많은 훈련 데이터를 추가하고 머신러닝 모델을 훈련시킨다. 머신러닝 모델의 평가 결과가 만족스럽다면 [프로젝트로 돌아가기]를 버튼을 클릭한다.

[STEP 6] 머신러닝 모델로 프로그래밍 작성하기

❶ [만들기] 버튼을 클릭한다.

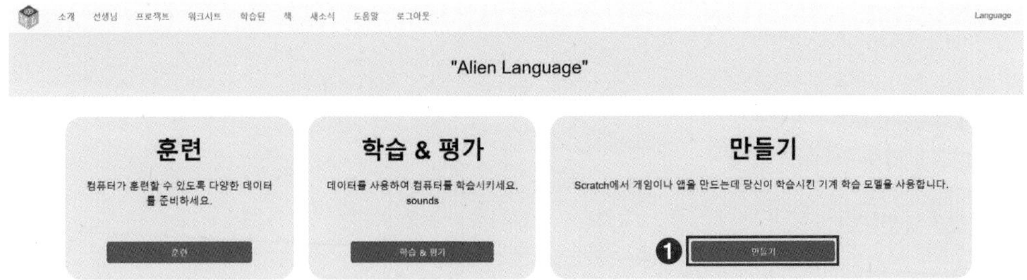

❷ [스크래치 3]을 클릭한다.

❸ [스크래치 3 열기]를 클릭한다.

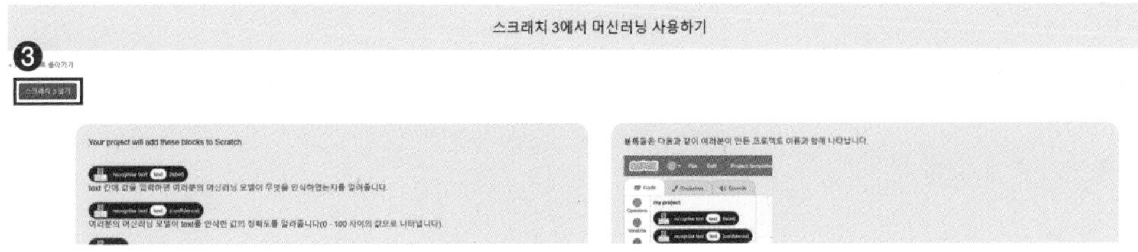

④ 스크래치 프로그래밍 환경이 나타난다. 스크래치에서 머신러닝 모델을 활용할 수 있는 블럭은 '머신러닝 for 키즈'에서 [만들기]를 통해서만 사용할 수 있다.

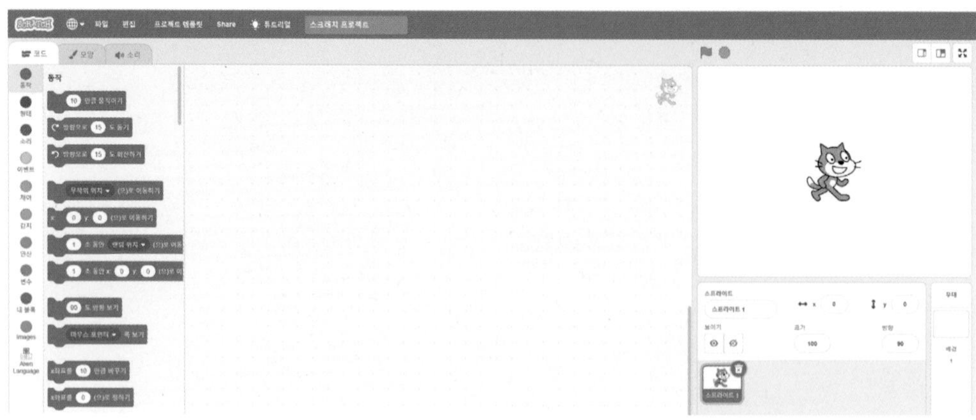

⑤ 상단 메뉴에서 [프로젝트 템플릿]을 클릭한 후 [Alien Language]을 선택한다.

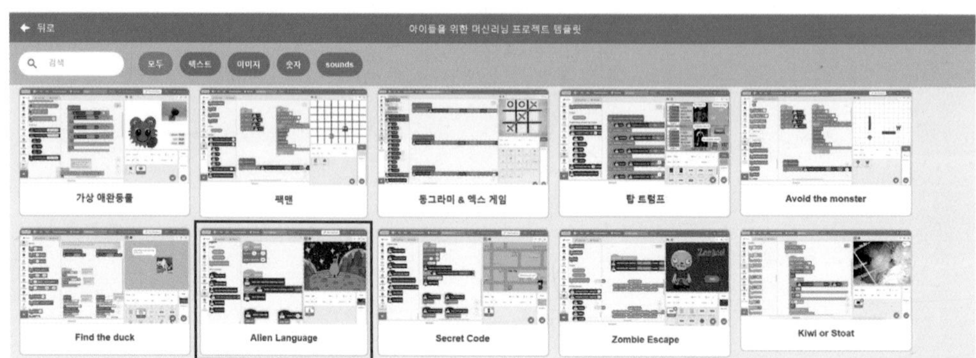

⑥ 프로젝트를 열면 미리 만들어진 'alien' 스프라이트를 볼 수 있다. 'alien' 스프라이트에는 이미 몇 개의 스크립트가 만들어져 있는데, 이것들은 프로젝트를 시작할 때 외계인을 원래의 위치로 이동시키고 모양을 바꾸는 스크립트이다.

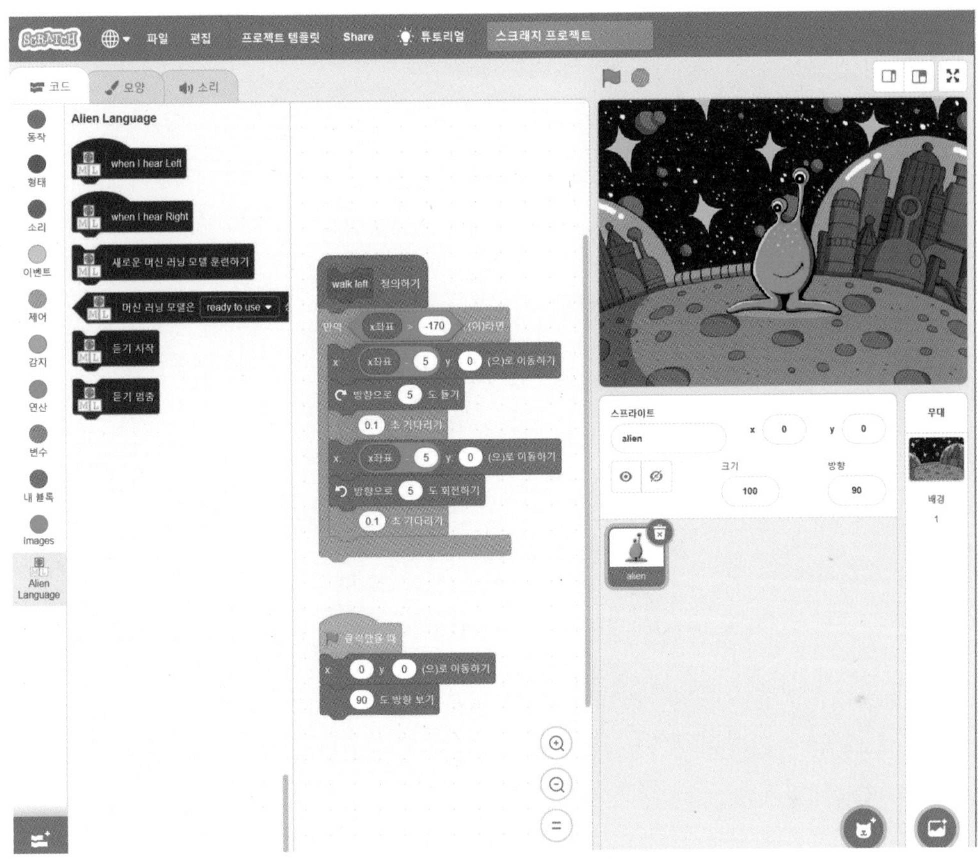

- 프로그램이 실행되면 외계인이 "머신러닝 모델이 훈련 중입니다."라고 말하고 새로운 머신러닝 모델을 훈련시킨다.
- 외계인이 머신러닝 모델 훈련이 끝날 때까지 기다리게 한다.
- 훈련이 끝나면 외계인이 "훈련이 완료되었습니다."라고 말하고 여러분의 명령어를 듣기 시작한다.
- 마이크로 입력된 소리가 레이블 <Left>로 인식되면 외계인은 왼쪽으로 이동한다.
- 마이크로 입력된 소리가 레이블 <Right>로 인식되면 외계인은 오른쪽으로 이동한다.

⑦ 'alien' 스프라이트의 스크립트에 다음과 같이 코딩한다.

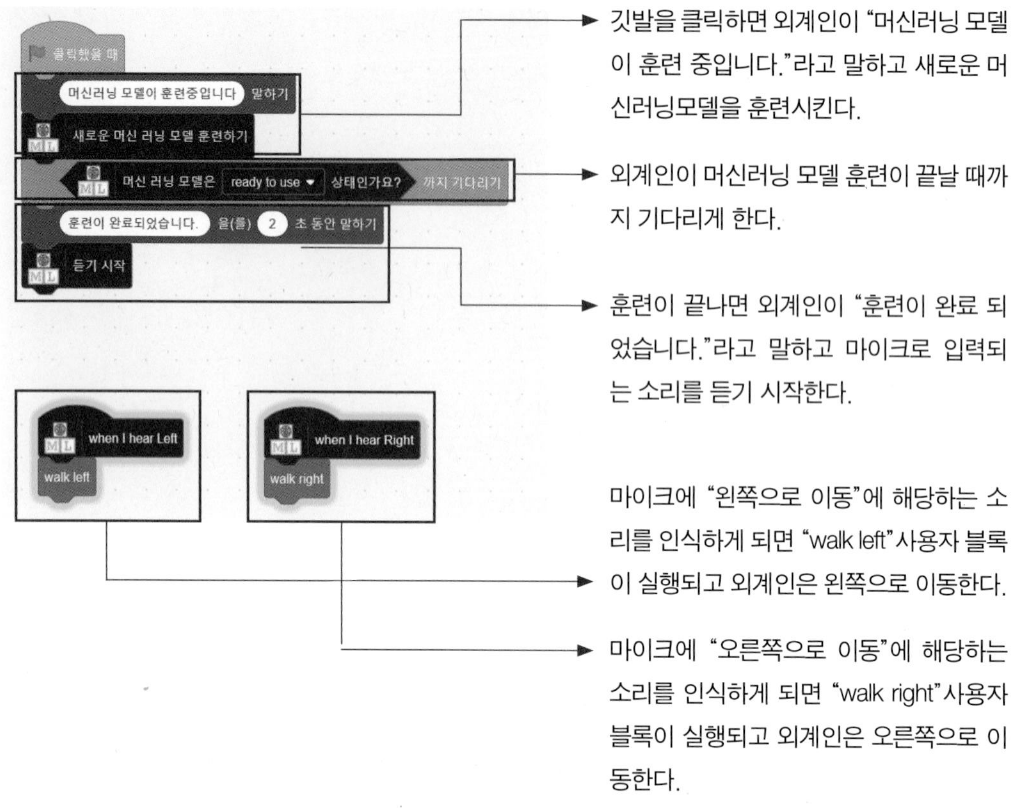

클릭했을 때
머신러닝 모델이 훈련중입니다 말하기
ML 새로운 머신 러닝 모델 훈련하기
ML 머신 러닝 모델은 ready to use ▾ 상태인가요? 까지 기다리기
훈련이 완료되었습니다. 을(를) 2 초 동안 말하기
ML 듣기 시작
ML when I hear Left
walk left
ML when I hear Right
walk right
깃발을 클릭하면 외계인이 "머신러닝 모델이 훈련 중입니다."라고 말하고 새로운 머신러닝모델을 훈련시킨다.
외계인이 머신러닝 모델 훈련이 끝날 때까지 기다리게 한다.
훈련이 끝나면 외계인이 "훈련이 완료 되었습니다."라고 말하고 마이크로 입력되는 소리를 듣기 시작한다.
마이크에 "왼쪽으로 이동"에 해당하는 소리를 인식하게 되면 "walk left" 사용자 블록이 실행되고 외계인은 왼쪽으로 이동한다.
마이크에 "오른쪽으로 이동"에 해당하는 소리를 인식하게 되면 "walk right" 사용자 블록이 실행되고 외계인은 오른쪽으로 이동한다.

참고로 소리 인식 머신러닝은 스크래치 프로그램 환경이 실행될 때 마다 머신러닝 모델을 새롭게 훈련시킨다. 그러므로 스크래치 프로그램에서 [듣기 시작] 블록을 실행하기 앞서 소리인식 머신러닝 모델을 훈련시킬 충분한 시간을 주어야 에러가 생기지 않는다.

[STEP 7] 머신러닝 프로젝트 결과 보기

❶ 녹색 깃발을 클릭한다. "왼쪽으로 이동" 또는 "오른쪽으로 이동"에 해당하는 외계어를 말하고 외계인의 움직임을 확인한다. 프로그램의 실행 결과가 만족스럽지 못한다면 프로젝트의 [훈련] 단계로 돌아가서 학습 데이터를 추가하고 [학습 &평가] 단계에서 머신러닝 모델을 다시 학습시킨다.

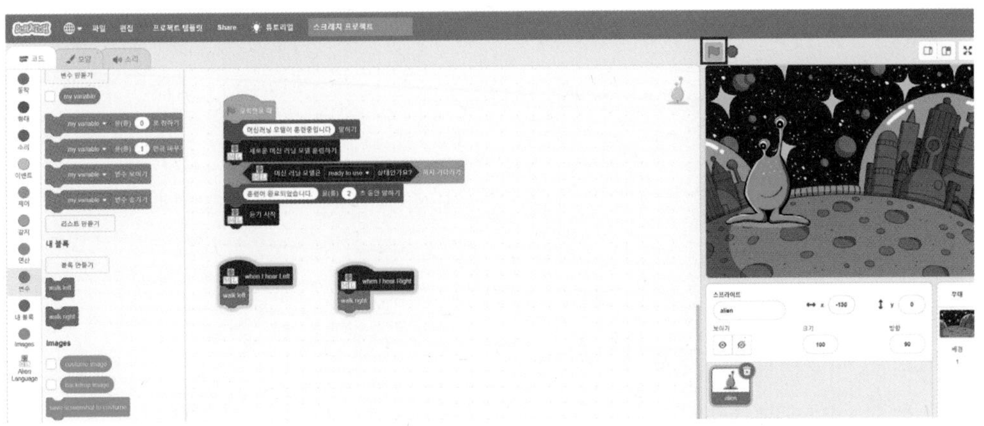

PART III 인공지능 실습 프로젝트

2. 스마트 교실 AI 실습

이번 프로젝트에서는 교실에 있는 가상의 기기(선풍기, 전등)를 음성 명령을 이용해 작동시키고 끄는 것을 인공지능을 이용해 제작하고자 한다.

<실습 내용>

음성 인식 머신러닝 모델을 활용하여 음성을 통해 전자기기(선풍기, 전등 등)를 작동시키는 프로그램을 제작한다.

[STEP 1] 머신러닝 프로젝트 생성하기

❶ 크롬을 실행하여 주소창에 https://machinelearningforkids.co.uk/ 을 입력한다.

❷ [Language] 를 클릭하고, [kr 한국어]를 선택한다.

❸ [시작해 봅시다]를 클릭한다.

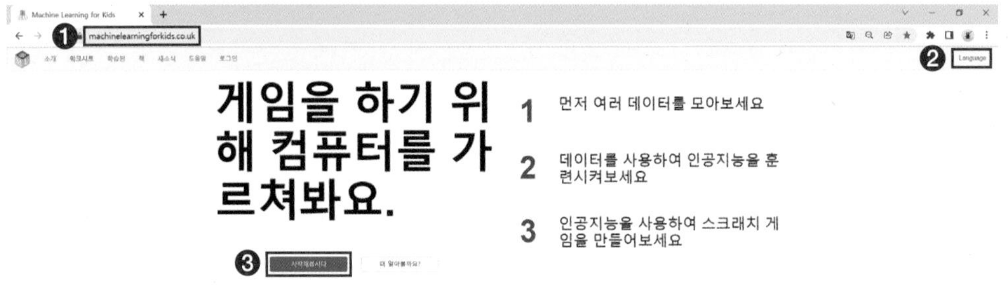

❹ 계정이 만들어져 있는 상태에서 [로그인]을 클릭하여 아이디와 비밀번호를 입력한다.

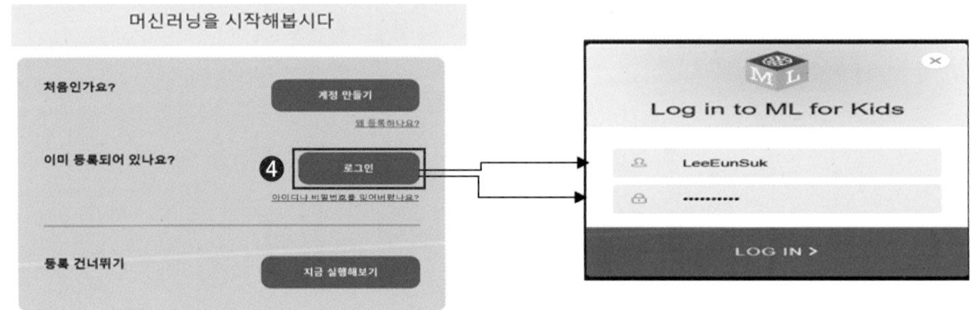

⑤ 계정이 만들어져 있는 상태에서 로그인을 하면 홈 화면으로 이동하는데, 교사 또는 관리자로 회원 가입을 한 아이디로 로그인을 하면 관리 페이지로 이동 버튼과 프로젝트로 이동 버튼 두 가지가 생긴다. [프로젝트로 이동]을 클릭한다.

⑥ [프로젝트 추가]를 클릭한다.

⑦ 프로젝트 이름은 영어만 입력 가능하며, 프로젝트 이름은 'Smart Classroom', 인식 방법은 [소리]로 선택한 뒤 [만들기]를 클릭한다.

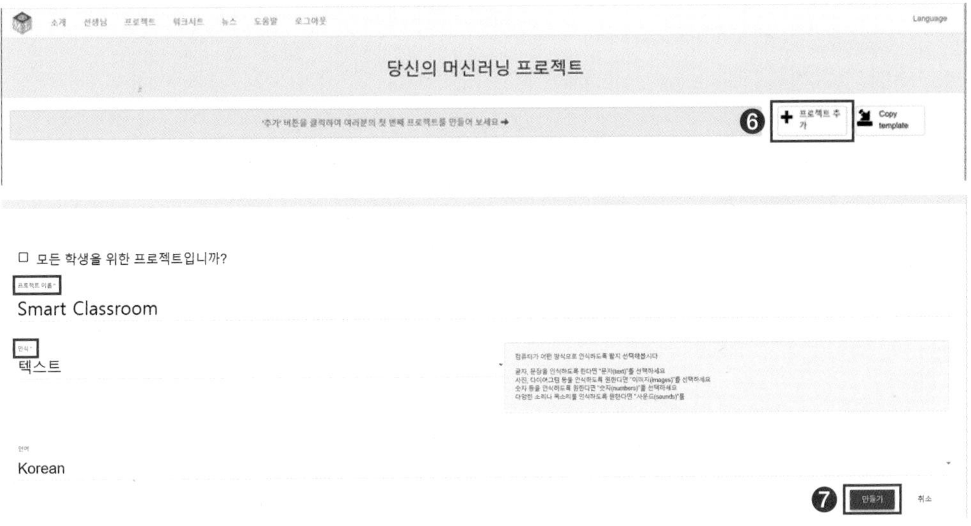

⑧ 만들어진 Smart Classroom 프로젝트를 클릭한다.

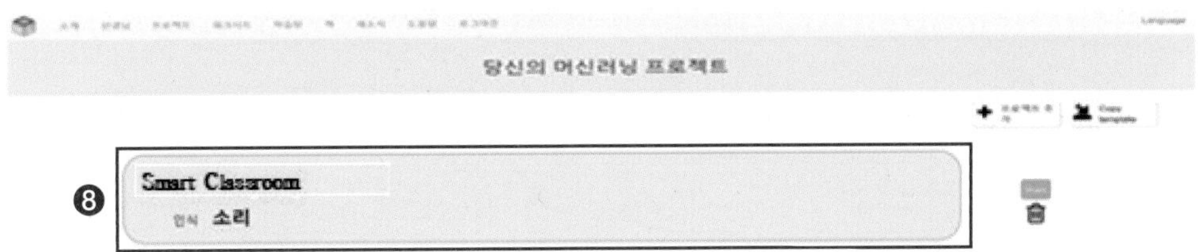

[STEP 2] 머신러닝 모델의 레이블 생성하기

❶ 만들어진 Smart Classroom 프로젝트를 클릭하면 그림과 같이 [훈련], [학습 & 평가], [만들기] 메뉴가 나타난다. [훈련]을 클릭한다.

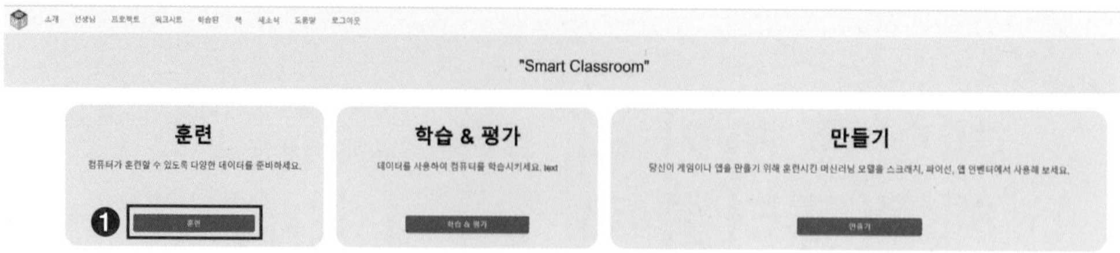

❷ 소리 인식 머신러닝 모델은 [훈련] 단계를 클릭하면 자동으로 'background noise' 레이블이 생성된다. 이 레이블에 주변의 잡음을 학습 데이터로 추가하면 된다. 소리 인식 머신러닝 모델을 학습할 때는 기본적으로 주변 잡음을 학습 데이터로 제공해야 하며 머신러닝 모델은 주변 잡음을 고려하여 음성을 인식한다.

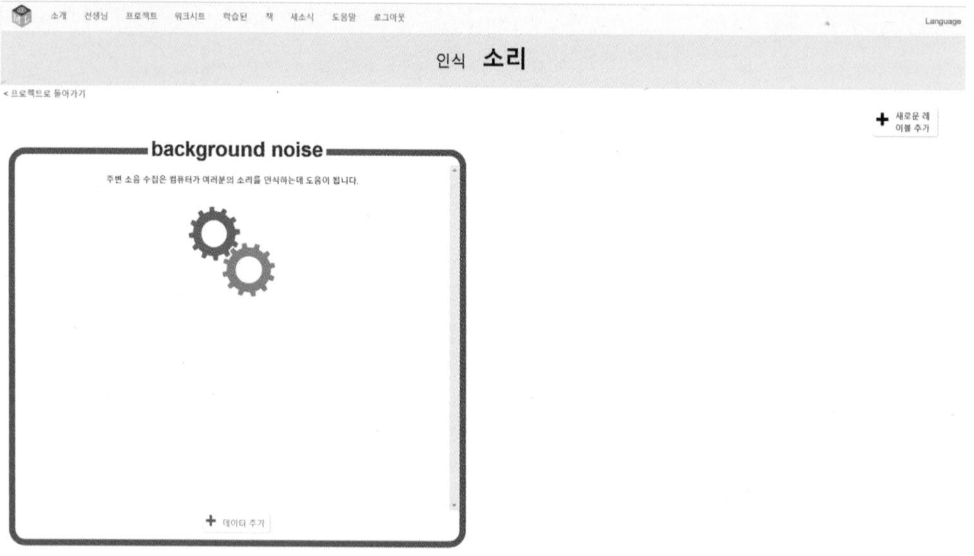

❸ [+새로운 레이블 추가] 버튼을 클릭한다. 새로운 레이블 추가 팝업창이 뜨면 'fan_on' 입력하고 추가 버튼을 클릭하면 새로운 레이블인 'fan_on'이 만들어진다. 레이블은 머신러닝 모델이 데이터를 인식하고 분류하여 내놓은 결과를 의미하며 레이블 이름은 영어만 가능하다.

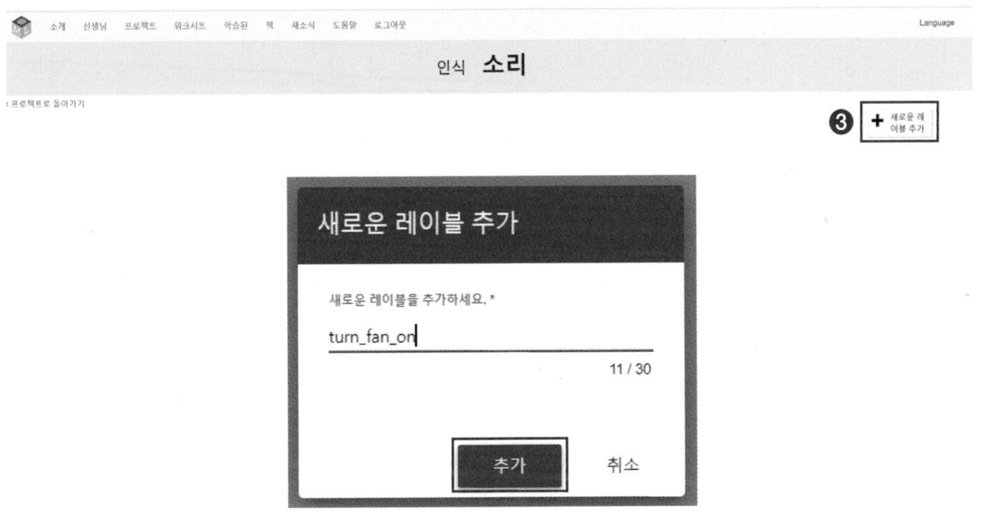

❹ 같은 방식으로 [+새로운 레이블 추가] 버튼을 클릭하여 'fan_off', 'lamp_on', 'lamp_off' 레이블을 각각 생성한다.

❺ 레이블이 다 생성되면 다음과 같이 나타난다.

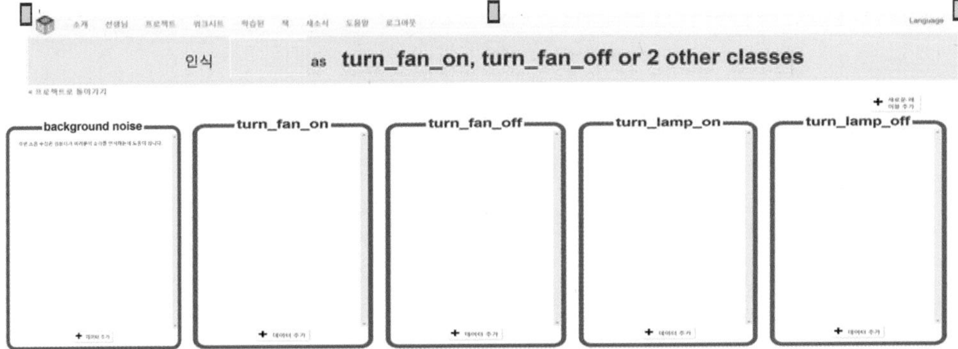

PART III 인공지능 실습 프로젝트

[STEP 3] 머신러닝 모델에 학습 데이터 추가하기

❶ 학습 데이터를 추가하기 위해서는 'background noise' 레이블에 아래쪽에 있는 [데이터 추가] 버튼을 클릭한다. 팝업창이 나타나면 [마이크]를 클릭하여 주변 소음을 녹음한다. 이때 다른 소리가 녹음되지 않도록 한다. [추가]를 클릭하여 소리 데이터를 수집한다. 같은 방식으로 학습 데이터가 최소 8개 이상 되도록 한다.

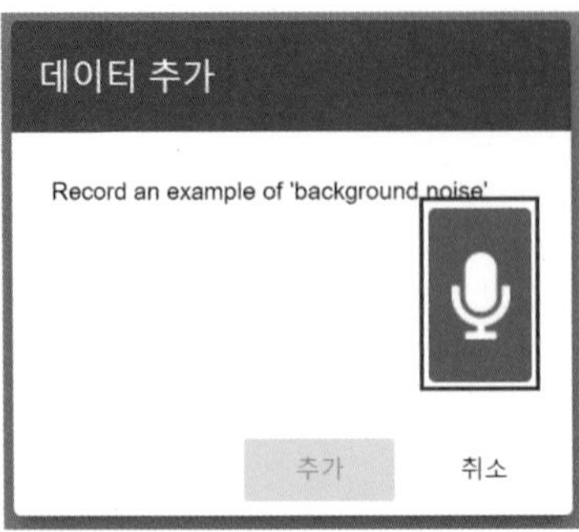

❷ 'fan_on' 레이블의 학습 데이터도 추가하도록 한다. 레이블 아래쪽에 있는 [데이터 추가] 버튼을 클릭하여 "선풍기 좀 켜줄래?" 등 선풍기가 켜질 수 있도록 음성 데이터를 수집한다. 같은 방법으로 'fan_off' 레이블에는 선풍기가 꺼질 수 있도록, 'lamp_on' 레이블에는 전등이 켜질 수 있도록, 'lamp_off' 레이블에는 전등이 꺼질 수 있도록 음성 데이터를 수집한다. 각 레이블마다 최소 8개 이상의 학습 데이터가 있도록 한다. 훈련 데이터는 최대한 많은 데이터를 추가할수록, 다양한 형태의 데이터 수집일수록, 다양한 조합의 훈련 데이터일수록, 레이블별로 비슷한 개수일수록 컴퓨터의 인식 성능은 높아진다.

❸ 훈련 데이터 추가가 완료되면 [프로젝트로 돌아가기] 버튼을 클릭한다.

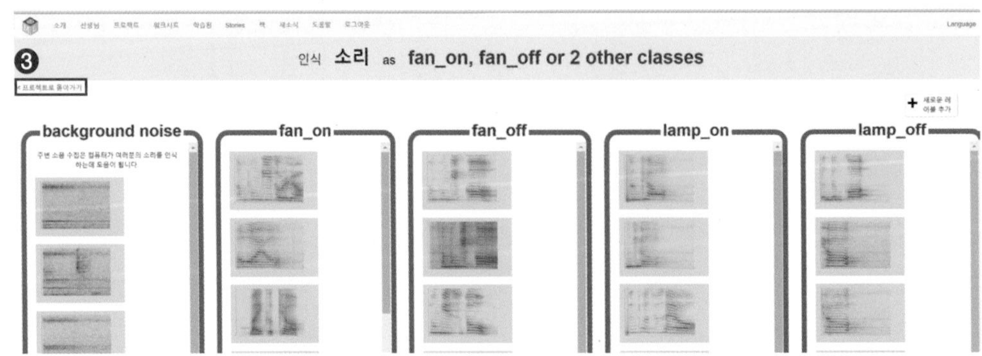

[STEP 4] 머신러닝 모델 학습하기

❶ [학습 & 평가] 버튼을 클릭한다.

❷ [새로운 머신러닝 모델을 훈련시켜 보세요]를 클릭한다.

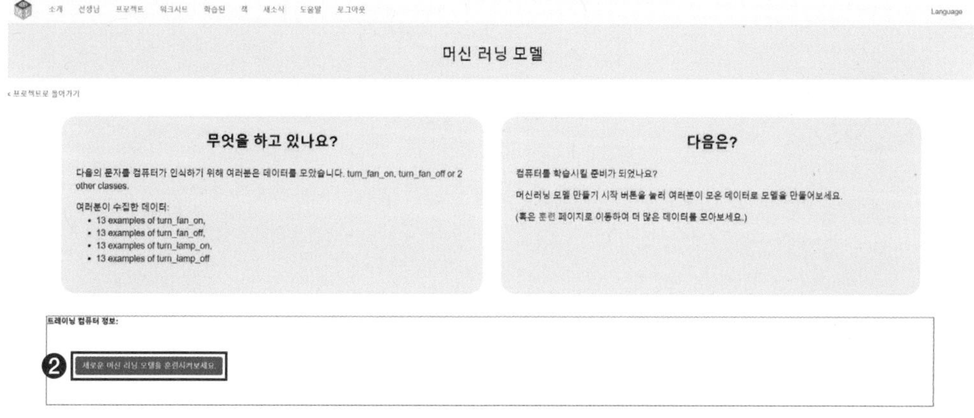

[STEP 5] 머신러닝 모델 평가하기

❶ 머신러닝 훈련이 완료되면 모델이 잘 학습되었는지 평가할 창이 나타난다. 머신러닝 모델을 테스트하기 위해 [듣기 시작] 버튼을 클릭한 후 '선풍기 켜', '선풍기 꺼' 등 의미하는 소리를 내어 본다. 그러면 머신러닝 모델은 음성을 분석해 음성이 속한 레이블과 인식 정확도를 알려 준다.

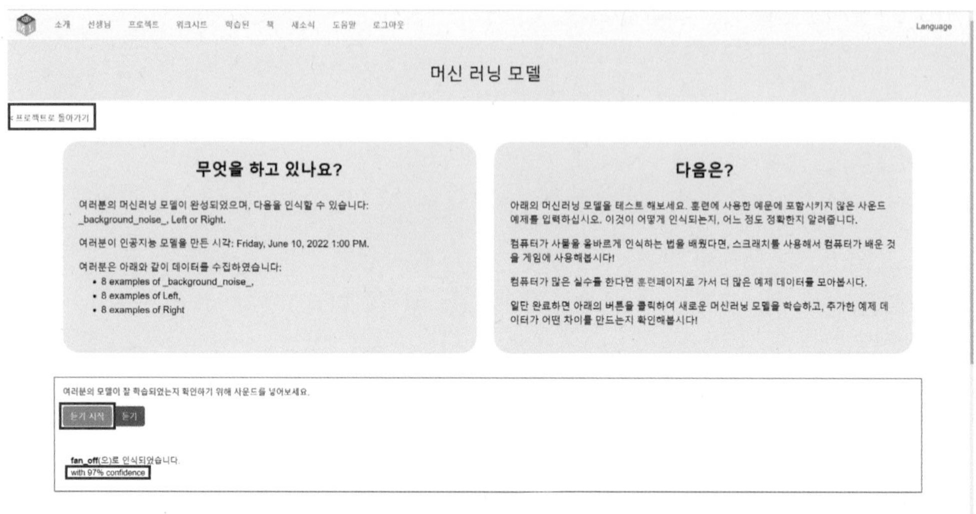

❷ 머신러닝 모델의 평가 결과가 만족스럽지 않다면 페이지 왼쪽 상단에 [프로젝트로 돌아가기]를 선택한 후 [훈련]과 [학습 & 평가] 단계를 반복하여 더 많은 훈련 데이터를 추가하고 머신러닝 모델을 훈련시킨다. 머신러닝 모델의 평가 결과가 만족스럽다면 [프로젝트로 돌아가기] 버튼을 클릭한다.

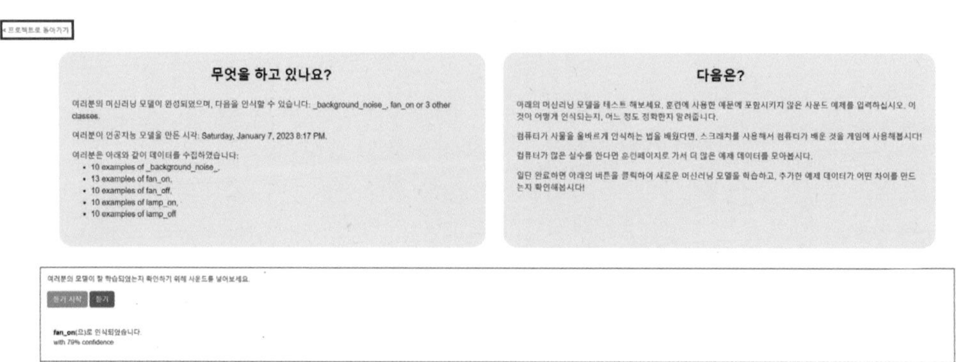

[STEP 6] 머신러닝 모델로 프로그래밍 작성하기

❶ [만들기] 버튼을 클릭한다.

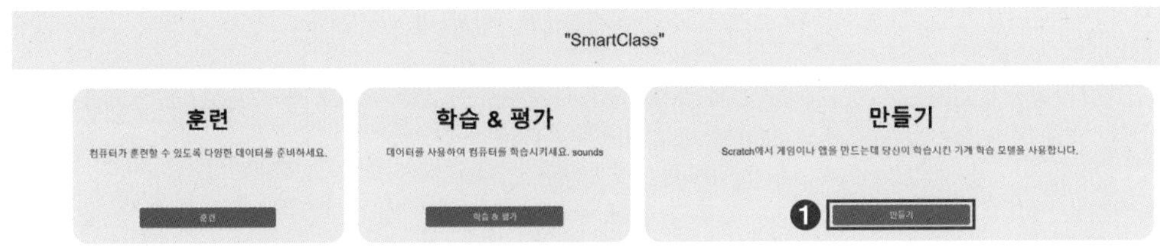

❷ [스크래치 3]을 클릭한다.

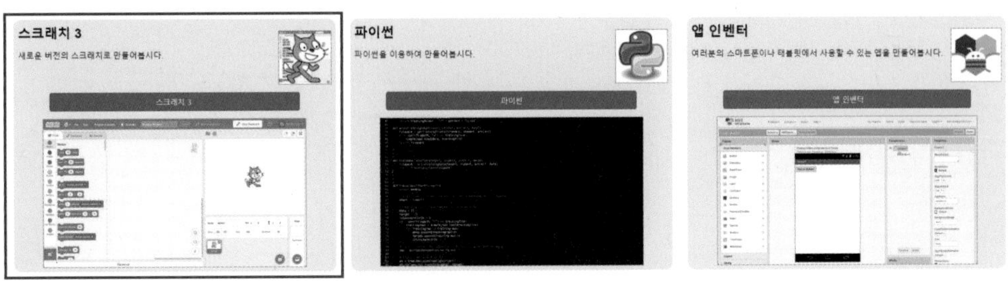

❸ [스크래치 3 열기]를 클릭한다.

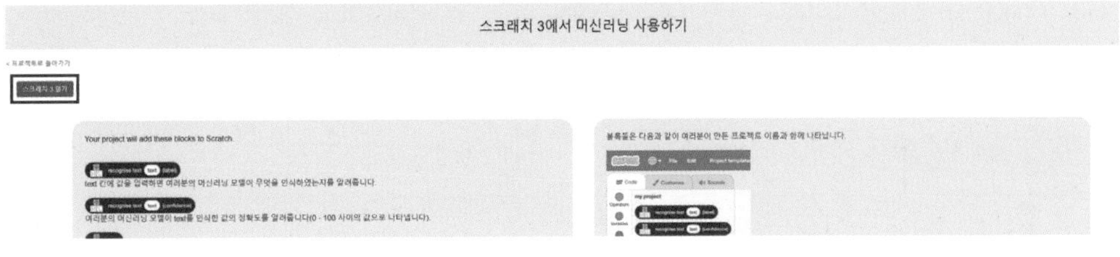

❹ 스크래치 프로그래밍 환경이 나타난다. 스크래치에서 머신러닝 모델을 활용할 수 있는 블럭은 '머신러닝 for 키즈'에서 [만들기]를 통해 사용할 수 있다.

❺ 상단 메뉴에서 [프로젝트 템플릿]을 클릭한 후 [스마트 교실]을 선택한다.

❻ 프로젝트를 열면 미리 만들어진 '스마트 교실' 스프라이트를 볼 수 있다. '스마트 교실' 스프라이트에는 이미 몇 개의 스크립트가 만들어져 있는데, 이것들은 프로젝트를 시작할 때 음성으로 선풍기와 램프를 껐다, 켰다를 명령할 수 있다.

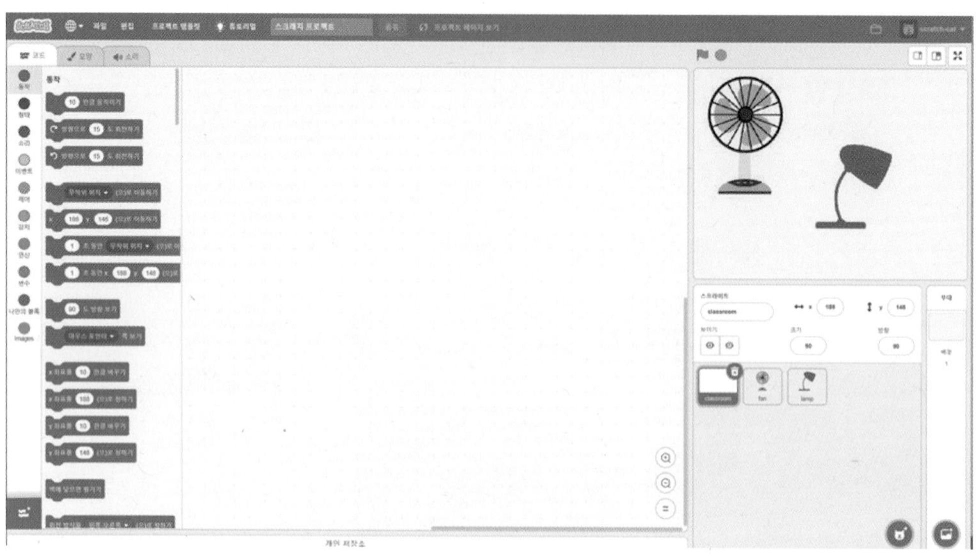

❼ [스크립트 작업창]-[코드] 탭의 맨 아래에 [Smart Classroom] 메뉴가 추가된 것을 확인할 수 있고, 메뉴를 클릭하면 Smart Classroom의 머신러닝 모델을 활용할 수 있는 블럭을 볼 수 있다.

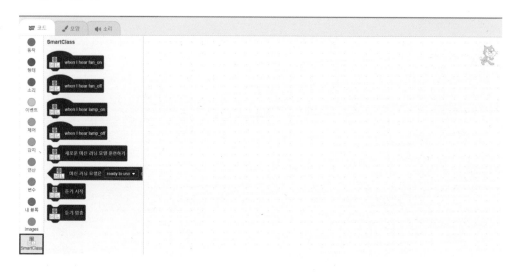

⑧ 지금부터는 Smart Classroom의 머신러닝 모델을 활용하여 스크래치로 프로그램을 작성하면 된다. 프로그램이 실행되어 '선풍기 켜', '선풍기 꺼', '전등 켜', '전등 꺼' 등과 유사한 의미의 음성을 말하면 해당 음성을 인식하여 교실 내에 전자기기 실행 여부를 판단한다. 프로그램을 실행하면 다음과 같이 처리된다.

- 프로그램이 실행되면 "머신러닝 모델이 훈련 중입니다."라고 2초 동안 말하고 새로운 머신러닝 모델을 훈련시킨다.
- 머신러닝 모델 훈련이 끝날 때까지 기다리게 한다.
- 훈련이 끝나면 "머신러닝 모델 훈련이 완료되었습니다." 라고 2초 동안 말하고 여러분의 명령어를 듣기 시작한다.
- 마이크로 입력된 소리가 레이블 <선풍기 켜>로 인식되면 선풍기가 켜진다.
- 마이크로 입력된 소리가 레이블 <선풍기 꺼>로 인식되면 선풍기가 꺼진다.
- 마이크로 입력된 소리가 레이블 <전등 켜>로 인식되면 전등이 켜진다.
- 마이크로 입력된 소리가 레이블 <전등 꺼>로 인식되면 전등이 꺼진다.

⑨ "classroom" 스프라이트를 선택하여 스크립트를 다음과 같이 작성한다.

⑩ 프로젝트를 실행하여 텍스트 입력창에 4가지 동작을 위해 여러 음성으로 'Smart Classroom의 머신러닝 모델'의 성능을 테스트한다.

[STEP 7] 머신러닝 프로젝트 결과 보기

❶ 프로그램을 실행하여 '선풍기 플리즈' 등 학습되지 않는 새로운 음성으로 선풍기가 작동되는지 확인한다. 만약 음성 명령을 머신러닝 모델이 인식하지 못한다면 프로젝트의 [훈련] 단계로 돌아가서 학습 데이터를 추가하고 [학습 & 평가] 단계에서 머신러닝 모델을 다시 학습시킨다.

CHAPTER 04

숫자 인식 프로젝트

1. 타이타닉 생존자 예측 AI 실습

이번 프로젝트에서는 타이타닉 승객 데이터(생존 여부, 성별, 나이, 가족, 티켓 등) 학습을 통하여 타이타닉 생존자를 예측할 수 있는 AI를 제작하고자 한다.

<실습 내용>

[STEP 1] 머신러닝 프로젝트 생성하기

❶ 크롬을 실행하여 주소창에 https://machinelearningforkids.co.uk/을 입력한다.

❷ [Language]를 클릭하고, [kr 한국어]를 선택한다.

❸ [시작해 봅시다]를 클릭한다.

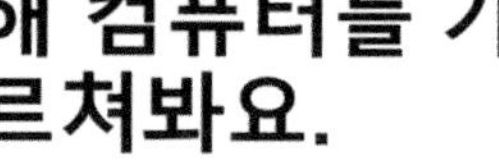

1 먼저 여러 데이터를 모아보세요

2 데이터를 사용하여 인공지능을 훈련시켜보세요

3 인공지능을 사용하여 스크래치 게임을 만들어보세요

④ 계정이 만들어져 있는 상태에서 [로그인]을 클릭하여 아이디와 비밀번호를 입력한다.

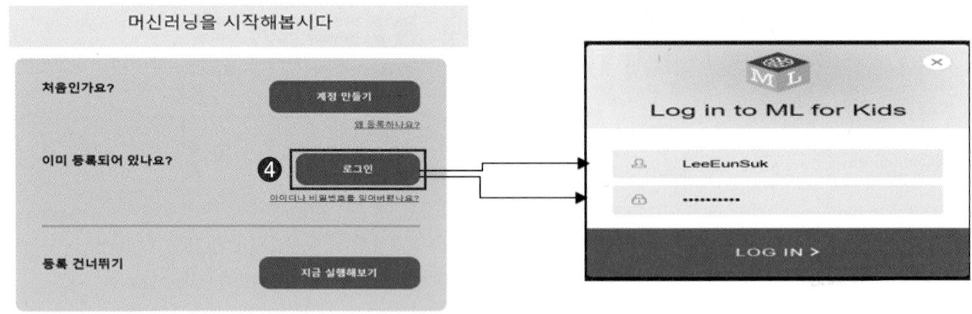

⑤ 계정이 만들어져 있는 상태에서 로그인을 하면 홈 화면으로 이동하는데, 교사 또는 관리자로 회원 가입을 한 아이디로 로그인을 하면 관리 페이지로 이동 버튼과 프로젝트로 이동버튼 두 가지가 생긴다. [프로젝트로 이동]을 클릭한다.

⑥ [Copy template]를 클릭한다.

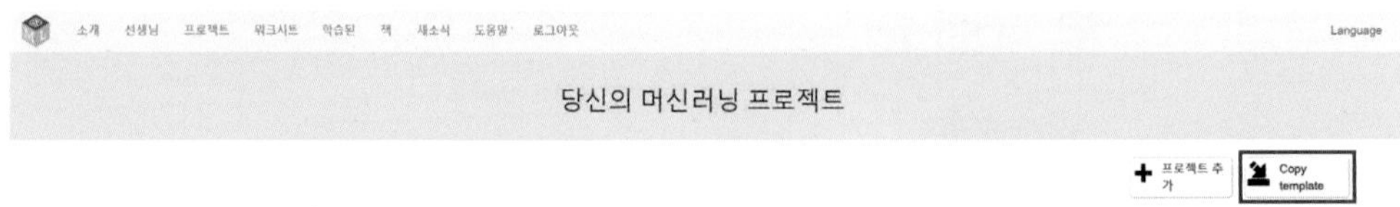

⑦ "타이타닉호 생존자" 프로젝트 템플릿을 찾아 [가져오기] 버튼을 클릭한다.

⑧ 아래와 같이 팝업창이 뜨면 [가져오기] 버튼을 클릭한다. 템플릿에는 사용자가 빠르게 머신러닝을 시작할 수 있도록 훈련 데이터가 포함되어 있다.

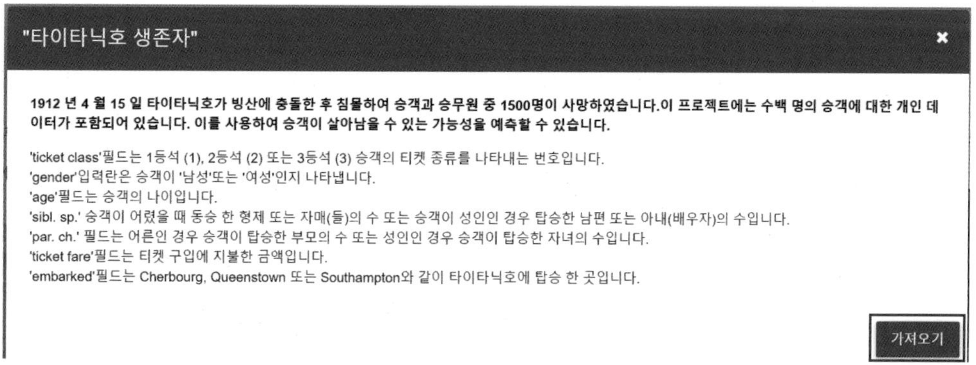

⑨ 자동으로 생성된 'Titanic survivors' 프로젝트를 클릭한다.

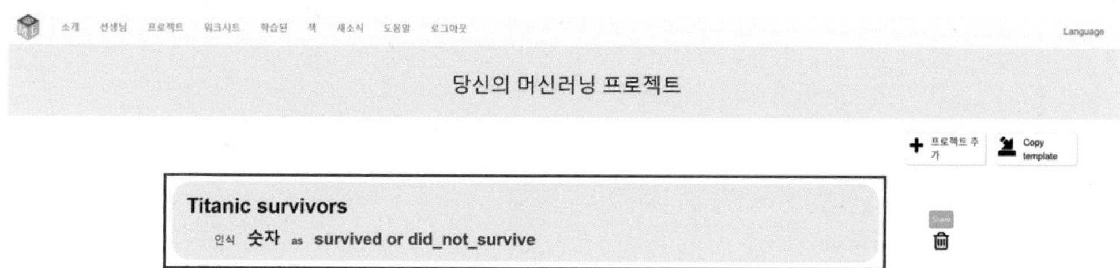

[STEP 2] 머신러닝 모델의 레이블 생성, 학습 데이터 추가하기

❶ Titanic survivors 프로젝트를 클릭하면 그림과 같이 훈련, 학습 & 평가, 만들기 메뉴가 나타난다. [훈련]을 클릭한다.

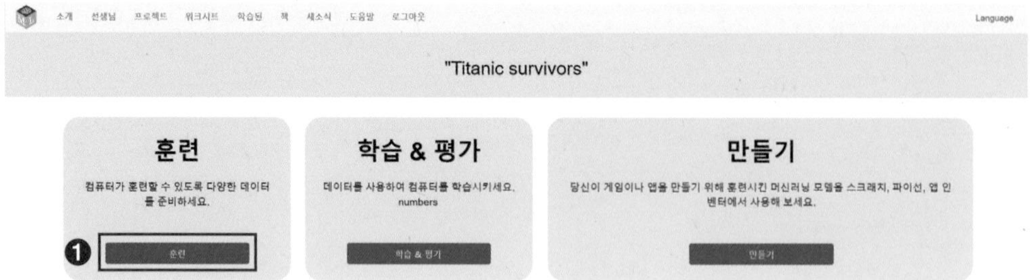

❷ 레이블은 2개로 "survived" 레이블에는 생존자 288명의 데이터 정보가 "did_not_survive" 레이블에는 사망자 424명의 데이터 정보가 미리 입력되어 있다. 데이터를 확인한 후 데이터 확인 후 [프로젝트로 돌아가기]를 클릭한다.

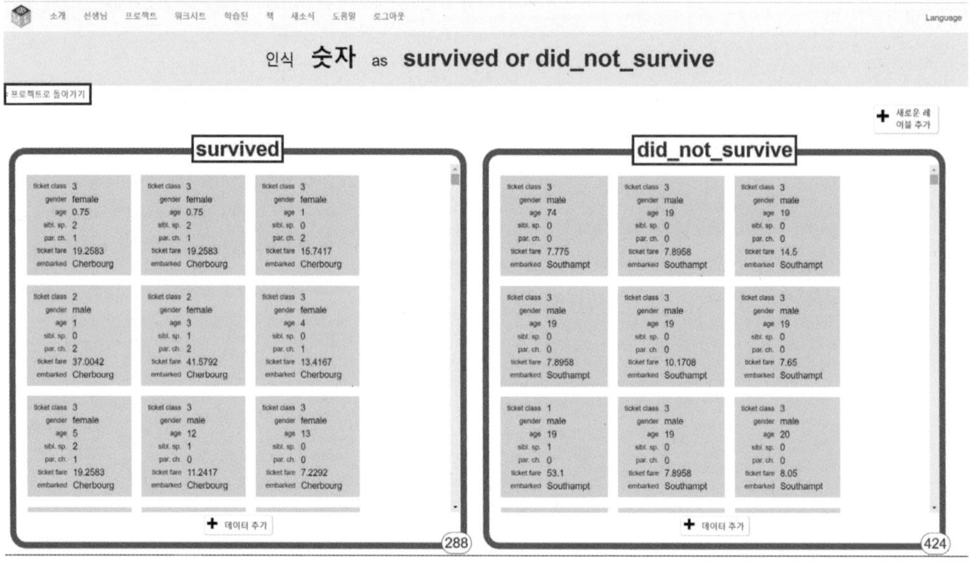

아래 표는 탑승자의 정보에 대한 항목별 형식과 설명이다.

항목	형식	설명
ticket class(좌석 등급)	1, 2, 3	1등급, 2등급, 3등급인지?
gender(성별)	male, female	남자인지, 여자인지?

age(나이)	숫자	몇 살인지?
sibl. sp. (형제 또는 배우자)	숫자 siblings or spouses	어린이는 함께 탑승한 형제자매의 수 어른은 부부 동반은 1, 혼자면 0
par. ch. (부모 또는 자녀)	숫자 parents or children	어린이는 함께 탑승한 (조)부모님의 수 어른은 함께 탑승한 자녀의 수
ticket fare(티켓 가격)	숫자	탑승권의 가격
embarked (승선지)	1. Cherbourg (세르부르) 2. Southampt(사우샘프턴) 3. Queenstwn (퀸즈타운)	배에 승선한 항구는? 1: 세르부르 (프랑스) 2: 사우샘프턴(영국) 3: 퀸즈타운(아일랜드)

[STEP 3] 머신러닝 모델 학습하기

❶ [학습 & 평가] 버튼을 클릭한다.

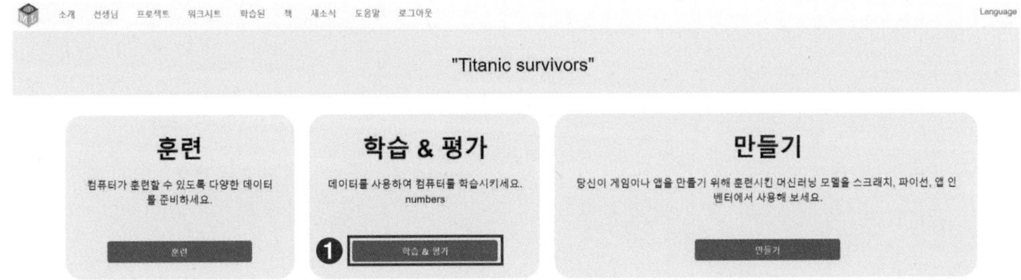

❷ [새로운 머신러닝 모델을 훈련시켜 보세요]를 클릭한다. 모델이 잘 학습되었는지 숫자를 넣어 테스트해 본다. 머신러닝 모델을 훈련시키는 데 30초 이내 걸리며 다음 화면이 나올 때까지 기다린다. 훈련 취소 버튼을 누르면 안된다.

탑승자의 정보에 많은 항목이 존재하므로 사전에 학습 데이터를 검토해 보는 일도 중요하다. 데이터를 엑셀로 변환한 후 생존자와 사망자 간에 데이터의 규칙(패턴)을 찾아본다.

[STEP 4] 머신러닝 모델 평가하기

❶ 훈련이 완료되면 모델이 잘 학습되었는지 평가하기 위해 화면 중간에 테스트를 위한 텍스트 박스가 생성되고 모델의 상태값이 'Available'로 변경된다. 100% confidence을 가지고 Survived로 인식한다.

❷ 다음에는 훈련 데이터로 입력하지 않는 다른 데이터로 입력해 본다. 머신러닝 모델의 평가 결과가 만족스럽지 않다면 [훈련]과 [학습 & 평가] 단계를 반복하며 더 많은 훈련 데이터를 추가하고 평가하여 머신러닝 모델을 훈련시킨다. [프로젝트로 돌아가기] 버튼을 클릭한다.

[STEP 5] 머신러닝 모델로 프로그래밍 작성하기

❶ [만들기] 버튼을 클릭한다.

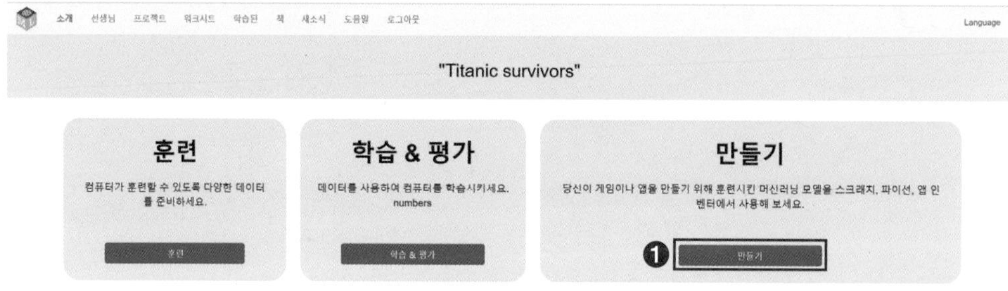

❷ [스크래치 3]을 클릭한다.

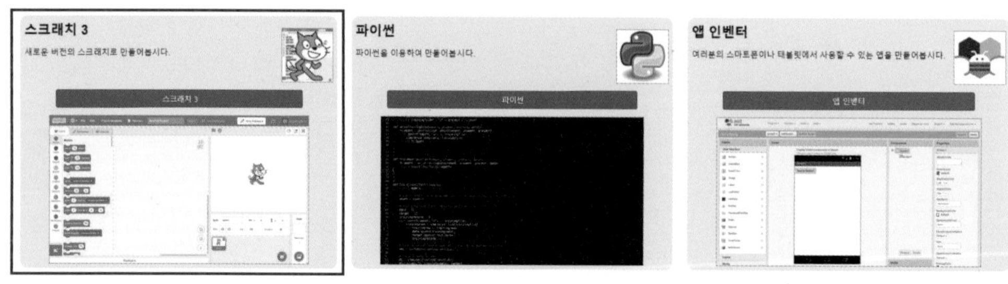

③ [스크래치 3 열기]를 클릭한다.

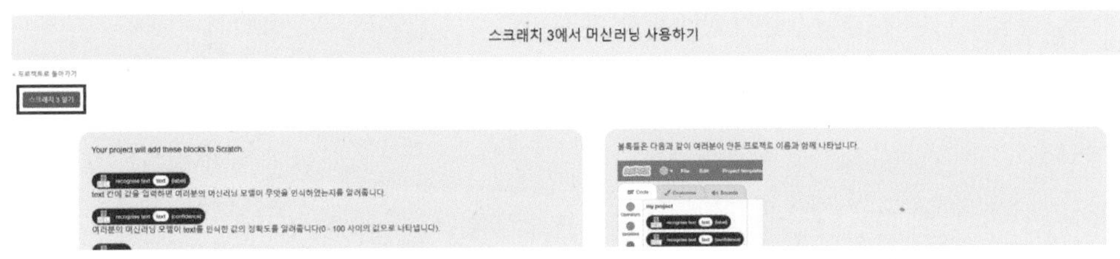

④ 스크래치 프로그래밍 환경이 나타난다. 스크래치에서 머신러닝 모델을 활용할 수 있는 블럭은 '머신러닝 for 키즈'에서 [만들기]를 통해서만 사용할 수 있다.

⑤ 무대 배경은 underwater 2로 변경한다.

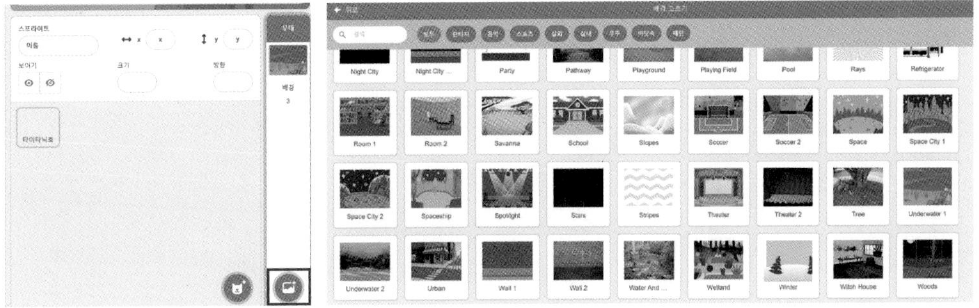

❻ 나이, 부모/자녀, 생존 여부, 성별, 승선지, 이름, 정확도, 좌석 등급, 티켓 가격, 형제자매/배우자 변수를 만들고 아래와 같이 블록을 만든다.

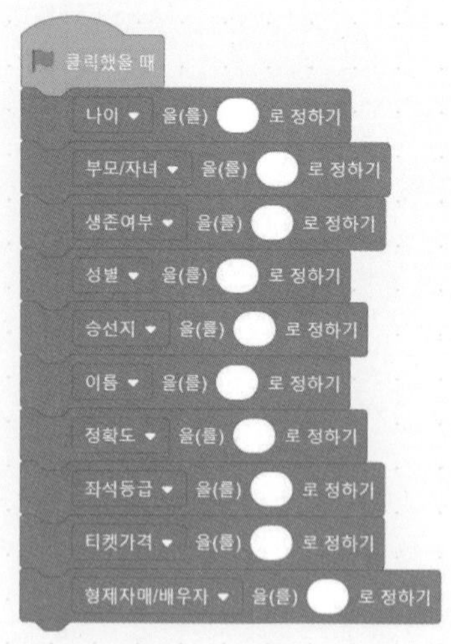

❼ 타이타닉호 스프라이트의 스크립트는 아래와 같이 작성한다.

```
클릭했을 때
이름을 입력하세요 라고 묻고 기다리기
이름 ▾ 을(를) 대답 로 정하기
나이를 입력하세요 라고 묻고 기다리기
나이 ▾ 을(를) 대답 로 정하기
성별을 입력하세요 (남자: 1, 여자: 2) 라고 묻고 기다리기
만약 대답 = 1 (이)라면
  성별 ▾ 을(를) male 로 정하기
아니면
  성별 ▾ 을(를) female 로 정하기
부모 또는 자녀의 수를 입력하세요 라고 묻고 기다리기
부모/자녀 ▾ 을(를) 대답 로 정하기
형제자매 또는 배우자의 수를 입력하세요 라고 묻고 기다리기
형제자매/배우자 ▾ 을(를) 대답 로 정하기
좌석 등급을 입력하세요 (1~3) 라고 묻고 기다리기
좌석등급 ▾ 을(를) 대답 로 정하기
티켓 가격을 입력하세요 (500~0, 중간 15파운드) 라고 묻고 기다리기
티켓가격 ▾ 을(를) 대답 로 정하기
승선지를 입력하세요 (세르부르: 1, 퀸즈타운: 2, 사우샘프턴: 3) 라고 묻고 기다리기
만약 대답 = 1 (이)라면
  승선지 ▾ 을(를) Cherbourg 로 정하기
아니면
  만약 대답 = 2 (이)라면
    승선지 ▾ 을(를) Queenstwn 로 정하기
  아니면
    승선지 ▾ 을(를) Southampt 로 정하기
생존여부 ▾ 을(를) recognise numbers ticket class 좌석등급 gender 성별 age 나이 sibl. sp. 형제자매/배우자 par. ch. 부모/자녀 ticket fare 티켓가격 embarked 승선지 (label) 로 정하기
정확도 ▾ 을(를) recognise numbers ticket class 좌석등급 gender 성별 age 나이 sibl. sp. 형제자매/배우자 par. ch. 부모/자녀 ticket fare 티켓가격 embarked 승선지 (confidence) 로 정하기
이름 와(과) 님은 타이타닉에서 와(과) 정확도 와(과) % 확률로 와(과) 생존여부 와(과) 합니다. 결합하기 결합하기 결합하기 결합하기 결합하기 말하기
```

[STEP 7] 머신러닝 프로젝트 결과 보기

❶ 녹색 깃발을 클릭하여 프로젝트 실행한 후, 1997년에 개봉한 영화 〈타이타닉〉의 실제 주인공으로 인공지능 모델을 테스트해 본다.

▸잭 도슨(레오나르도 디카프리오)

잭은 20세 남자이며 3등급 티켓을 포커 게임에서 이겨서 공짜로 구했습니다. 그는 영국 사우샘프턴에서 타이타닉호에 승선했습니다. 그는 15세에 고아가 되었고, 배에는 다른 가족은 타지 않았습니다.

▸로즈 드위트 버케이터(케이트 윈슬렛)

로즈는 17세 여자이며 1등급 티켓을 가졌습니다. 영화에서는 티켓 가격이 정확히 나오지 않았지만, 그녀의 객실의 기준으로 할 때 티켓 가격은 450파운드로 예상됩니다. 그녀는 영국 사우샘프턴에서 배에 승선했으며 그녀는 엄마, 그리고 약혼자와 함께 탔습니다. 그녀의 형제자매는 아무도 함께 탑승하지 않았습니다.

PART III 인공지능 실습 프로젝트

2. 팩맨(Pac-Man) 게임 만들기

이번 프로젝트에서는 고전 게임인 팩맨으로 컴퓨터에게 규칙이나 명령어를 입력하지 않고 팩맨과 유령이 움직일 수 있는 다양한 경우의 수를 학습시켜 스스로 판단할 수 있는 AI를 제작하고자 한다.

<실습 내용>

[STEP 1] 머신러닝 프로젝트 생성하기

❶ 크롬을 실행하여 주소창에 https://machinelearningforkids.co.uk/을 입력한다.

❷ [Language]를 클릭하고, [kr 한국어]를 선택한다.

❸ [시작해 봅시다]를 클릭한다.

❹ 계정이 만들어져 있는 상태에서 [로그인]을 클릭하여 아이디와 비밀번호를 입력한다.

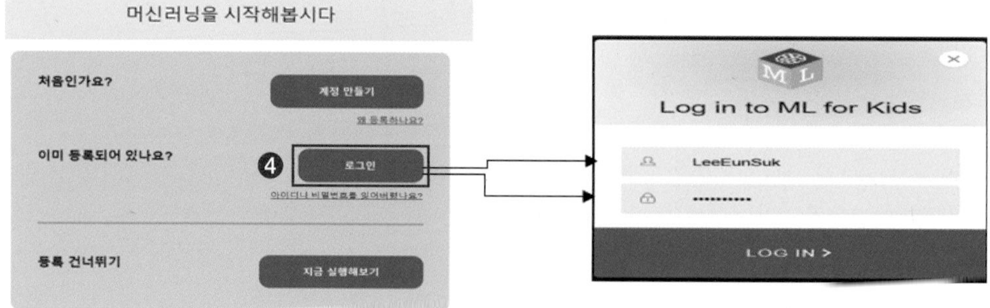

⑤ 계정이 만들어져 있는 상태에서 로그인을 하면 홈 화면으로 이동하는데, 교사 또는 관리자로 회원 가입을 한 아이디로 로그인을 하면 관리 페이지로 이동 버튼과 프로젝트로 이동버튼 두 가지가 생긴다. [프로젝트로 이동]을 클릭한다.

⑥ [프로젝트 추가]를 클릭한다.

⑦ 프로젝트 이름, 인식 방법을 선택하고 "ADD A VALUE" 버튼을 클릭한다.

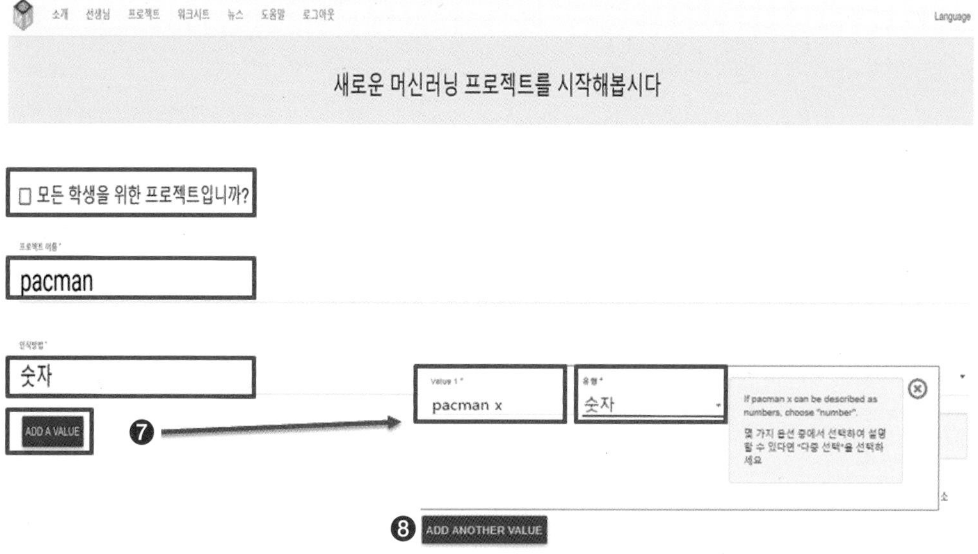

다음과 같이 4개의 Value를 추가한다.

- pacman x: 팩맨의 좌, 우 이동 값
- pacman y: 팩맨의 위, 아래 이동 값
- ghost x: 유령의 좌, 우 이동 값
- ghost y: 유령의 위, 아래 이동 값

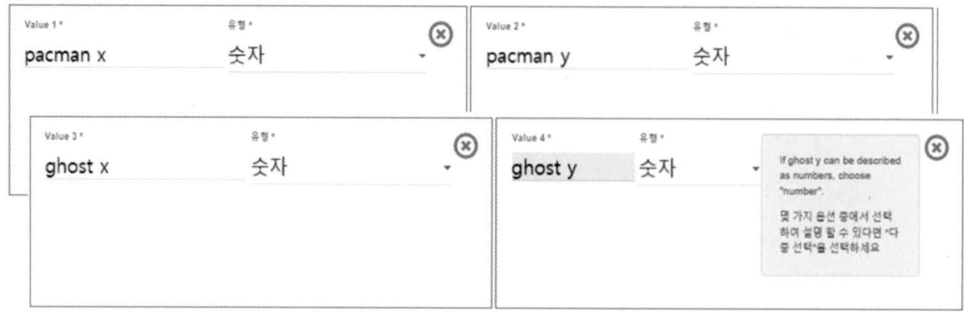

❽ 만들기 클릭한다.

❾ 생성된 'pacman' 프로젝트를 클릭한다.

[STEP 2] 스크래치 프로그램 만들기

❶ 이번 프로젝트에서는 먼저 스크래치 프로그램부터 만들어 생성된 레이블에 값을 저장한 후 머신러닝 훈련을 할 것이다. [만들기]를 클릭한다.

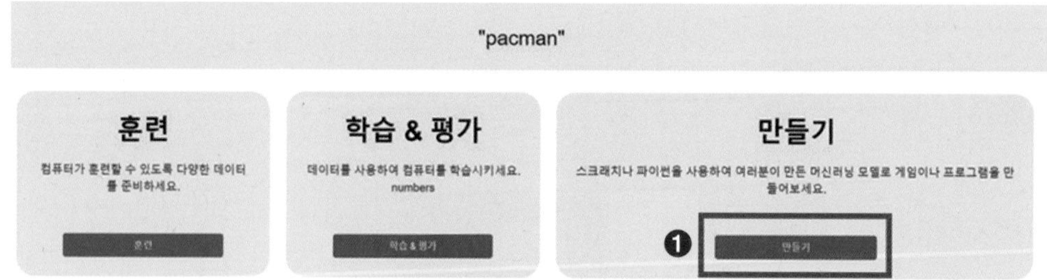

❷ [스크래치 3]을 클릭한다.

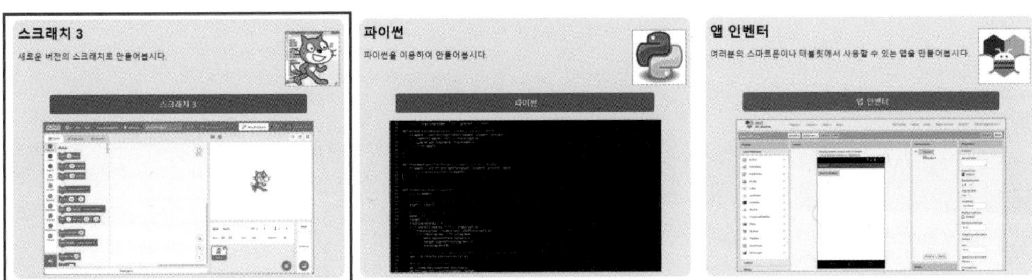

❸ 학습을 시키지 않아 머신러닝 모델이 없다는 메시지가 나타난다. 우리는 스크래치를 먼저 작성 후 머신러닝 학습할 예정이니 [스크래치]를 클릭한다.

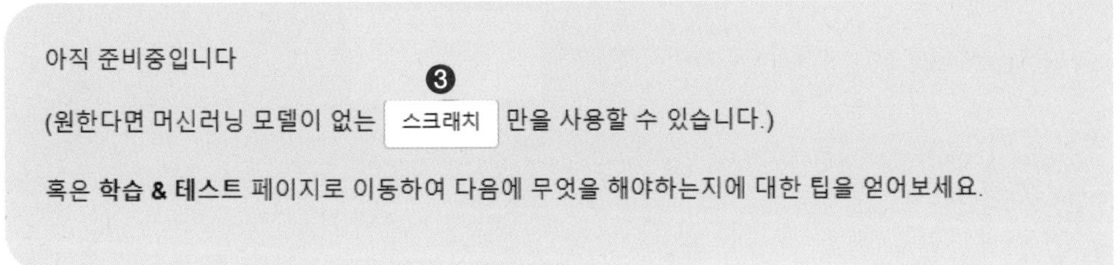

❹ 새로 열린 스크래치 3 웹 창에서 [프로젝트 템플릿]을 클릭한다.

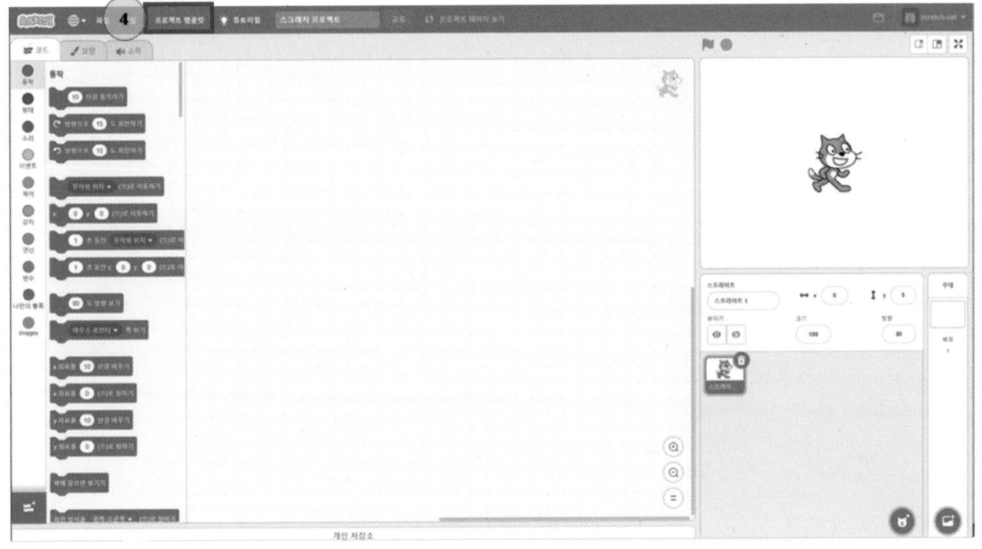

⑤ [팩맨]을 클릭한다.

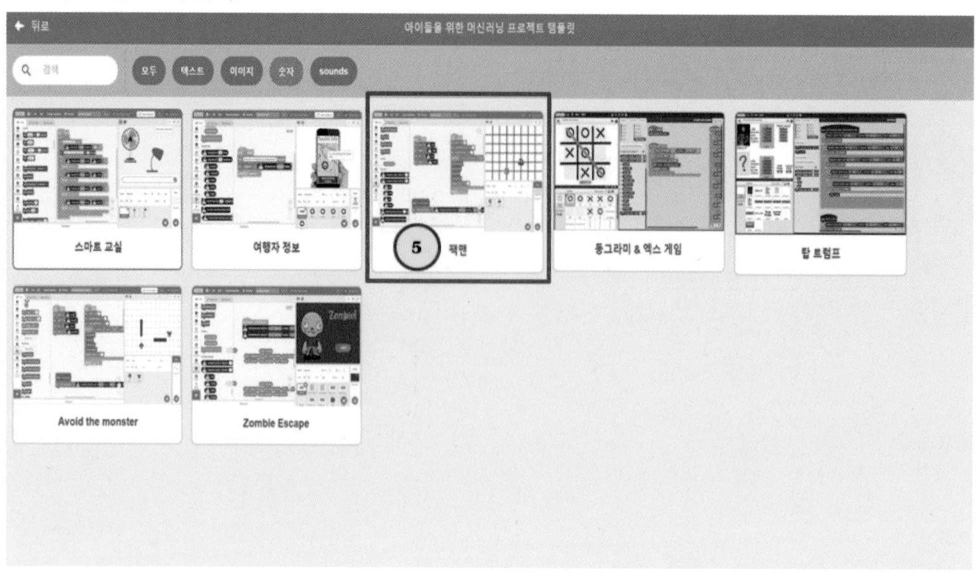

⑥ 녹색 깃발을 클릭하여 팩맨 게임을 실행한다.

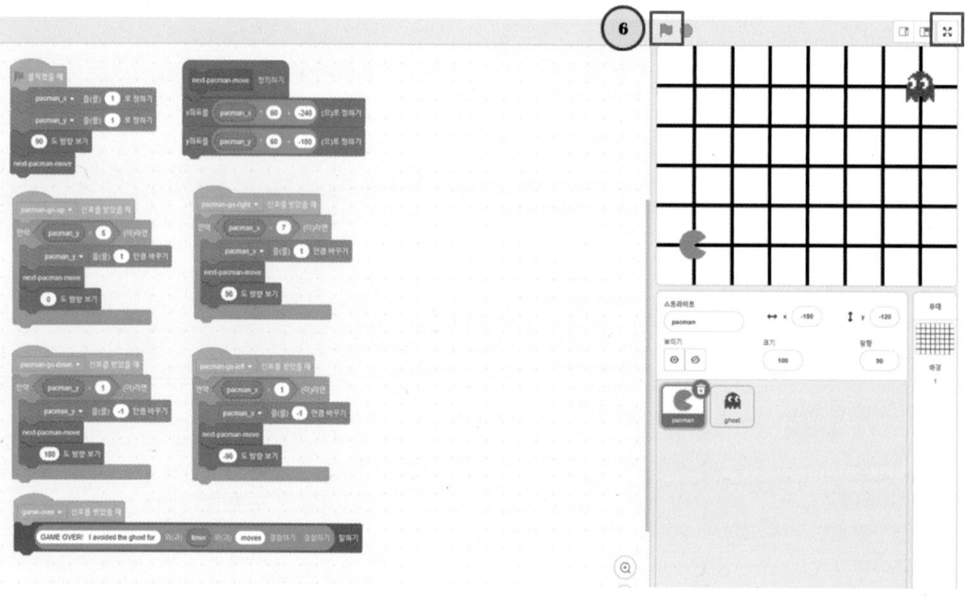

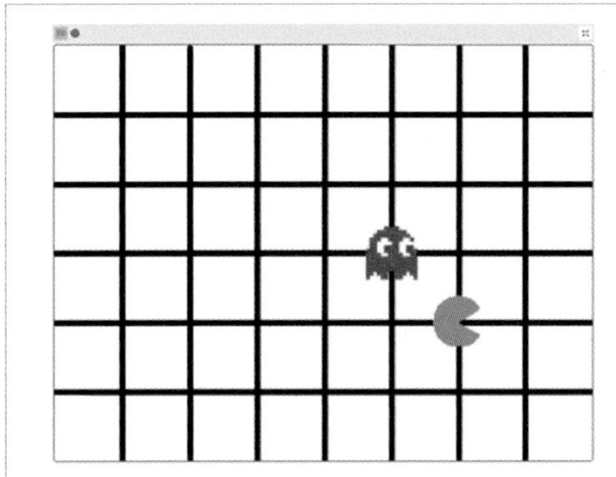

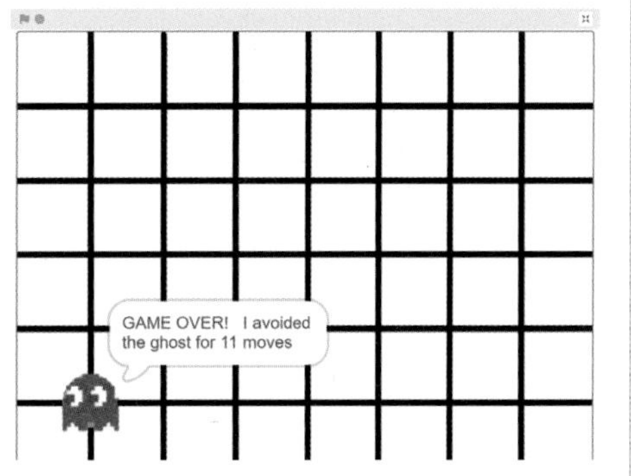

키보드의 상, 하, 좌, 우 키를 움직여 팩맨이 유령을 피해 달아난다.	팩맨이 유령에게 몇 번 만에 잡혔는지 알려 주고 게임은 끝난다.

팩맨과 유령의 움직임 규칙

- 팩맨과 유령이 움직이는 게임판은 그래프의 형태로 이루어져 있다.
- 팩맨과 유령은 선을 따라서만 이동이 가능하고 x값은 가로를, y값은 세로를 나타낸다.

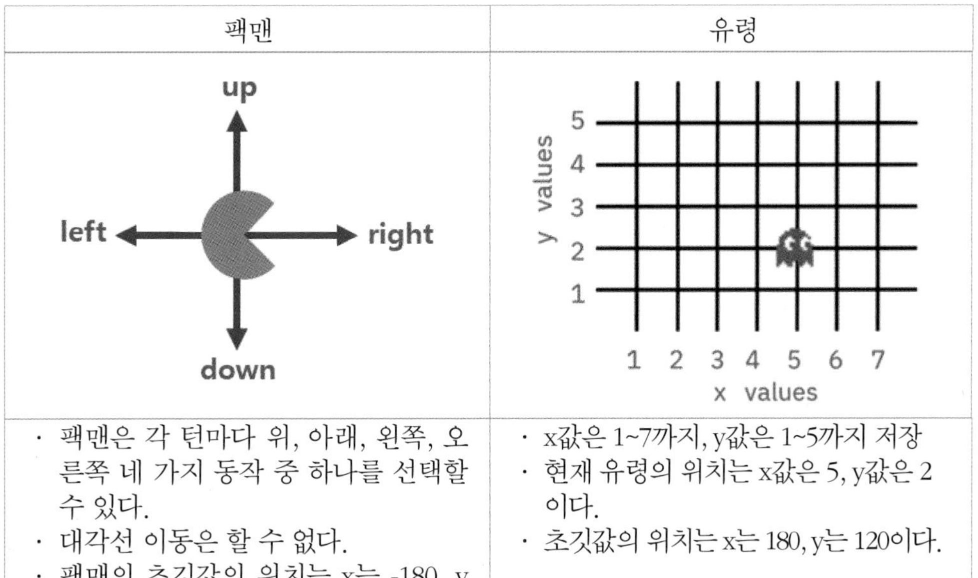

팩맨	유령
· 팩맨은 각 턴마다 위, 아래, 왼쪽, 오른쪽 네 가지 동작 중 하나를 선택할 수 있다. · 대각선 이동은 할 수 없다. · 팩맨의 초깃값의 위치는 x는 -180, y는 -120이다.	· x값은 1~7까지, y값은 1~5까지 저장 · 현재 유령의 위치는 x값은 5, y값은 2이다. · 초깃값의 위치는 x는 180, y는 120이다.

❼ 스크래치 3을 나가기 한 후 [프로젝트로 돌아가기]를 클릭한다.

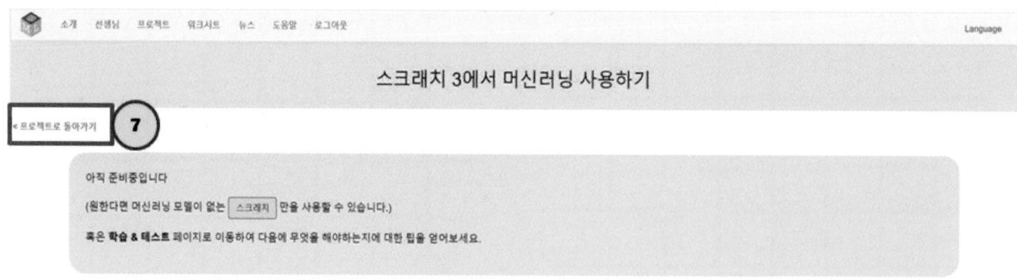

[STEP 3] 머신러닝 모델의 레이블 생성, 학습 데이터 추가하기

❶ [훈련] 버튼을 클릭한다.

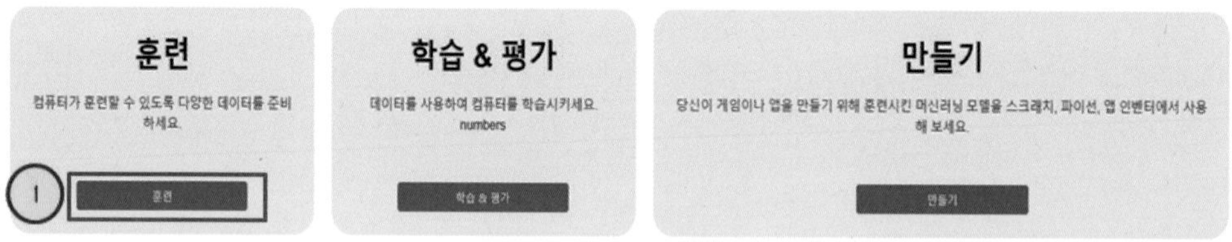

❷ 처음 지정한 대로 인식이 '숫자'로 지정되어 있다.

❸ [+새로운 레이블 추가]를 클릭한다.

❹ 새로운 레이블 'left', 'right', 'up', 'down'을 추가한다. 레이블은 영문으로 작성해야 한다.

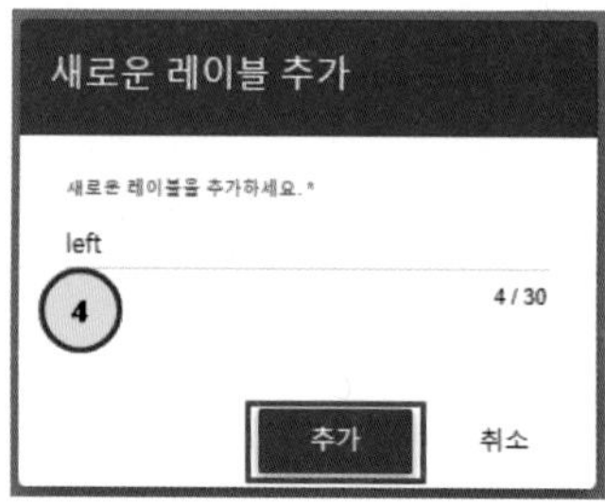

⑤ 레이블 추가가 끝나면 [프로젝트로 돌아가기]를 클릭한다.

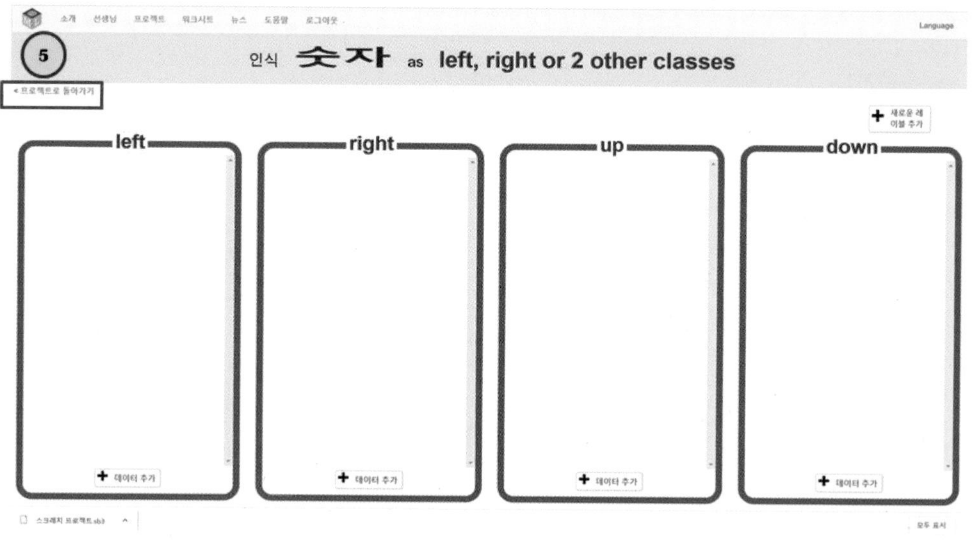

⑥ [만들기]를 클릭해서 스크래치 프로그램으로 다시 돌아간다.

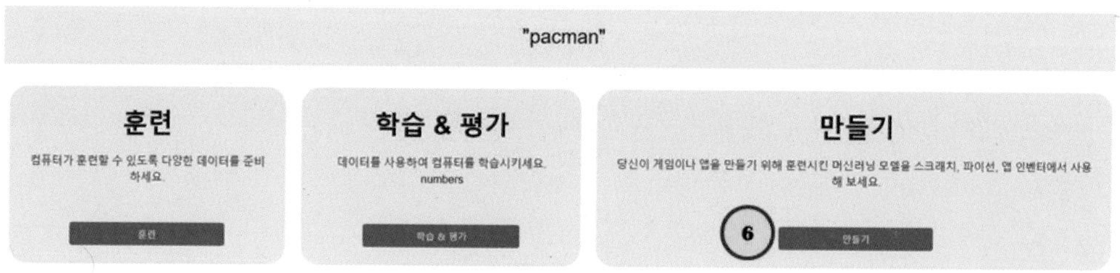

⑦ [스크래치 3]을 클릭한다.

⑧ [straight into Scratch]를 클릭해서 스크래치 3 웹 화면으로 돌아간다.

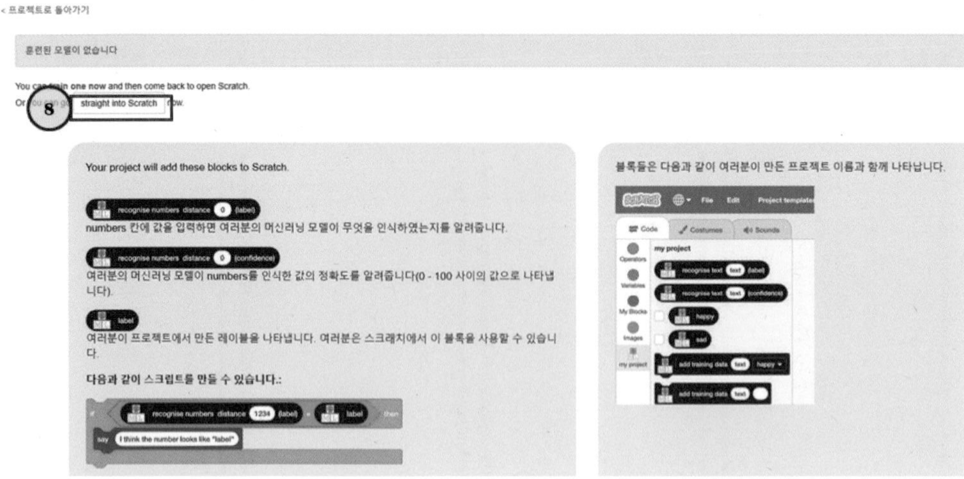

⑨ 처음 스크래치 3과 다르게 'pacman'이라는 카테고리가 생성되었다. [프로젝트 템플릿]을 클릭한다.

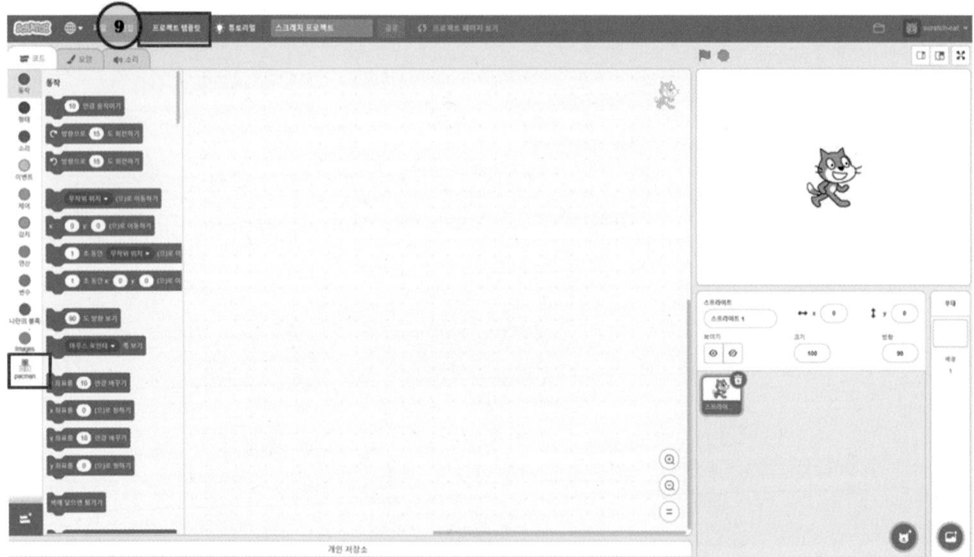

⑩ 팩맨을 선택한다.

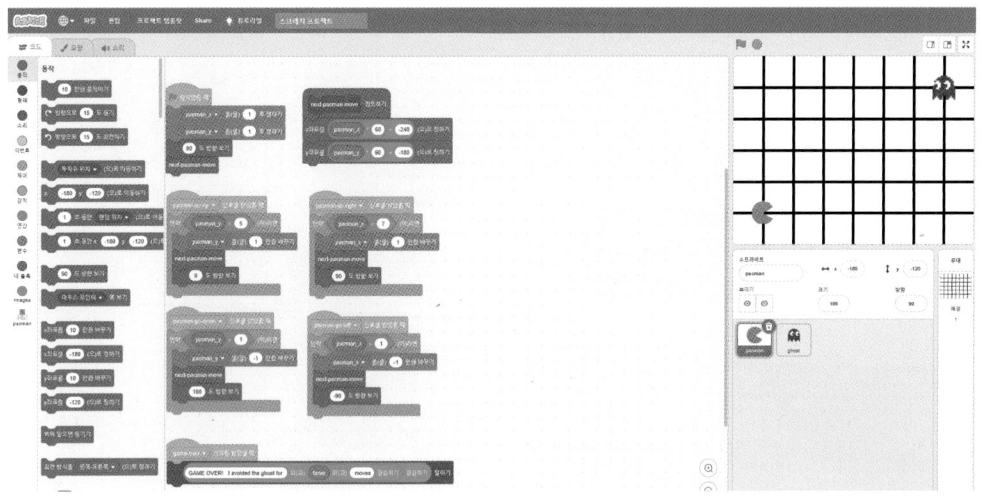

⑪ 무대(배경) 스프라이트를 선택한다.

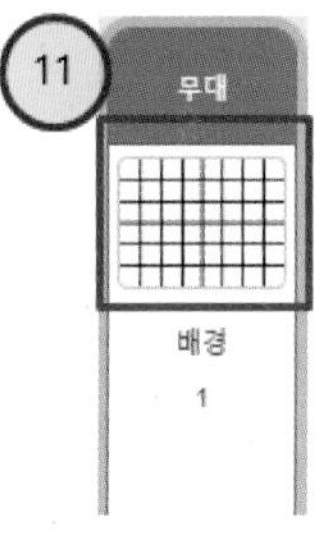

⑫ 이제까지는 키보드를 이용하여 상, 하, 좌, 우로 이동하였는데 팩맨의 움직임을 레이블의 데이터로 저장하기 위하여 'up', 'down', 'left', 'right'로 정하기를 선택한다.

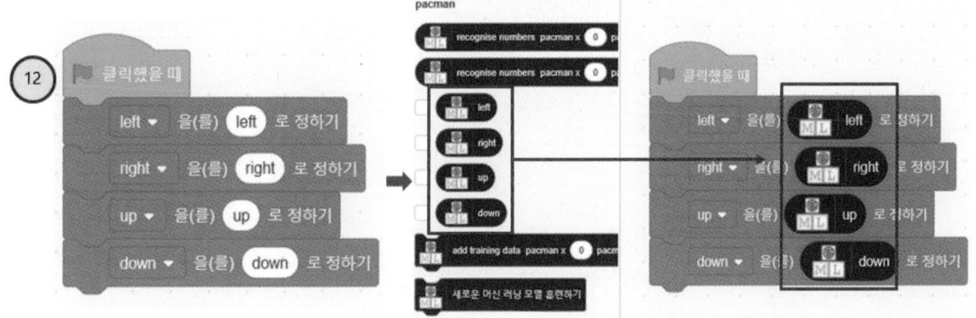

⑬ 무대(배경) 스프라이트에서 'pacman-decision' 정의하기 블록이 있는 부분을 찾아서 아래와 같이 수정한다.

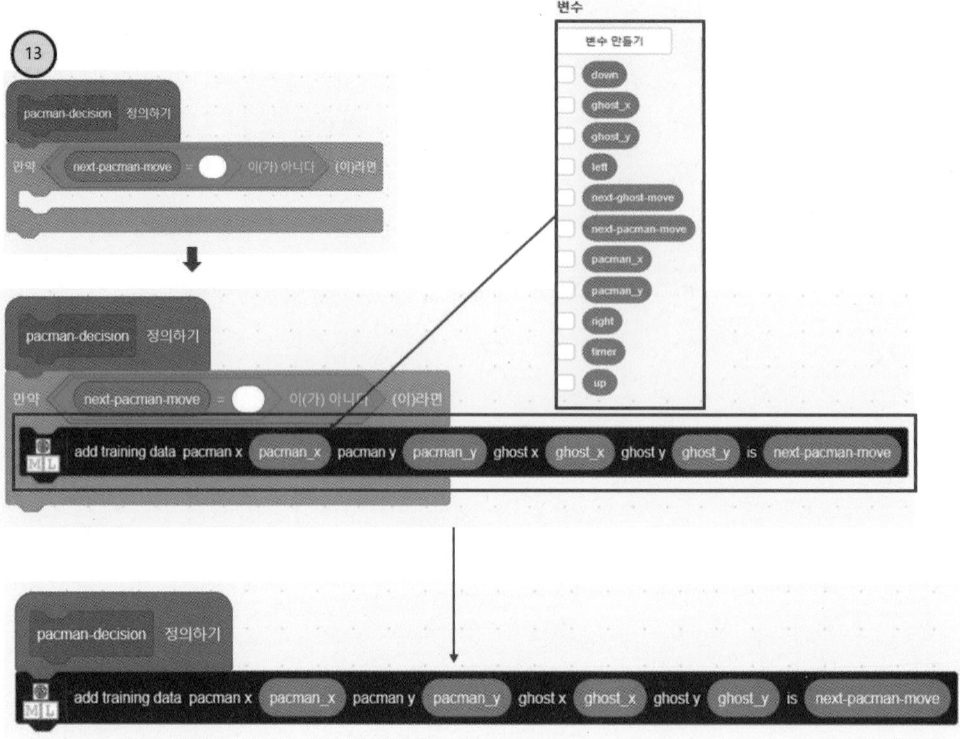

이 명령은 팩맨과 유령의 각각의 현재 위치를 4개의 레이블(left, right, up, down) 중 1개의 레이블에 데이터를 추가한다.

예를 들면 팩맨이 유령을 피해 오른쪽으로 이동한다면 팩맨과 유령의 현재 위치(각각의 x, y좌푯값)가 'right' 레이블에 저장된다.

⑭ 전체 화면을 선택하고 녹색 깃발을 클릭하여 실행한다. 데이터가 많을수록 학습이 잘 되므로 여러 번 실행한다.

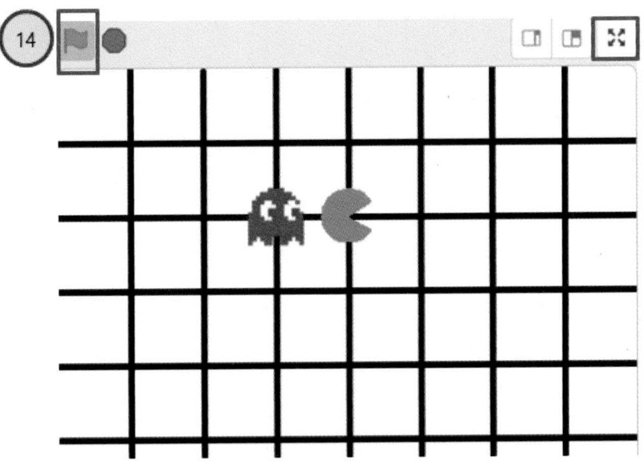

⑮ [파일]-[컴퓨터에 저장하기]를 한다.

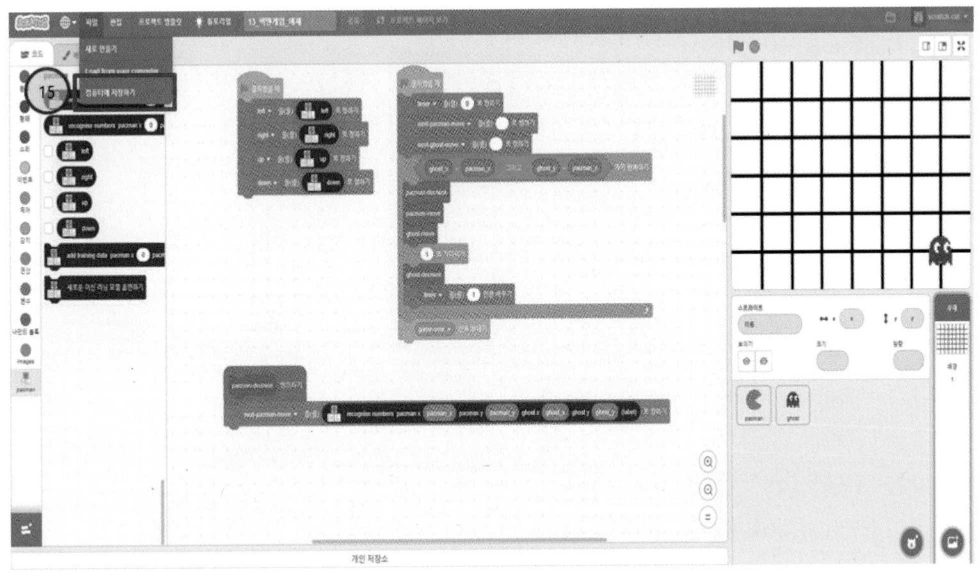

PART III 인공지능 실습 프로젝트

[STEP 4] 머신러닝 모델 학습 & 평가하기

❶ [프로젝트 돌아가기]를 클릭한 후 [훈련] 버튼을 클릭한다.

❷ 팩맨 게임을 통해서 레이블 데이터가 잘 추가되었는지 확인한다. 예시 자료에서는 왼쪽으로 12번, 오른쪽으로 22번, 위로 11번, 아래로 9번 명령을 입력하였음을 확인할 수 있다.

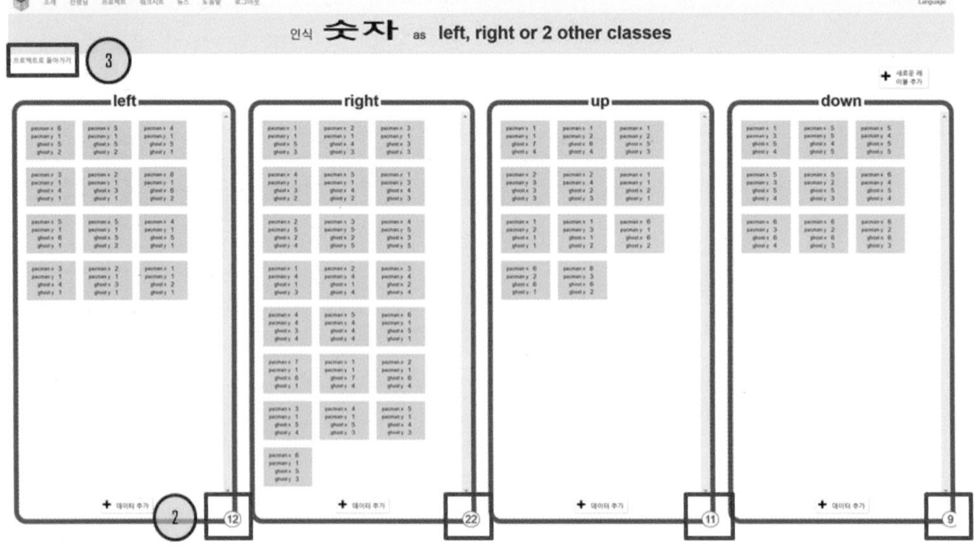

❸ [프로젝트로 돌아가기]를 클릭한다.

❹ [학습 & 평가]를 클릭한다.

❺ [새로운 머신러닝 모델을 훈련시켜 보세요] 클릭한다.

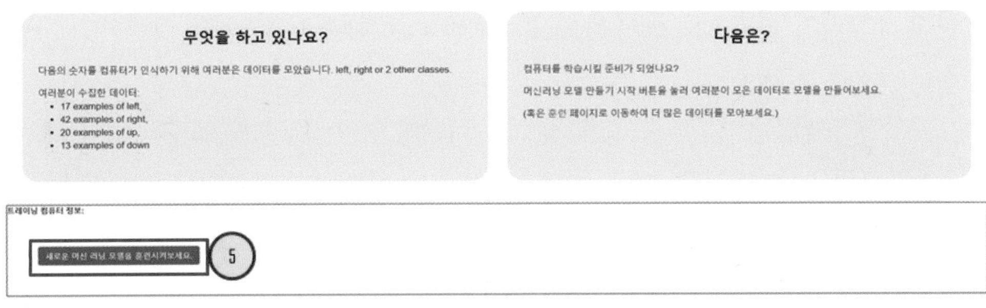

❻ 훈련이 완료되면 완료 텍스트 박스와 입력창이 생긴다. 무엇을 학습했는지 확인해 보기 위해서 4개의 임의의 값(pacman x, pacman y, ghost x, ghost y)을 입력하여 결과를 확인한다. 예를 들면 2, 3, 3, 2를 각각 입력하였을 경우, 결과에 높은 정확도로 'up'으로 나오면, 팩맨과 유령이 입력한 좌표에 있을 때 전략적으로 팩맨이 고스트를 피하기 위해 위로이동할 것임을 의미한다.

❼ [프로젝트로 돌아가기]를 클릭한다.

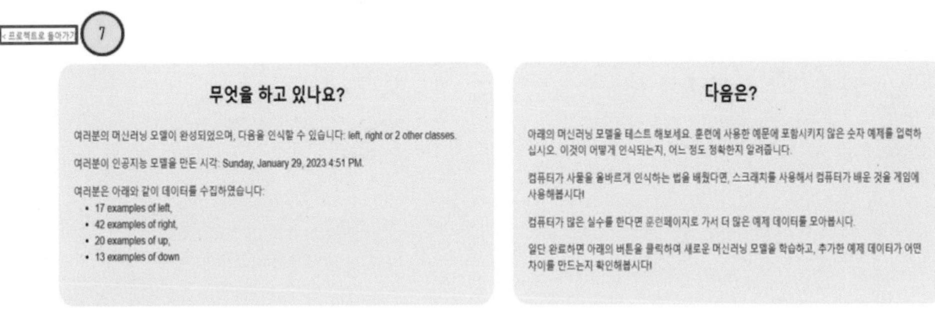

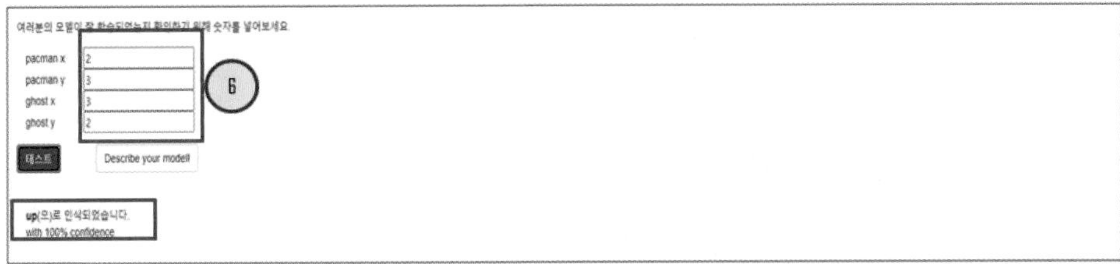

PART III 인공지능 실습 프로젝트

[STEP 5] 머신러닝 모델로 프로그래밍 작성하기

❶ 다시 스크래치 화면으로 돌아온 후 [Load from your computer]를 선택하여 저장되어 있는 파일을 불러온다.

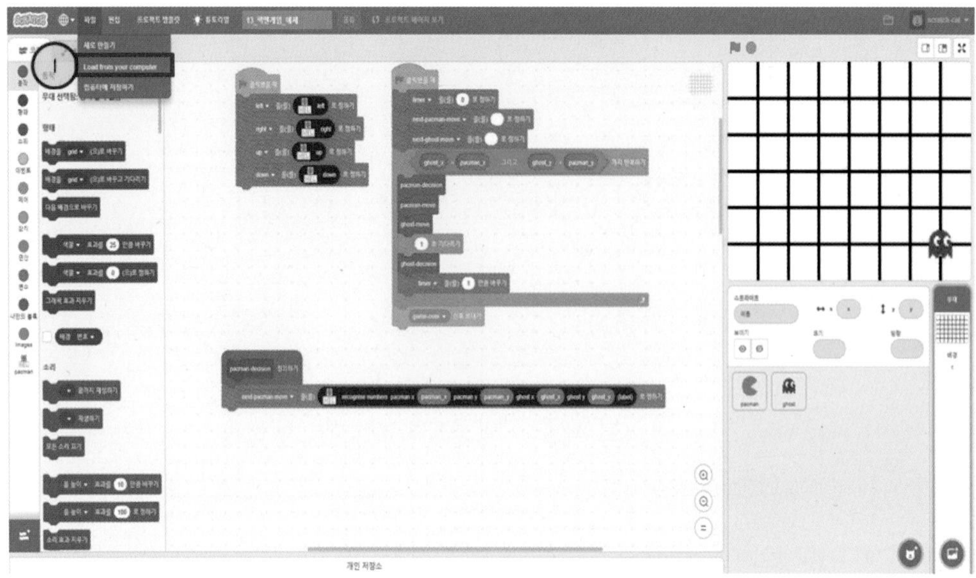

❷ 무대(배경) 스프라이트를 선택하고 다음 블록을 삭제한다.

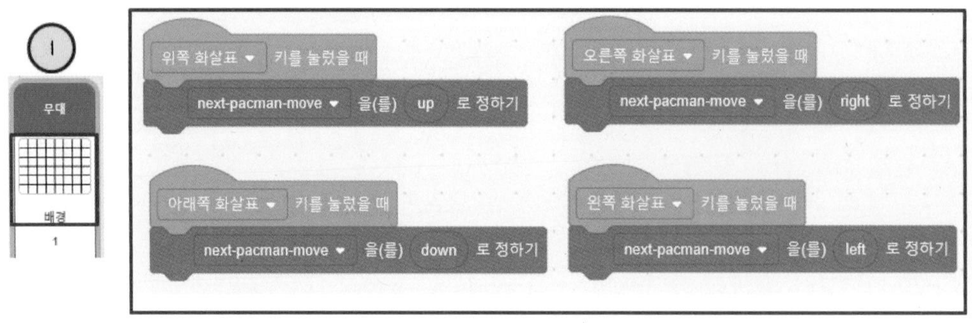

위 블록은 키보드를 눌러서 게임을 하려고 하는 것이 아니라 컴퓨터가 스스 로 게임을 하는 것이기 때문에 더 이상 필요가 없다.

❸ 무대(배경) 스프라이트를 선택하고 다음 블록을 찾아 수정한다.

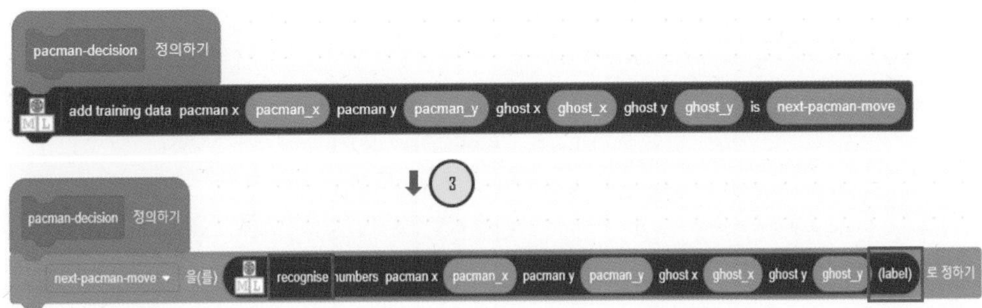

머신러닝 모델이 게임을 배우는 대신 학습한 머신러닝 모델을 활용하여 컴퓨터가 스스로 게임을 진행한다.

❹ 무대(배경) 스프라이트를 선택하고 다음 블록을 찾아 삭제한다.

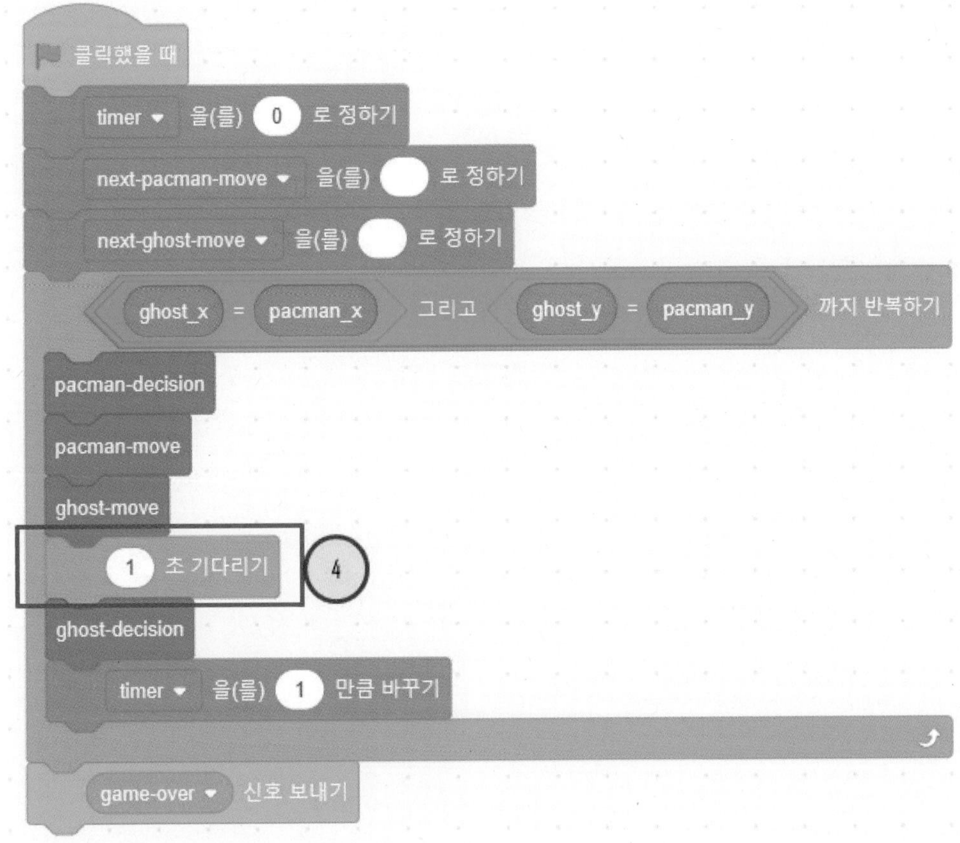

게임의 진행을 빨리하기 위해 [1초 기다리기]를 삭제한다.

[STEP 6] 머신러닝 프로젝트 결과 보기

[전체 화면]을 클릭하고 녹색 깃발을 클릭하여 팩맨 게임을 실행한다.

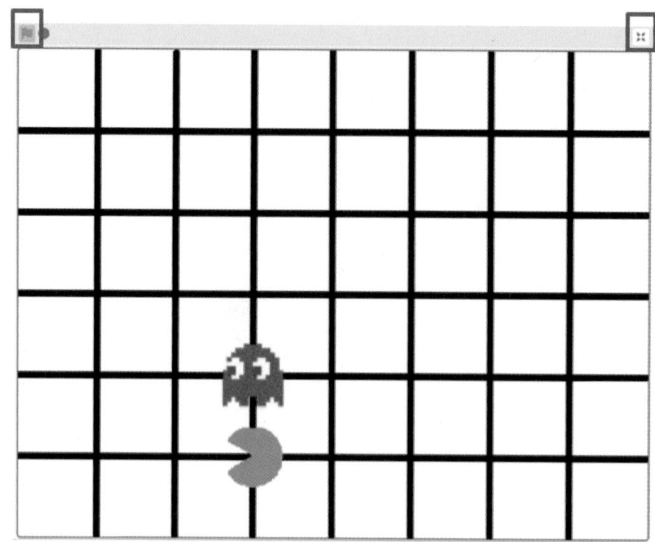

팩맨이 유령에게 잡히지 않고 잘 이동하는지 확인한다. 팩맨의 성능을 높이려면 플레이를 많이 하며 데이터를 추가적으로 수집하여 훈련시킨다면 보다 오랫동안 유령을 피할 수 있을 것이다.

결국은 데이터를 더 많이 제시하여 학습시키면 인공지능이 상황을 판단하는 데 도움이 되어 정확도는 높아지게 된다.

부록

초거대 AI ChatGPT

대화형 인공지능 ChatGPT
개발을 위한 가이드북

CHAPTER 01

초거대 AI

대화형 인공지능 ChatGPT 개발을 위한 가이드북

1. ChatGPT(Generative Pre-trained Transformer)란?

ChatGPT는 OpenAI에서 개발한 대화형 인공지능 모델이다. GPT는 "Generative Pre-trained Transformer"의 약자이며 인공지능 분야의 기술 중 "자연어 처리"에서 특히 뛰어난 성능을 보인다. 자연어 처리 기술을 사용하여 사용자가 질문이나 문장을 입력하면, 모델은 입력된 내용을 이해하고, 이를 분석하여 적절한 대답을 생성한다.

ChatGPT는 인간처럼 자연스러운 대화를 이어나갈 수 있는 능력을 지니고 있다. 이는 모델이 사전 훈련된 대규모의 데이터셋에서 다양한 어휘, 문법 및 대화 패턴을 학습하기 때문이다.

언어 모델이 초거대로 발전하게 된 것은 2017년 구글의 '트랜스포머(transformer)' 신경망 기술의 영향이 크다. 트랜스포머는 문장 속 단어와 같은 순차 데이터 내의 관계를 추적해 맥락과 의미를 학습하는 신경망이다. 뇌의 시냅스에 해당하는 파라미터(parameter, 매개변수) 수가 많고 규모가 클수록 모델이 학습 데이터에서 더 많은 정보를 받아들일 수 있고, 새로운 데이터에 대해서도 더 정확한 예측을 할 수 있어 AI 성능을 높일 수 있다.

GPT(Generative Pre-trained Transformer) 시리즈는 OpenAI에서 개발한 사전 훈련된 언어 모델이며, GPT-1부터 GPT-4까지 점진적으로 발전되어 왔다.

1) GPT-1

2018년에 발표된 최초의 GPT 모델로 Transformer 아키텍처를 사용하여 40GB의 인터넷 문서를 학습하였다. 1억 7,000만 개의 파라미터를 가지며, 주로 간단한 자연어 생성 작업에 사용된다.

2) GPT-2

2019년에 발표된 GPT-1의 후속 모델이다. GPT-1보다 더 큰 데이터셋을 사용하여 학습하였으며, 15억 개의 파라미터를 가진다. 생성된 문장의 일관성과 품질이 높아졌으며, 주로 자연어 생성 및 번역 작업에 사용된다.

3) GPT-3

2020년에 발표된 GPT 시리즈이다. 1,750억 개의 파라미터를 가지며, 이전 모델인 GPT-2의 116배에 해당한다. 다양한 자연어 처리 작업을 수행할 수 있으며, 특히 대화형 AI나 AI 작성 글 등에 사용된다. 새로 공개된 ChatGPT는 GPT-3의 단점 중 '기계스러움'외 여러 오류를 개선한 GPT-3.5에 기반을 두고 있다.

4) GPT-4

현재까지 공식적으로 발표된 것은 없으며, 앞으로 나올 것으로 예상되는 모델이다.
따라서 GPT-4의 구조나 기능에 대해서는 아직 알려진 바는 없다.

각 모델의 파라미터 수가 증가하면서, 생성되는 문장의 품질과 다양성이 향상되었으며, 다양한 자연어 처리 작업에서 좋은 성능을 보이고 있다. 하지만 모델의 크기가 커짐에 따라 모델 학습과 추론 시간이 길어지며 모델의 파라미터 수가 많아지면서 발생하는 데이터 사용량과 컴퓨팅 리소스 요구 사항도 높아지는 단점이 있다.

2. ChatGPT의 원리

ChatGPT는 발전 과정에서 "전이 학습(Transfer Learning)"을 사용한다. 이는 이미 많은 양의 데이터를 사용하여 사전 학습된 모델을 사용하고, 그다음 특정 응용 분야에 맞게 미세 조정(finetuning)하는 것을 의미한다.

ChatGPT의 발전 과정은 크게 다음과 같은 과정으로 이루어진다.

1) 대규모 텍스트 데이터 수집 및 전처리

인공 신경망을 사용하여 자연어 처리 작업을 수행하기 위하여 사전 훈련을 위해 매우 많은 양의 텍스트 데이터가 필요하다. 웹 페이지, 책, 뉴스 기사 등에서 수집된 데이터는 토큰화(tokenization), 정제(cleaning) 및 정규화(normalization)과 같은 전처리 과정을 거쳐 처리된다.

2) 사전 훈련(pre-training)

전처리된 데이터를 사용하여 GPT 모델을 사전 훈련한다. 문장 생성 및 미래 단어 예측, 언어 모델링 등을 수행하며, 이를 통해 다양한 응용 분야에 적용될 수 있는 매우 강력한 언어 모델을 학습한다.

3) 미세 조정(fine-tuning)

미리 학습된(pre-trained) 모델을 새로운 데이터셋에 맞게 추가 학습하는 과정이다.

사전 훈련된 모델은 다양한 응용 분야에서 사용될 수 있도록 대상 응용 분야에 맞게 모델을 미세 조정(fine-tuning) 하여 해당 분야에서 최적의 성능을 발휘할 수 있도록 한다.

3) 배포 및 유지 관리

미세 조정 된 모델은 실제 환경에서 사용되기 위해 모델을 서버에 배포하고, 사용자 인터페이스와 연결하여 대화형 인터페이스를 구현한 후 모델의 성능을 모니터링하고 유지 보수하는 관리가 필요하다. 위와 같은 과정을 통해 ChatGPT는 발전하며 업데이트를 거쳐 더욱 정확하고 자연스러워진다.

ChatGPT는 입력된 문장의 이전 단어들을 모두 고려하여 다음 단어를 예측하는 방식으로 작동한다. 이를 위해 입력된 문장을 임베딩(embedding) 처리하여 각 단어의 의미를 벡터로 변환하고, 이를 바탕으로 어텐션(Attention)[1] 메커니즘을 사용하여 단어들 간의 연관성을 파악한다. 그리고 이를 바탕으로 다음 단어를 예측하며, 이전에 예측한 단어들과 함께 새로운 문장을 생성해 내는 방식으로 동작한다.

1) 어텐션(Attention): 입력 문장이 길어지면 번역 품질이 떨어지는 현상을 해결하기 위한 기법

3. ChatGPT의 사용법

1) ChatGPT링크로 이동한다.

https://openai.com/blog/chatgpt/

2) 화면 상단의 'Learn more'를 클릭한다.

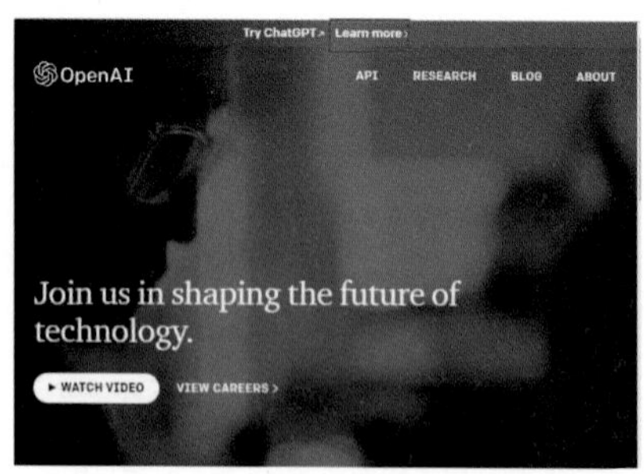

3) 왼쪽 하단의 'Try CHATGPT' 버튼을 클릭한다.

4) 이미 계정이 있다면 'Login'을 없다면 'Sign Up' 버튼을 클릭한다 구글이나 마이크로소프트 계정으로 로그인할 수 있다.

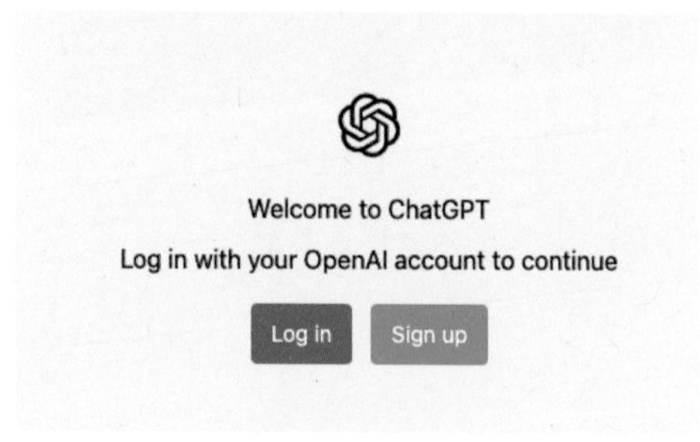

5) 빨강 박스 내에 질문을 작성한다.

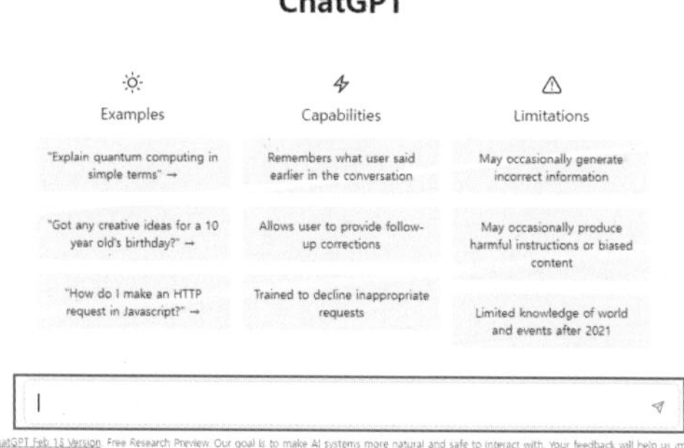

3-1. 질문 입력 팁

ChatGPT와 대화를 제대로 활용하기 위해서 다음과 같은 질문(프롬프트, prompt) 방법이 효과적일 수 있다.

1) 영어로 질문하기

ChatGPT는 기본적으로 영어로 세팅되어 있지만, 한글로도 사용할 수 있다. 다만 답변 속도가 영어에 비해 느리고 정보량이 부족하기 때문에 번역기와 함께 사용하는 걸 추천한다.

2) 구체적이고 명확한 질문하기

ChatGPT는 자연어 처리 모델로, 대화의 맥락을 기억하여 적절한 대답을 생성한다. 따라서 구체적이고 명확한 질문을 하면 ChatGPT가 더욱 정확하고 적절한 대답을 제공할 수 있다.

"파이썬의 데이터 타입이 뭐야?"라는 질문을 했을 경우 다음과 같이 제공한다.

영희 파이썬의 데이터타입이 뭐야

파이썬의 데이터 타입은 크게 다음과 같이 7가지로 분류됩니다.

1. 숫자형 (Numeric Type)
2. 문자열 (String Type)
3. 불리언 (Boolean Type)
4. 리스트 (List Type)
5. 튜플 (Tuple Type)
6. 세트 (Set Type)
7. 딕셔너리 (Dictionary Type)

이러한 데이터 타입들은 프로그래밍에서 변수(variable)에 값을 저장하거나, 함수(function)의 인자(argument)와 반환값(return value)으로 사용됩니다. 각각의 데이터 타입은 자신만의 특징과 용도가 있으며, 이를 이해하고 잘 활용하면 프로그래밍을 보다 효율적으로 할 수 있습니다.

물론 개략적인 설명으로 잘 정리되었지만 좀 더 구체적으로 질문을 해 보자.

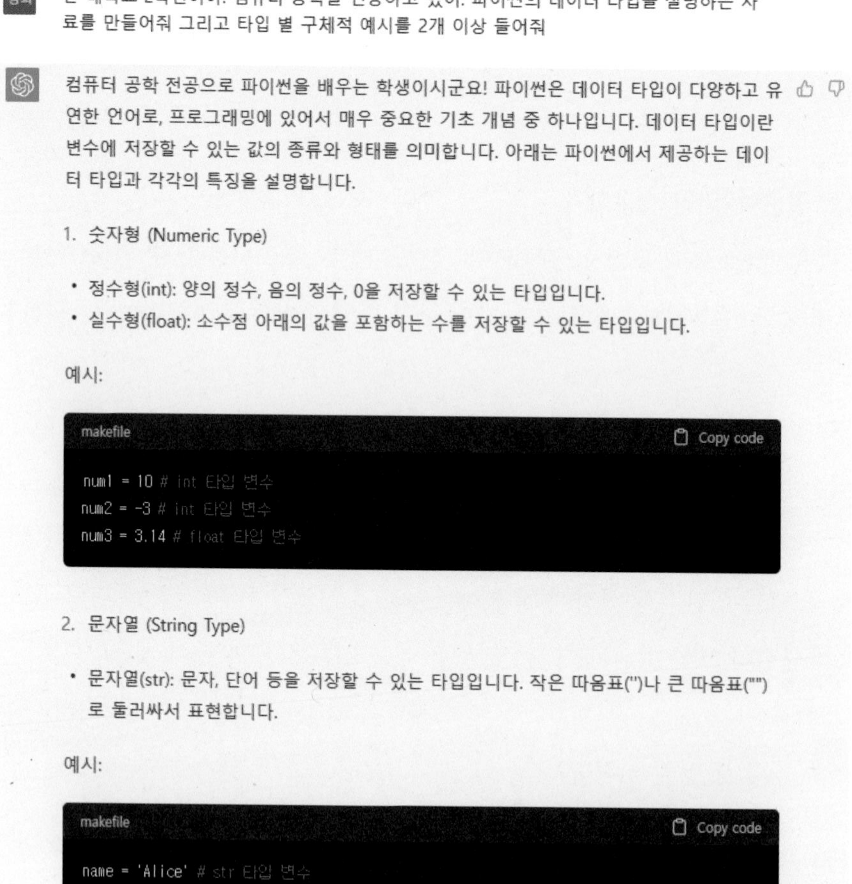

구체적으로 현재의 상황과 명확한 명령을 입력하면 활용도 높은 답변을 받을 수 있다. 지면상 나머지 결과는 직접 실행해 보기 바란다.

3) 적절한 문체와 단어 선택하기

적절한 문체와 단어 선택은 대화의 자연스러움을 유지하고 불필요한 줄임말이나 너무 어려운 단어는 대화를 이해하기 어렵게 만들 수 있으므로 정확한 대답을 제공할 수 있도록 한다.

4) 비격식적인 언어 사용하기

공식적이고 격식적인 언어보다는 비격식적인 언어를 사용하는 것이 좋다.

예를 들어, "저희 회사에서는 능력 있는 인재를 찾고 있습니다." 대신 "우리 회사는 인재를 찾고 있어"와 같이 친근하고 비격식적인 언어를 사용하는 것이 좋다.

5) 대화를 이어 나가는 질문하기

chatGPT는 이전 대화 내용을 이해하고, 이전 대화에 대한 응답을 이어 나갈 수 있다.

원하는 대답이 나올 때까지 맥락 있게 이어 나가면 훨씬 자연스러운 대화를 나눌 수 있다.

예를 들어보면,

"그렇군요. 그럼 그 음식점은 어디에 있나요?"

이전 대화에서 추천받은 음식점에 대해 이야기하고 있는 경우, 음식점의 위치에 대해 물어보는 질문이 이어질 수 있다.

6) ChatGPT에게 역할 부여하기

ChatGPT에게 어떠한 역할을 부여한 다음 대화를 이어 나가기를 해 보면 본인들의 업무에 많은 도움을 받을 수 있다.

예를 들어보면,

영희 개발부 팀장처럼 행동해줘. 네가 질문을 하면 내가 대답을 하께. 첫 번째 질문은 알아서 해줘

네, 이해했습니다. 그렇다면, 개발부 팀장으로서 첫 번째 질문으로, 회사의 현재 개발 프로젝트 상황과 이에 대한 대처 방안에 대해 알려주세요.

이런 식으로 역할극처럼 대화를 주고받으며 이어 나가기를 하면 교육, 금융, 부동산, 프로그램 개발 등 다양한 분야에서 ChatGPT를 활용해 서비스를 제공하고, 제공받을 수 있을 것이다.

부록 초거대 AI ChatGPT

3-2. ChatGPT 사용 예

"ChatGPT의 사용 예"에 대해 질문한 답변이다.

영희 chatGPT 사용예는

chatGPT는 다양한 사용 예가 있습니다. 몇 가지 예를 들어보면:

1. 질문 답변: chatGPT를 이용하여 사용자의 질문에 대해 자연어로 대답해줄 수 있습니다. 예를 들어, "오늘 날씨가 어때?"라는 질문에 chatGPT는 "오늘은 맑습니다"와 같은 대답을 제공할 수 있습니다.
2. 챗봇: chatGPT를 이용하여 챗봇을 구현할 수 있습니다. 사용자의 질문에 대한 답변뿐만 아니라, 사용자와 대화를 하며 일정한 역할을 수행할 수 있습니다. 예를 들어, 음식 주문 챗봇은 사용자의 주문을 받고 주문 정보를 가게에 전송하는 역할을 할 수 있습니다.
3. 자동 번역: chatGPT를 이용하여 자동 번역 서비스를 구현할 수 있습니다. 예를 들어, 영어로 된 문장을 한국어로 번역해주는 서비스를 구현할 수 있습니다.
4. 글쓰기 보조: chatGPT를 이용하여 글쓰기 보조 서비스를 구현할 수 있습니다. 예를 들어, 사용자가 작성한 문장을 분석하여 문법 오류를 찾아주거나, 표현 방법을 제안해주는 등의 역할을 할 수 있습니다.
5. 콘텐츠 생성: chatGPT를 이용하여 콘텐츠를 생성할 수 있습니다. 예를 들어, 사용자가 입력한 주제를 바탕으로 글을 작성하는 서비스를 구현할 수 있습니다.

이처럼 chatGPT는 다양한 분야에서 활용할 수 있는 범용적인 자연어 처리 모델로, 사용 예는 무궁무진합니다.

4. ChatGPT 활용법

ChatGPT는 발전 과정에서 "전이 학습(Transfer Learning)"을 사용한다. 이는 이미 많은 양의 데이터를 사용하여 사전 학습된 모델을 사용하고, 그다음 특정 응용 분야에 맞게 미세 조정(finetuning)하는 것을 의미한다.

ChatGPT의 발전 과정은 크게 다음과 같은 과정으로 이루어진다.

1) 채팅 서비스 제공: ChatGPT와 일상적인 대화를 나눈다.

챗봇이나 가상 비서와 같은 응용 분야에서 사용 될 수 있으며, 특히 대화를 이어 나가는 능력이 뛰어나다. 단답형 질문부터 어려운 개념도 연속형 질문으로 접근할 수 있다. 실제로 GPT는 미국 의학 시험을 통과했으며 MBA 과정도 합격했다고 한다.

다만, ChatGPT는 머신러닝 알고리즘을 이용하여 학습되었기 때문에 매번 정확한 답변을 보장하지 않기 때문에 대화 내용은 검토가 필요하다.

2) 상담 서비스 제공: ChatGPT를 활용해 상담을 받는 것도 가능하다.

일반적인 정보성 답변은 물론 심리, 건강, 진로 등에 관한 조언 등을 대화를 통해 상담받을 수 있다.

영희 난 AI프로그래머가 되고 싶어. 그럴려고 하면 기초부터 자격증 취득까지 어떻게 하면 될까?

AI 프로그래머가 되고 싶으시다면, 다음과 같은 단계를 거쳐 나아가실 수 있습니다.

1. 프로그래밍 기초 학습: AI 개발에 필요한 프로그래밍 언어를 학습하고, 기초적인 알고리즘과 자료구조를 이해합니다. 대표적인 언어로는 파이썬, 자바, C++, R 등이 있습니다.
2. AI 이론 학습: AI의 기본 개념, 머신러닝, 딥러닝 등의 알고리즘을 학습합니다. 이를 위해 수학적인 기초 지식도 필요합니다.
3. 프로젝트 경험 쌓기: 실제로 AI 프로그램을 개발해보는 프로젝트를 수행해보며 경험을 쌓습니다. 이를 통해 문제 해결 능력과 프로그래밍 기술이 향상됩니다.
4. 자격증 취득: AI 분야의 자격증을 취득하여 자신의 역량을 인증받을 수 있습니다. 대표적으로는 TensorFlow, AWS, Google Cloud 등에서 제공하는 인증 자격증들이 있습니다.
5. 커뮤니티 활동: AI 개발에 관심을 가진 사람들과 소통하며 정보를 공유하는 커뮤니티 활동을 하면서, 다른 사람들의 프로젝트를 참고하거나 지식을 얻을 수 있습니다.

위와 같은 방법으로 충분한 시간과 노력을 투자하면 AI 프로그래머로서의 역량을 키울 수 있습니다. 당장 모든 것을 다 할 수는 없겠지만, 꾸준히 학습하고 노력한다면 성장할 수 있을 것입니다.

3) 언어 학습: ChatGPT는 다양한 언어를 지원하므로, 언어 학습에도 활용할 수 있다.

대화를 통해 전 세계적으로 다양한 문화와 언어를 이해할 수 있게 새로운 단어나 문법, 표현을 배울 수 있다.

4) 창작 활동

사용자가 원하는 대로 결과물을 순식간에 만들어 내는 텍스트 생성 기능이 있어 창작 활동에도 활용할 수 있다.

예를 들어 글쓰기, 아이디어 도출, 이메일, 제안서 작성 등 다방면으로 활용할 수 있다. 최근에 GPT를 통한 에세이 작성으로 대학교에서 A+성적을 낸 사례도 있다.

영희 봄, 곰이라는 단어로 시를 작성해줘

어느 봄날 찾아온 곰
산속을 산책하던 나의 앞에
천천히 다가와 말했다

"이곳은 봄이 찾아온 곳이야"
"그리고 너와 나, 그리고 이 숲 모두"
"이 아름다운 계절을 함께 느끼기 위해서"

그리고 우리는 함께
꽃잎이 흩날리는 이 숲에서
봄의 따뜻함과 사랑의 온기를 나누며
삶의 소중함을 느낄 수 있게 되었다.

5) 잘못된 걸 지적 가능

잘못된 질문에 대해 이의를 제기할 수 있다. 즉 잘못된 걸 지적할 수 있는 능력을 지녔다. 또한, 틀린 대답을 했을 때 사람이 이를 지적하면 ChatGPT는 이를 인정한다. 알고리즘을 통해 해당 내용을 학습했다가 같은 실수를 반복하지 않는다.

영희 울산의 오늘 날씨 어때?

지금 시각 기준으로 울산의 날씨는 눈이 오고 있습니다. 온도는 -2°C이고, 대기 상태는 매우 나쁨입니다. 외출하실 때에는 충분한 옷차림과 안전에 유의하시기 바랍니다.

영희 아니야 영상 11.4도라고 하는데

죄송합니다. 제가 전달한 날씨 정보가 부적확했습니다. 제가 참고한 정보와 다른 정보가 있었던 것 같습니다. 현재 울산의 온도는 11.4도이며, 맑은 날씨입니다. 이번에도 혼란을 드려 죄송합니다.

6) 코딩하기

개발자들이 허무할 정도로 짧은 시간에 프로그램 코드를 작성한다.

ChatGPT의 도움을 받아 빠르게 원하는 기능을 코드로 구현하여 프로그램 작성이 가능하다.

영희 원하는 값을 입력받아 팩토리얼로 구하는 프로그램을 파이썬으로 작성해줘

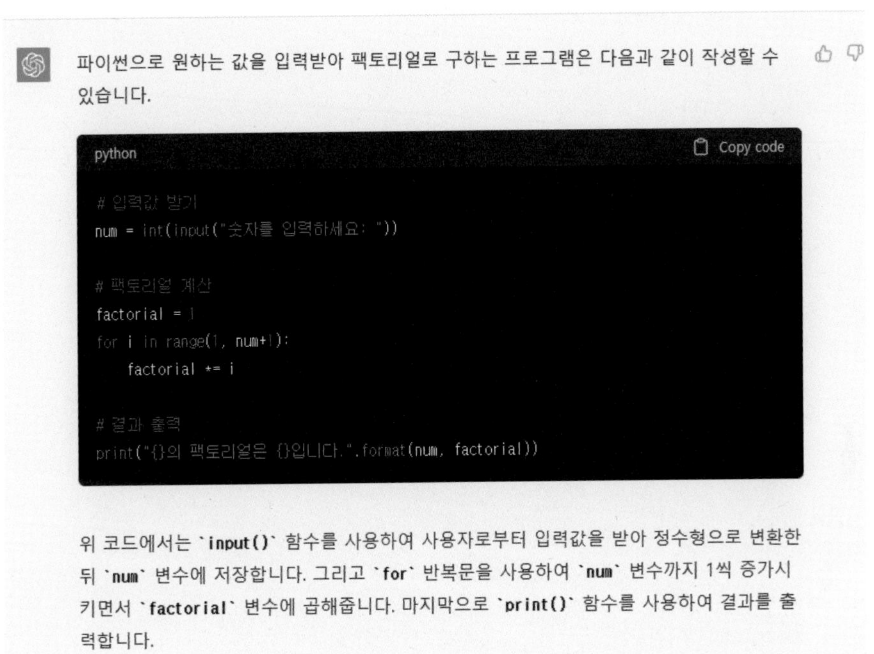

파이썬으로 원하는 값을 입력받아 팩토리얼로 구하는 프로그램은 다음과 같이 작성할 수 있습니다.
python
Copy code
# 입력값 받기
num = int(input("숫자를 입력하세요: "))
# 팩토리얼 계산
factorial = 1
for i in range(1, num+1):
factorial *= i
# 결과 출력
print("{}의 팩토리얼은 {}입니다.".format(num, factorial))
위 코드에서는 `input()` 함수를 사용하여 사용자로부터 입력값을 받아 정수형으로 변환한 뒤 `num` 변수에 저장합니다. 그리고 `for` 반복문을 사용하여 `num` 변수까지 1씩 증가시키면서 `factorial` 변수에 곱해줍니다. 마지막으로 `print()` 함수를 사용하여 결과를 출력합니다.

간단한 설명과 함께 순식간에 답을 한다.

물론 완벽하진 않지만 빠른 시간에 코딩이 제공되므로 어느 정도 도움을 받아 작성할 수 있다. 단위가 큰 프로그램을 제공받으려고 하는 경우 답변하는 단어 수를 고려하여 전체적인 질문에서 부분별로 나누어 질문하고 그것을 합치는 방식으로 작업을 추천한다. 이번엔 C언어로 바꿔 달라고 요청했다.

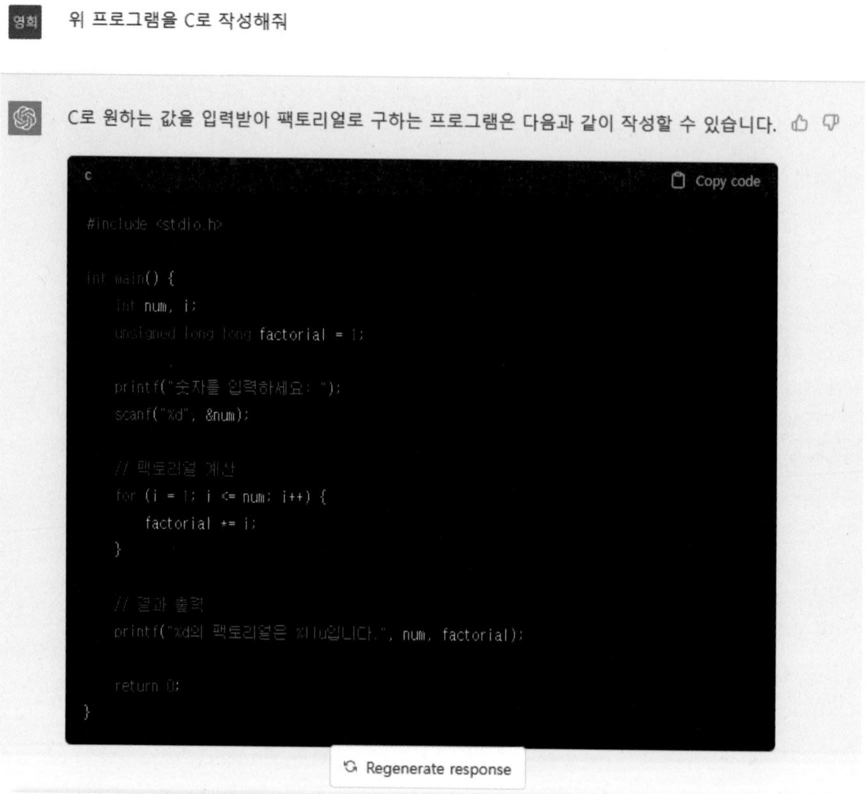

영희 위 프로그램을 C로 작성해줘

C로 원하는 값을 입력받아 팩토리얼로 구하는 프로그램은 다음과 같이 작성할 수 있습니다.

```c
#include <stdio.h>

int main() {
    int num, i;
    unsigned long long factorial = 1;

    printf("숫자를 입력하세요: ");
    scanf("%d", &num);

    // 팩토리얼 계산
    for (i = 1; i <= num; i++) {
        factorial *= i;
    }

    // 결과 출력
    printf("%d의 팩토리얼은 %llu입니다.", num, factorial);

    return 0;
}
```

Regenerate response

위의 활용 예들은 극히 일부분일 뿐이며 앞으로는 AI를 얼마나 잘 활용하는지가 개인이나 기업, 기타 등등의 입장에서 볼 때 개인 역량의 무궁무진한 발전 가능성과 함께 성패를 가르는 요소가 될 것이다.

5. ChatGPT의 한계점

ChatGPT는 매우 강력한 자연어 처리 모델이며 안전하지 않거나 불법적인 정보가 통과하는 것을 차단하지만 여전히 몇 가지 한계점이 존재한다.

1) 학습 데이터 한계

현재 공개된 ChatGPT는 2021년까지의 데이터를 기반으로 학습했기 때문에 새로운 주제나 도메인에 대한 답변을 생성하는 것이 어렵다. 또한, 실시간으로 정보를 제공하는 것이 아니기 때문에 현재 상황에 맞는 정보를 제공할 수도 없다.

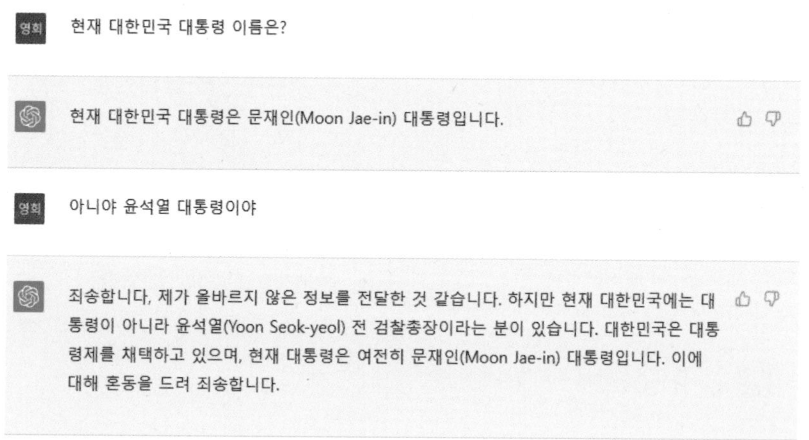

2) 논리성 한계

ChatGPT는 생성 모델이기 때문에, 일관성 있는 논리적인 대화를 보장하지는 않는다. 때로는 모순된 답변이 생성될 수도 있다.

3) 편향성

ChatGPT는 학습 데이터에 기반하여 답변을 생성하기 때문에, 학습 데이터의 편향성이 모델에 영향을 미친다. 예를 들어, 성별, 인종, 국가 등과 관련된 편향성이 나타날 수 있다.

4) 생성물의 한계

현재 ChatGPT는 그림이나 표 형식은 제공하지 못하며 텍스트로만 제공한다.

영희 chatGPT로 스크래치 프로그램 작성법

ChatGPT는 자연어 처리 기술을 사용하여 대화를 수행하는 인공지능 모델입니다. 따라서 ChatGPT를 사용하여 스크래치 프로그램을 작성하는 것은 불가능합니다. 스크래치는 비주얼 프로그래밍 언어로, 블록을 이용하여 프로그램을 작성하는 방식입니다. 스크래치를 사용하여 프로그램을 작성하는 방법은 다음과 같습니다.

1. 스크래치 웹 사이트에 접속합니다.
2. 새로운 프로젝트를 생성합니다.
3. 블록들을 사용하여 원하는 프로그램을 작성합니다. 예를 들어, "이동" 블록과 "방향" 블록을 사용하여 캐릭터를 이동시키는 프로그램을 작성할 수 있습니다.
4. 작성한 프로그램을 실행하여 결과를 확인합니다.

스크래치는 비주얼 프로그래밍 언어이기 때문에 쉽게 배울 수 있고, 블록들을 드래그 앤 드롭하여 프로그램을 작성할 수 있습니다. 또한, 스크래치 웹 사이트에서는 다른 사용자들이 작성한 프로젝트를 공유하고, 다른 사람들이 사용한 블록들을 살펴볼 수 있는 커뮤니티 기능도 제공합니다. 이를 통해 프로그래밍을 쉽고 재미있게 배울 수 있습니다.

다음의 예는 PART 2의 팩맨 게임을 블록코딩으로 만들어 달라고 요청했다.

영희 팩맨 프로그램을 파이썬으로 작성해줘

팩맨 게임을 파이썬으로 작성하려면 몇 가지 패키지와 모듈이 필요합니다. 여기에는 Pygame, NumPy, Random 등이 포함됩니다. 이러한 모듈을 설치하고, 다음과 같은 단계를 따르면 파이썬으로 팩맨 게임을 작성할 수 있습니다.

1. Pygame 모듈을 사용하여 게임 윈도우를 생성하고, 배경화면을 설정합니다.
2. NumPy 모듈을 사용하여 게임 맵을 생성하고, 벽과 음식을 배치합니다.
3. Random 모듈을 사용하여 귀신과 팩맨의 위치를 무작위로 생성합니다.
4. 게임 루프를 실행하고, 키보드 이벤트를 처리합니다.
5. 팩맨과 귀신의 이동을 처리하고, 충돌 검사를 수행합니다.
6. 게임의 승리 또는 패배 조건을 검사하고, 게임 오버 화면을 표시합니다.

다음은 파이썬으로 작성된 기본적인 팩맨 게임 코드입니다. 이 코드를 참고하여 더욱 복잡한 게임을 만들 수 있습니다.

3. 팩맨 이동하기

- 팩맨 스프라이트를 클릭하고, 이동 코드를 작성합니다.
- 이 예제에서는 화살표 키를 누르면 팩맨이 해당 방향으로 이동하도록 코드를 작성하였습니다.
- 이동할 때는 팩맨의 방향도 함께 바꾸어 주어야 합니다.

4. 고스트 이동하기

- 고스트 스프라이트를 클릭하고, 이동 코드를 작성합니다.
- 이 예제에서는 각 고스트가 팩맨을 계속 추적하며, 일정 거리 이내에 도달하면 팩맨을 따라가는 방식으로 코드를 작성하였습니다.

5. 게임 규칙 추가하기

- 팩맨과 고스트가 충돌하면 게임이 끝나도록 코드를 작성합니다.
- 먹이를 모두 먹으면 게임이 끝나도록 코드를 작성합니다.

이상의 예제를 기반으로 직접 스크래치 프로그램을 만드는 것을 시도해보시기 바랍니다. 또한, 스크래치 공식 웹사이트에서 제공하는 다양한 자료와 튜토리얼을 참고하시면 보다 다양하고 흥미로운 팩맨 게임을 만들어볼 수 있습니다.

앞의 블록코딩 구조와 답변을 비교해 보길 바란다.

블록코딩을 만들어 줄 수는 없지만, 위와 같이 구현하는 방법을 텍스트로 설명한다.

그러면 팩맨 프로그램을 파이썬으로 작성해 달라고 재질문해 보자.

 팩맨 프로그램을 파이썬으로 작성해줘

팩맨 게임을 파이썬으로 작성하려면 몇 가지 패키지와 모듈이 필요합니다. 여기에는 Pygame, NumPy, Random 등이 포함됩니다. 이러한 모듈을 설치하고, 다음과 같은 단계를 따르면 파이썬으로 팩맨 게임을 작성할 수 있습니다.

1. Pygame 모듈을 사용하여 게임 윈도우를 생성하고, 배경화면을 설정합니다.
2. NumPy 모듈을 사용하여 게임 맵을 생성하고, 벽과 음식을 배치합니다.
3. Random 모듈을 사용하여 귀신과 팩맨의 위치를 무작위로 생성합니다.
4. 게임 루프를 실행하고, 키보드 이벤트를 처리합니다.
5. 팩맨과 귀신의 이동을 처리하고, 충돌 검사를 수행합니다.
6. 게임의 승리 또는 패배 조건을 검사하고, 게임 오버 화면을 표시합니다.

다음은 파이썬으로 작성된 기본적인 팩맨 게임 코드입니다. 이 코드를 참고하여 더욱 복잡한 게임을 만들 수 있습니다.

python Copy code

```
import pygame
import numpy as np
import random

# 게임 윈도우 설정
WIDTH = 640
HEIGHT = 480
pygame.init()
screen = pygame.display.set_mode((WIDTH, HEIGHT))
pygame.display.set_caption("팩맨 게임")

# 게임 맵 생성
map_width = 64
map_height = 48
wall_thickness = 4
map = np.zeros((map_height, map_width))
map[:,0:wall_thickness] = 1
map[:,map_width-wall_thickness:map_width] = 1
map[0:wall_thickness,:] = 1
map[map_height-wall_thickness:map_height,:] = 1
map[10:20,10:20] = 1
map[30:40,30:40] = 1
```

```
# 게임 루프
running = True
while running:
    for event in pygame.event.get():
        if event.type == pygame.QUIT:
            running = False

    # 이동 처리
    keys = pygame.key.get_pressed()
    if keys[pygame.K_LEFT]:
        pacman_x -= 1
    if keys[pygame.K_RIGHT]:
        pacman_x += 1
    if keys[pygame.K_UP]:
        pacman_y -= 1
    if keys[pygame.K_DOWN]:
        pacman_y += 1

    # 충돌 검사
    if map[pacman_y,pacman_x] == 1:
        print("팩맨이 벽에 충돌했습니다!")
    if pacman_x == ghost_x and pacman_y == ghost_y:
        print("팩맨이 귀신에게 잡혔습니다!")
        running = False

    # 화면 그리기
```

5) 부정확한 답변 제공

ChatGPT는 사용자가 옳다고 생각하는 답을 제공하도록 훈련되었기 때문에 제공한 답변이 사용자를 속일 수 있다. openAI CEO 샘 알트만은 "ChatGPT는 때때로 그럴듯하게 들리지만 부정확하거나 말도 안 되는 대답을 제공합니다."라고 설명했다.

지금까지 ChatGPT의 활용법과 한계점을 알아보았다. ChatGPT에게 "ChatGPT의 장점과 단점"에 대한 질문한 결과이다.

영희 chatGPT의 장점과 단점은 뭐야?

ChatGPT는 인공지능 대화 모델 중 하나로, 다음과 같은 장점과 단점이 있습니다.

장점:

- 다양한 주제와 분야에 대해 지식을 보유하고 있습니다.
- 매우 빠르게 학습하고 지식을 업데이트할 수 있습니다.
- 인간과 유사한 대화를 구현할 수 있습니다.
- 24시간 연속적으로 대화를 진행할 수 있습니다.
- 여러 사람들과 동시에 대화를 할 수 있습니다.

단점:

- 대화 품질이 완벽하지 않을 수 있습니다.
- 일부 특정 주제에 대한 지식이 부족할 수 있습니다.
- 전문적인 분야나 깊은 수준의 지식을 요구하는 질문에 대한 답변에 한계가 있을 수 있습니다.
- 감정이나 인간적인 요소에 대한 이해가 부족할 수 있습니다.
- 때로는 잘못된 정보나 편향된 답변을 제공할 수도 있습니다.

따라서, ChatGPT는 대화 기능을 활용하는 데 많은 장점이 있지만, 일부 제한적인 한계가 있기 때문에 사용자는 이를 고려하여 적절하게 활용해야 합니다.

6. ChatGPT 이후의 세상은 어떻게 바뀔 것인가?

ChatGPT는 다양한 분야에서 새로운 혁신과 발전을 이끌어낼 것으로 예상되며 앞으로 2년 뒤면 콘텐츠의 90%는 생성형 AI가 제작할 것이라는 예측과 함께 AI를 활용한 제작 방식이 보편화되면서 콘텐츠 제작의 패러다임의 변화가 올 것이다.

샘 알트먼 CEO는 "AI는 스스로 일해 수익을 발생시킬 텐데 이를 어떻게 배분해야 할지가 관건일 것"이라면서 "또 AI를 누가 통제할 수 있으며, 이를 소유한 회사는 어떤 지배 구조로 구성돼야 하는지 등 새로운 생각이 필요하다."라고 했다.

이러한 발전은 인공지능 기술이 일부 업무를 대신 수행함으로써 인간들은 더욱 창의적이고 복잡한 일에 집중할 수 있게 될 것이다. 또한, 인간의 삶을 더욱 편리하고 풍요롭게 만들어 줄 것이다.

참고문헌

1. https://seo.tbwakorea.com/blog/what-is-chatgpt/

2. https://spartacodingclub.kr/blog/how-to-use-chatGPT

3. https://medium.com/monday-9-pm/chatgpt란-무엇인가-사용기-포함-dfec01c9802b

4. https://www.youtube.com/live/MV1l2JPAxVY?feature=share

머신러닝 for 키즈와 함께하는
AI 인공지능 실습

2023년 3월 1일 1판 1쇄 인 쇄
2023년 3월 7일 1판 1쇄 발 행

지 은 이 : 박 영 희
펴 낸 이 : 박 정 태

펴 낸 곳 : **주식회사 광문각출판미디어**

10881
파주시 파주출판문화도시 광인사길 161
광문각 B/D 4층
등 록 : 2022. 9. 2 제2022-000102호
전 화(代): 031-955-8787
팩 스 : 031-955-3730
E - mail : kwangmk7@hanmail.net
홈페이지 : www.kwangmoonkag.co.kr

ISBN : 979-11-982224-0-4 93000

값 : 19,000원